James Goll

Geistlich wahrnehmen und unterscheiden

James Goll

Geistlich wahrnehmen und unterscheiden

Wie wir Offenbarungen empfangen, prüfen und anwenden können

GloryWorld-Medien

1. Auflage 2019

Bibelzitate sind, falls nicht anders gekennzeichnet, für das Neue Testament der Neuen Genfer Übersetzung, 2009, entnommen, für das Alte Testament der Elberfelder Bibel, Revidierte Fassung von 1985 (ELB). Weitere Bibelübersetzungen:

GNB: Gute Nachricht Bibel, 2002
HFA: Hoffnung für alle, Basel und Gießen, 1983
LUT: Lutherbibel, Revidierte Fassung von 2017
NeÜ: Neue evangelistische Übersetzung © 2013 Karl-Heinz Vanheiden
NLB: „Neues Leben. Die Bibelübersetzung", Holzgerlingen, 2002
REÜ: Einheitsübersetzung in neuer Rechtschreibung, 2004
SLT: Schlachter 2000
ZÜR: Züricher Bibel (Ausgabe 2007)

Das Buch folgt den Regeln der Deutschen Rechtschreibreform. Die Bibelzitate wurden diesen Rechtschreibregeln angepasst.

Übersetzung: Klaudia Wagner
Lektorat/Satz: Manfred Mayer
Umschlaggestaltung: Jens Neuhaus, www.7dinge.de
Umschlagmotiv: pixabay
Druck: arkadruk.pl

Printed in the EU

ISBN: 978-3-95578-355-6
Bestellnummer: 356355

Erhältlich beim Verlag:

GloryWorld-Medien
Beit-Sahour-Str. 4
D-46509 Xanten
Tel.: 02801-9854003
Fax: 02801-9854004
info@gloryworld.de
www.gloryworld.de

oder in jeder Buchhandlung

Stimmen zum Buch

Beim Gedanken an meinen Freund James Goll habe ich einen kompromisslosen und ehrlichen Mann vor Augen. Er erinnert mich an den Propheten Daniel aus der Bibel, weil er sehr fokussiert und ein Mann der Integrität ist. Er ist für mich – in guten wie in schlechten Zeiten – ein prophetisches Gleichnis dafür, wie Gottes unendliche Gnade im Leben eines Menschen wirkt. Auch was das Studium des Wortes angeht, ist er einer der Besten, die ich kenne. Sein Streben nach allem, was wahr ist, lässt ihm ein ungewöhnliches Maß an Erkenntnissen und Offenbarungen zufallen. Obendrein ist es seine Leidenschaft, all das praktisch anwendbar zu machen und an uns weiterzugeben. Ich glaube, dass sein Buch ein Geschenk an die Gemeinde ist. Ähnlich wie sein Buch „The Seer" wird es die Gemeinde für die nächsten Jahrzehnte prägen. Lies und genieße es und lass dich *für eine Zeit wie diese* inspirieren, zurüsten und bevollmächtigen.

Bill Johnson
Bethel Church, Redding, Kalifornien

James trägt einen so gewaltigen Schatz an Weisheit und Offenbarung in sich, was die geistliche Wahrnehmung und Unterscheidung anbelangt. Egal, auf welchem Niveau der Unterscheidung du dich gerade befindest, dieses erstaunliche Buch wird dich auf die nächste Ebene befördern. Die Kapitel über die geistlichen Sinne sind von unschätzbarem Wert. Alles ist darauf ausgelegt, dass deine innige Beziehung zu Gott wächst – und das wird auch die Frucht sein, wenn du dieses wunderbare Buch liest.

Johnny Enlow
Internationaler Sprecher und
Autor von *The Seven Mountain Renaissance*

Wenn ich so im Land umherreise und die Prinzipien geistlicher Kampfführung lehre, wird mir eine Wahrheit besonders schmerzlich bewusst: Dem größten Teil des Leibes Christi fehlt es an geistlichem Unterscheidungsvermögen. Die Realität ist leider, dass viele Gläubige in der Gabe der Geisterunterscheidung einfach nicht aktiviert oder trainiert wurden. Dabei ist sie ein unverzichtbares Geschenk für die jetzige Zeit, in der sich auf der ganzen Welt falsche Propheten, falsche Lehrer und sogar falsche Christusse mit ihren die Ohren kitzelnden „Wahrheiten" erheben.

Die Unterscheidung der Geister ist eine der neun Gaben des Heiligen Geistes, die Paulus in 1. Korinther 12,7-11 aufführt. Es ist die vom Heiligen Geist inspirierte Fähigkeit, zwischen den Wirkungen des Heiligen Geistes, eines dämonischen Geistes und des menschlichen Geistes zu unterscheiden. Diese Gabe ist besonders in der Prophetie hilfreich, wo wir prüfen müssen, ob die Geister von Gott sind (vgl. 1 Joh 4,1). Sie ist auch in der geistlichen Kampfführung entscheidend, damit wir genau feststellen können, wogegen wir kämpfen, anstatt ins Blaue hinein zu handeln und mit der Faust in die Luft zu schlagen (vgl. 1 Kor 9,26[1]).

Angesichts des Geschehens in der Welt und in der Gemeinde ist dieses Buch genau zur richtigen Zeit erschienen, da es den Leib Christi mit Unterscheidungsfähigkeit ausrüstet. Die Leser werden klar verstehen, wie sie sich die Gabe der Unterscheidung mit ihren vielen Ausprägungen aneignen und in der Fähigkeit wachsen können, auf Grundlage der Bibel die Geister zu prüfen. Ich danke Gott, dass James dieses praktische Buch geschrieben hat. Es passt wirklich genau in diese Zeit.

Jennifer LeClaire
Leiterin von *Awakening House of Prayer*
Fort Lauderdale, Florida

Ich bewundere den Propheten James Goll dafür, dass er seit vielen Jahren das Wiederaufleben des Prophetischen im Leib Christi so enorm beeinflusst. Für mich ist er einer der Propheten der Endzeit,

---

[1] *Ich aber laufe nicht wie ins Ungewisse; ich kämpfe mit der Faust nicht wie einer, der in die Luft schlägt* (1 Kor 9,26 LUT 2017)

der nicht nur die Zukunft genau vorhersagt, sondern bei dem sich immer, wenn er prophetisch wirkt, auch eine kraftvolle Anbetung und mächtige Wunder einstellen. Er ist ein erfahrener Mann des Wortes und weiß, wie man die Stimme des Geistes Gottes hört, um aktuelle Offenbarungen zu empfangen, und wie man andere lehrt, das anzuwenden, was der Geist der Gemeinde heute sagt.

Dieses Buch beinhaltet eine wichtige Wahrheit und Offenbarung, welche die Gemeinde dringend benötigt: Um die Täuschung des Geistes dieser Zeit zu erkennen und zu besiegen, müssen wir uns auf die Stimme der Wahrheit unseres Hirten Jesus einstellen, so wie man ein Radio auf die genaue Wellenlänge einstellt. Deswegen kann ich das Buch nur empfehlen, da es dem Leser einerseits ganz allgemein hilft, in biblischem Unterscheidungsvermögen zu wachsen, und ihm andererseits aufzeigt, wie er die Gabe der Geisterunterscheidung im Besonderen aktivieren und entwickeln kann. Dieses Buch ist voll tiefer, aber verständlicher Offenbarung und praktischer Lehre. Und so bin ich sicher, dass es unzähligen Gläubigen als Leuchtfeuer im Dunkeln und als genauer Kompass dienen wird.

Apostel Guillermo Maldonado
King Jesus International Ministry, Miami, Florida

Ich kenne James Goll seit über einem Jahrzehnt. Als mein Freund und – mehr noch – als Freund Gottes ist er dafür bekannt, dass er stets drei Stränge der Wahrheit miteinander verknüpft. Zunächst bringt er eine wichtige biblische Lehre, um ein solides Fundament zu legen. Darauf fügt er als zweite Komponente hilfreiche Beispiele aus der jüdischen und der christlichen Geschichte hinzu. Als drittes notwendiges Element folgen aktuelle Zeugnisse über das Wirken des Heiligen Geistes heute. Daran hat er sich auch diesmal wieder gehalten. Was für ein hervorragendes Handbuch, um die an den Messias Gläubigen wissen zu lassen, wie man heute ein effektives übernatürliches Leben führt.

Sid Roth
Gastgeber der Fernsehsendung *It's Supernatural!*
Autor, Evangelist und inspirierender Sprecher

Gerade erst habe ich dieses Buch zu Ende gelesen und – wow! Ich will es einmal so formulieren: Es gibt viele Bücher über das Hören von Gottes Stimme, aber dies hier geht viel tiefer und lässt dich am Reichtum von James' Lebenserfahrung und prophetischem Dienst teilhaben. Du bekommst hier eine Anleitung dafür, wie du deine Offenbarungen umsetzen und dich dabei von Gott verwandeln lassen kannst. James ist geradezu ein wandelndes Lexikon, was Offenbarungen und übernatürlichen Lernstoff angeht, und dieses Buch gleicht einem Schlussstein für alle seine früheren wunderbaren Werke über die Offenbarungsgaben. Ich kann es sehr empfehlen, und es hat mir wirklich viel Spaß gemacht, es zu lesen!

Shawn Bolz
www.bolzministries.com

Eine Zeit, in der die Gabe der Geisterunterscheidung wichtiger gewesen wäre als jetzt, ist nur schwer vorstellbar. James Goll ist seit vierzig Jahren als Beobachter, Teilnehmer oder Leiter im Dienst bei fast jeder wichtigen Welle des Heiligen Geistes dabei. Dadurch eignet er sich bestens als Lehrer für die Gemeinde, damit sie ihren Weg durch die verschiedenen konkurrierenden moralischen, spirituellen und politischen Paradigmen in dieser modernen Welt finden kann. Sein neues Buch ist reich an Erkenntnissen und ermöglicht uns, von all seinen Erfahrungen zu profitieren, die er in der Zusammenarbeit mit Gemeinden, Konfessionen und Bewegungen beobachtet und gemacht hat. Wenn du die Inhalte dieses Buches verinnerlichst, wirst du besser verstehen, welche Kräfte dein Leben beeinflussen und wie du deinen Weg mit Gott auf kluge Weise bewahren kannst. Lies, lerne und wachse in Christus!

Joan Hunter
Autorin und Heilungsevangelistin
Joan Hunter Ministries

Eine der wunderbarsten Gaben, die Gott seinem Volk gegeben hat, ist die der Geisterunterscheidung. Wie sehr brauchen wir in diesen letzten Tagen eine weise und barmherzige Unterscheidungsfähigkeit! In diesem Buch legt uns James Goll eine klare und prägnante

Lehre vor, wie man sein Herz so verändern lassen kann, dass man die Werke Gottes und die Taten des Feindes unterscheiden kann. Ich habe bisher noch kein Buch gelesen, dass uns besser auf die kommenden Tage vorbereiten könnte, als dieses. Diejenigen, welche Gottes Wege erkennen können, werden uns auch in die kommende Herrlichkeit führen können. Jeder Pastor, Leiter, Fürbitter und Lobpreiser sollte dieses Buch lesen. Jeder Gläubige wird dadurch erbaut und mit Werkzeugen ausgestattet, um in der kommenden Zeit den so wichtigen Dienst der geistlichen Unterscheidung ausüben zu können. Kaufe nicht nur ein Exemplar für dich, sondern auch eines für jemand anderes. Er bzw. sie wird es dir danken!

Brian Simmons
Stairway Ministries
Leitender Übersetzer von *The Passion Translation Project*

Dr. James Goll ist ein von Gott auserwählter und gesalbter Mann, der die Gabe hat, Propheten zu erkennen und die prophetischen Gaben und Fähigkeiten im Leib Christi zu entwickeln. Seit Jahren ist er ein fachkundiger Lehrer und Mentor, was verschiedene Aspekte der prophetischen Offenbarung angeht, und jetzt stellt er uns eine sehr wichtige Komponente vor: Die Gabe der Unterscheidung der Geister. Über dieses Thema wird sehr wenig geschrieben, dabei ist es für uns unverzichtbar, es zu verstehen. Viele Leser werden durch dieses Buch entdecken, dass sie „Unterscheider" sind. Wie immer hat Dr. James Goll ein bemerkenswertes Werk verfasst, das auch die Menschen kommender Generationen lehren und ausbilden wird. Gut gemacht!

Patricia King
Gründerin von *Patricia King Ministries*
www.xpministries.com

Die Gemeinde hat einen riesigen Bedarf an geistlichem Unterscheidungsvermögen. James Goll hat ein hervorragendes Werk geschaffen, indem er dieses Thema verständlich und mit tiefen Erkenntnissen entfaltet. Dieses Buch ist ein prophetisches Werkzeug für Gläubige, um sich im Bereich der geistlichen Unterscheidung und des

Hörens der Stimme Gottes zuzurüsten. Ich habe jede Seite genossen und konnte das Buch gar nicht mehr weglegen, da es mir tiefe Wahrheiten vermittelte. James hat so vieles erkannt und ist ein herausragender Lehrer. Dies ist meiner Ansicht nach wirklich das beste Buch, das ich bisher zu diesem Thema gelesen habe, und ich kann es wirklich nur empfehlen. Danke, James, dass du in dieser Generation so eine kraftvolle prophetische Stimme bist.

Alex Seeley
Sprecher und Autor
Co-Pastor von *The Belonging Co*, Nashville, Tennessee

James Goll ist mir nicht nur ein lieber Freund, sondern auch ein Mann mit tiefem Einblick in die prophetische Wahrnehmung. Wenn die Gemeinde im Plan Gottes für ihre Zukunft voranschreitet, wird man immer mehr von der Notwendigkeit einer pfingstlichen und charismatischen „Theologie der Unterscheidung" hören. Weil wir an die Fülle des Geistes glauben, ist unsere Auffassung darüber, wie man Dinge wahrnimmt und unterscheidet, stark von unserer Begegnung mit der „dreifachen Schnur" Gottes, des Vaters, beeinflusst, die sich niemals trennen lässt: dem Heiligen Geist, dem Sohn Gottes und der Bibel. Aufgrund der wechselseitigen Beziehung dieser drei wird uns als Gottes Propheten und königliche Priester klar, dass der gesamte Sinn und Zweck der geistlichen Unterscheidung zu geistlichen Reaktionen und Handlungen führen muss, die Gottes gewünschte Ergebnisse hervorbringen.

Dieses Buch gibt uns allen einen Platz an dem Tisch, an dem dieses Gespräch stattfindet – und weiterhin stattfinden und erweitert wird, während wir in die Zukunft gehen, die Jesus für uns vorbereitet hat. Mein Dank gilt James, dass er sich dieses Themas angenommen hat. Beim Lesen wirst du James' Brillanz auf jeder Seite entdecken!

Dr. Mark J. Chironna
Church On The Living Edge
Mark Chironna Ministries, Longwood, Florida

Inhalt

Widmung

Als ich darüber nachdachte und betete, wem ich dieses Buch widmen sollte, kamen mir zwei Menschen in den Sinn. Beide sind Freunde und Kollegen, aber auch geistliche Leiter und Berater, die mein Leben über viele Jahre hinweg betend und seelsorgerlich begleitet haben.

In Dankbarkeit und als Ausdruck der Ehre widme ich dieses Buch der einflussreichen Prophetin Cindy Jacobs sowie Ché Ahn, einem der bedeutendsten Apostel dieser Generation. Das Leben beider hat mich tief berührt, und ich brauche und schätze ihr Urteilsvermögen. Danke, dass ihr euch so viele Jahre in mein Leben investiert habt!

Danksagungen

Über die Jahre hinweg hat mich der Herr mit einer Gruppe von Leuten gesegnet, die mich anfeuert, für mich betet, mich herausfordert und mich auf vielfältige praktische und geistliche Weise unterstützt. Es wird gesagt, dass ein erfolgreicher Mensch sich mit Leuten umgibt, die größere Fähigkeiten besitzen als er selbst. Das ist in meinem Fall definitiv wahr! Ich möchte an dieser Stelle einigen dieser herausragenden Menschen Anerkennung und Ehre zollen.

Als Erstes ziehe ich meinen Hut vor Kathy Deering, meiner Schreibassistentin bei unzählbaren Projekten. Sie ist eine ausgezeichnete Textverfasserin und Lektorin und kennt meine individuelle Sprache wirklich gut. Aus den unbearbeiteten Inhalten meiner Skizzen, visionären Ziele und Abschriften erzeugt sie ein Endprodukt, wie ich es selbst nicht zuwege bringen könnte.

Als Nächstes möchte ich einem Freund danken, der so sehr an mich glaubt, dass er mir immer zuhört, egal wie ich drauflosrede. Don Milam kennt meinen Lebensweg, ist mit mir durch dick und dünn gegangen und hat dabei stets meine Pläne, Ziele und Bestrebungen unterstützt.

Als Drittes danke ich dem Team und dem Vorstand von *God Encounters Ministries*. Zwei der Vorstandsmitglieder begleiten mich schon länger, als ich mich erinnern kann: Dr. William (Bill) Greenman und Dr. John Mark Rodgers. Ein einfaches Danke an sie ist viel zu wenig! Das Kernteam meines Dienstes – Jeffrey Thompson, Kay Durham, Don Clark und Tyler Goll – dient mir ebenfalls schon viele Jahre hervorragend, und ihre exzellente Mitarbeit und Treue bedeuten mir alles. Die Einheit in der Vielfalt im Vorstand und unter den Mitarbeitern ist genau das, was ein echtes Traumteam ausmacht!

Danke auch an Bob Whitaker Jr., dass er mir so großherzig die Türen des Whitaker-Hauses weit geöffnet hat. Bob, es ist mir eine Ehre, mit dir und deinen liebenswürdigen Mitarbeitern unterwegs zu sein. Möge der Herr jeden Einzelnen von euch segnen!

Vorwort

James W. Goll hat als Leiter mit prophetischer Stimme diese Generation geprägt. Aus seinem prophetischen Instinkt heraus hat er dieses Buch genau zum richtigen Zeitpunkt geschrieben. Von dem Moment an, als ich das Manuskript in die Hände bekam, konnte ich es nicht mehr weglegen.

Die Waffe Nummer eins des Teufels in den letzten Tagen ist keineswegs das Zeichen des Tieres, der radikale Islam oder ein nuklearer Holocaust. Seine Waffe Nummer eins ist die Täuschung. Im Buch der Offenbarung wird Satan hauptsächlich als der „Verführer der ganzen Welt" beschrieben, dessen Tätigkeit vor allem darin besteht, dass er „hinausgeht, um die Nationen zu verführen" (vgl. Offb 12,9; 20,8). Wenn seine Waffe Nummer eins die Täuschung ist, ist die Gabe Nummer eins, die im Leib Christi am dringendsten benötigt wird (und am häufigsten fehlt), genau die, über welche James Goll hier schreibt – die *Unterscheidung der Geister*!

Als James noch ein junger Pastor war, sprach der Herr einen Satz zu ihm, der sein Leben stark beeinflusste: „Deine Sicht auf die Endzeit wird deinen Lebensstil bestimmen."[1] Für James spielt deine spezielle Sichtweise vom Ende keine Rolle, solange du Fortschritte machst, was die Arbeit im Reich Gottes angeht: die Ernte der Endzeit einbringen und die Nationen zu Jüngern machen. Eine solche Lebensqualität kann man nur erreichen, wenn man die Stimme Gottes von der Fälschung unterscheiden kann. Mir gefällt, wie James es in Kapitel 12 formuliert:

> Zum jetzigen Zeitpunkt ist jeder Akt der geistlichen Kampfführung eine Vorstufe zu einem Endzeitkampf. Es obliegt einem jeden von uns, ein geistlicher „Unterscheider" zu werden, der wie die alten Priester von Zadok (vgl. Hes 44,15-23) nicht nur den

[1] Orig.: „Your end-time worldview will determine your lifestyle."

Unterschied zwischen dem Heiligen und dem Profanen erkennt, sondern auch andere darin unterweisen kann. Wir lernen, nach den Worten Jesu in der Bergpredigt zu leben (vgl. Mt 5–7) und lehren sie auch andere – meist mehr durch unsere Taten als durch unsere Worte.

Beziehung. Offenbarung. Inkarnation. Das ist unser Ziel! Wenn wir Offenbarung von Gott empfangen, prüfen und weitergeben, werden wir zu einem Wort von ihm, das die Dunkelheit durchdringt und erhellt.

James erklärt meisterhaft und präzise, wie du alle deine Sinne dem Heiligen Geist hingeben kannst, damit du geistlich sehen, hören, fühlen, schmecken, riechen und erkennen kannst. Er entlarvt auch den Geist der Täuschung und seine Vorgehensweise; dazu erläutert er, welche Fallgruben und Einflüsse der Feind benutzt, um dich zu kränken oder irrezuführen. Er zeigt dir, wie man die Geister prüft, um zu sehen, ob sie von Gott kommen (vgl. 1 Joh 4,1), wenn er in Kapitel 7 erklärt: „Die unsichtbare übernatürliche Realität um uns herum ist sowohl von Engeln als auch von Dämonen bevölkert, und die Menschen können oft nicht zwischen guten und bösen Geistern unterscheiden."

James ist ein erfahrener „Reiseleiter" und Lehrer, der nicht nur ein leicht lesbares und informatives Handbuch für deine eigene Reise geschaffen hat, sondern auch seinen Fürbitte-Geist in die Kapitel einfließen lässt und jeden Teil mit einem Gebet abschließt, damit du das Erkannte auch umsetzen kannst.

Wenn du dieses Buch liest, bitte Jesus, dass er dich in die Lage versetzt, seine Offenbarung aus dem Chaos der vielen konkurrierenden Stimmen zu *empfangen* und zu *unterscheiden*. Dann wird er dich befähigen, zur Offenbarung dessen zu *werden*, was du empfangen hast! Wahrheit und Irrtum unterscheiden zu können, ist die Voraussetzung dafür, alles zu erreichen, was Gott für dein Leben geplant hat. Wenn du wie ich bist, wirst du in diesem Buch vieles anstreichen und immer wieder darauf zurückgreifen.

Lance Wallnau
Gründer der *Lance Learning Group*
Autor von *God's Chaos Candidate*

Einleitung: Das Lot

Weil ich eine ebenso unbedeutende Herkunft und ähnliche Art der prophetischen Berufung habe, vergleiche ich mich oft mit dem Propheten Amos. Ich wuchs in Cowgill im amerikanischen Bundesstaat Missouri auf, das damals 259 Einwohner hatte und inzwischen noch kleiner ist. Meine Familie war nicht sehr angesehen. Keine berühmte Person kam jemals aus Cowgill, und es gibt dort keine Megagemeinden oder Institutionen für höhere Bildung. Der Ort liegt in einer landwirtschaftlichen Region, wo die Menschen ihr Einkommen hart verdienen müssen. Mit anderen Worten: Absolut nichts von meiner geografischen, familiären oder sozialen Herkunft hätte mich auf den prophetischen Auftrag vorbereiten können, dem ich mein ganzes Erwachsenenleben lang nachgegangen bin. Aber wie die Prophetin Cindy Jacobs gerne sagt: „Gott weiß es!"

Auch Amos im alttestamentlichen Juda begann als ein „Niemand". Seine Familie gehörte nicht zur Oberschicht, er war nie einer Prophetenschule angegliedert und wuchs nicht in einer urbanen, sondern in einer ländlichen Umgebung auf, wo er sich um das Kleinvieh kümmerte:

> *Ich bin kein Prophet und bin kein Prophetensohn, sondern ein Viehhirte bin ich und ein Maulbeerfeigenzüchter.*
> *Aber der HERR holte mich hinter dem Kleinvieh weg, und der HERR sprach zu mir: Geh hin, weissage meinem Volk Israel!* (Am 7,14-15).

Amos hatte nie damit gerechnet, Gottes Stimme zu hören, und auch nicht geahnt, dass er ein Prophet werden würde. Er gehorchte jedoch seiner prophetischen Berufung und war bestrebt zu lernen, was er wissen musste, um diese Berufung treu ausüben zu können. Er ist bekannt für ein Wort, in dem Gott ein Lot[1] an die Nation Israel legt, um die Wahrhaftigkeit und Gerechtigkeit des Volkes und seiner Herrscher zu messen. Der Geist Gottes gab ihm diese Vision:

> *Dann ließ er mich Folgendes sehen: Der Herr stand auf einer senkrechten Mauer und hatte ein Lot in der Hand. Jahwe sagte zu mir: „Was siehst du, Amos?" – „Ein Lot", sagte ich. Da sagte der Herr: „Pass auf! Ich lege ein Lot an mein Volk Israel an, ich werde es nicht mehr verschonen"* (Am 7,7-8 NeÜ).

Gottes Lot ist äußerst wichtig, nicht nur, um das verdrehte menschliche Leben mit Gottes vollkommener Geradheit in Übereinstimmung zu bringen, sondern in erster Linie auch, um *seine* Stimme wahrzunehmen. Mitten im Lärm der Welt müssen wir in der Lage sein, die Stimme Gottes klar von anderen zu unterscheiden. Gott will, dass du weißt, was er zu sagen hat, selbst wenn du nie öffentlich als Prophet auftreten musst.

Wie Amos arbeite ich hart, um ein Lot zur Verfügung zu stellen, das dem Volk Gottes dabei helfen kann, ganz in Übereinstimmung mit seinem Wort zu leben. Ob ich nun Bücher schreibe, Seminare durchführe oder Gebetsversammlungen leite, bemühe ich mich, so gut ich kann entsprechend dem zu handeln, was er mich gelehrt hat. Meine primäre Quelle ist natürlich das Wort Gottes, die Bibel. Aber Jahre der persönlichen Erfahrung haben die Art und Weise, wie ich das Wort anwende, stark verändert. Der Heilige Geist ist immer aktiv, und ich versuche, stets wachsam für seine Impulse zu bleiben. Er ist unser bester Lehrer, und obwohl ich in diesem Buch darlege, was ich bisher darüber gelernt habe, wie man wahrnimmt und prüft, was Gott seinem Volk offenbaren möchte, möchte ich doch für neue Erkenntnisse und neue Wege, die Wahrheit zu vermitteln, sensibel sein.

In den zwölf Kapiteln dieses Buches nehme ich dich mit auf eine Entdeckungsreise in die Offenbarungen, die Gott heute für uns hat.

---

[1] Ein Lot – auch Schnurlot, Senklot, Senkblei oder Richtblei – ist ein Werkzeug zur Ermittlung der Lotrichtung und Bestimmung der *Lotrechten* oder *Senkrechten*. Ein traditionelles Lot besteht aus einem axialsymmetrischen Metallstück, *Blei* genannt, das an einer dünnen Schnur befestigt ist. – Auszug aus Wikipedia, Zugriff am 17.1.2019, Anm. d. Übers.

Diese Reise habe ich selbst unternommen und möchte dir nun weitergeben, was ich dabei von oben empfangen habe. (Während ich über diese Reise schrieb, habe ich selbst wieder Neues gelernt!)

Die ersten sechs Kapitel erklären, wie du durch deine *natürlichen* Sinne, wie z. B. das Sehen und Hören, Offenbarung von Gott empfangen kannst, und auch, wie du dich für die *übernatürlichen* Sinne öffnen kannst, durch die du noch besser erkennst, was Gott dir zeigen will.

Die Kapitel sieben bis zwölf erläutern die Kunst der geistlichen Unterscheidung. Du wirst lernen, was zu tun ist, wenn Satan versucht, Gottes Botschaft zu infiltrieren, und ein Modell für ein gesundes, ausgewogenes, dynamisches und scharfsichtiges Glaubensleben vorfinden.

Jeder von uns muss ein „Unterscheider" werden – *unabhängig* von seinem persönlichen Hintergrund oder seiner spezifischen Gabe bzw. Funktion im Leib Christi. Zwar sind einige Gläubige *speziell* als Propheten begabt, doch erhält *jeder* Nachfolger Jesu die Gaben der Offenbarung und Unterscheidung. Und jeder Gläubige muss sie benutzen! Tatsächlich können wir ohne geistliche Unterscheidung und Sensibilität für den Heiligen Geist in den anderen Gaben und Berufungen nicht wachsen.

Letztendlich geht es bei der geistlichen Unterscheidung (und der Entwicklung dieser Gabe) nicht so sehr darum, die Zukunft zu kennen, als darum, das Reich Gottes in diese Zeit und an den Ort zu bringen, wo du lebst. Das Evangelium des Johannes beginnt mit den Worten *„Und das Wort wurde Fleisch und wohnte unter uns ... voller Gnade und Wahrheit"* (Joh 1,14 ELB) und bezieht sich damit auf das Kommen Jesu Christi auf diese Erde. Auf eine sehr reale Weise „wohnt" das Wort Gottes auch durch dich und mich mitten in der Welt, wenn wir sensibel für den Fluss seines Geistes bleiben. Durch unsere Beziehung zu Gott empfangen wir Offenbarung. Und wenn wir diese Offenbarung dann den Menschen in unserem Umfeld bringen, verkörpern wir damit tatsächlich sein Wort in unserem ganz normalen Leben – genau wie Amos. Begleite mich nun bitte in diesem „Lot-Kurs" und werde ein „Unterscheider".

Göttliche Downloads erwarten dich! Mach dich bereit!

TEIL 1

Offenbarung empfangen

Wie empfängt man Offenbarung? Dieser Frage gehe ich im ersten Teil nach, obwohl man dies natürlich nicht allein durch ein Buch lernen kann. Die Sache geht viel tiefer und hat mit deiner persönlichen Beziehung zu Gott zu tun.

In seinem Buch *Das normale Christenleben* schrieb Watchman Nee: „Zuerst muss ich das Bewusstsein haben, ganz Gott zu gehören; dann bekomme ich auch das Bewusstsein seiner Gegenwart.“[1] Gott schuf uns Menschen mit physischen Sinnen, also mit Wahrnehmungsfähigkeiten, die uns ermöglichen, sowohl natürlich als auch geistlich unsere Lebensumgebung zu erkennen. Die Sinne, die wir in der ersten Hälfte dieses Buches erforschen werden, sind Sehen, Hören, Fühlen (Tasten), Schmecken und Riechen – sowie ein sechster Sinn: ein inneres Wissen. Alle deine Sinne werden aktiviert und weiterentwickelt, wenn du sie deinem Schöpfer übergibst, der

[1] Watchman Nee, *Das normale Christenleben,* Verlag Der Strom, S.89.

dich dazu bestimmt hat, in einer hohen geistlichen Sensibilität für die Welt um dich herum zu agieren.

In Kapitel 1 geht es darum, wie wir uns Gott ergeben und ihm gehören können. Das ist der Weg in seine Gegenwart, wo du seine Offenbarungen ungehindert empfangen kannst. Diese Art der Ergebung ist anders als die Kapitulation vor einem Gegner, denn hier gibst du dich Gott einfach hin und fügst dich seinem Willen. Durch ein hingegebenes Gefäß fließt Offenbarung schneller und einfacher; und wer sich demütig dem Heiligen Geist überlässt, dem stehen höhere Dimensionen der Herrlichkeit zur Verfügung.

Kapitel 2 beschäftigt sich mit der Entwicklung deiner geistlichen Augen, mit dem Ziel, dass du siehst, wie Gott sieht. Um uns herum geschieht viel, aber wir nehmen es oft nicht wahr. Wir werden die vielen Ebenen der Seher-Gabe untersuchen, und ich werde erläutern, wie du diese Gabe noch tiefer verstehen und in ihr wirken kannst.

Kapitel 3 führt in den Bereich des Hörens ein. Jesus erklärt in Johannes 16,13-15, dass ein bedeutender Aspekt des Dienstes des Heiligen Geistes *das Hören* auf den Vater und den Sohn ist (*„...denn was er sagen wird, wird er nicht aus sich selbst heraus sagen; er wird das sagen, was er hört“;* Vers 13), und wir sollten seinem Beispiel folgen. Zum Kommunizieren braucht es immer zwei Personen. Dabei will ich nicht nur betonen, dass die Straße der Kommunikation in beide Richtungen befahrbar ist, sondern auch, dass wir mehr Zeit damit verbringen sollten, Gott zuzuhören, als zu ihm zu sprechen.

In Kapitel 4 untersuchen wir den Gefühlssinn (also unsere Gefühle oder emotionalen Reaktionen auf die Umwelt um uns herum), welcher das geistliche Äquivalent zum physischen Tastsinn ist. Ich möchte dir zeigen, dass der Gefühlssinn eine Art emotionales und geistliches „Blindenschrift-Lesegerät“ ist. Er kann dir helfen, Signale aufzunehmen, die deine anderen Sinne vielleicht übersehen. Ich erkläre auch, wodurch das geistliche Empfinden blockiert werden kann und wie du Gottes Gedanken und Wünsche besser empfangen kannst.

In Kapitel 5 geht es um Schmecken und Riechen. Was den geistlichen Geschmackssinn anbetrifft, macht die Bibel deutlich, dass er in Beziehung zur Erkenntnis und Unterscheidung von Gut und Böse steht. Die Schrift ist voll von Hinweisen auf den Geschmackssinn. Zum Beispiel lesen wir in Psalm 34,9: *„Schmecket und sehet, dass* *der HERR gütig ist!"* Geschmack und Geruch sind eng miteinander verknüpft, und wenn wir diese Sinne trainieren, können wir aus bestimmten Düften und Gerüchen eine symbolische Bedeutung ableiten, ob nun heilig oder unheilig.

In Kapitel 6 geht es um das Thema „sechster Sinn" – das Erkennen im Geist bzw. geistliche Eindrücke. Da nicht alle Gedanken von Gott kommen, gebe ich dir Tipps, wie du den Unterschied zwischen einem göttlichen Eindruck und einem beliebigen Gedanken erkennen kannst. Darüber hinaus ist es für dich als Gläubigen unerlässlich zu begreifen, dass du den Sinn Christi hast. Ich möchte dir helfen zu verstehen, was du mit der Information, die du von Gott bekommst, anfangen sollst, damit du in göttlicher Weisheit wandeln kannst (vgl. 1 Kor 2,16).

Zunächst wollen wir uns nun mit dem Empfang göttlicher Offenbarung befassen.

Kapitel 1

Unsere Sinne dem Heiligen Geist hingeben

Feste Speise aber ist für Erwachsene, deren Sinne durch Gebrauch geübt sind, Gut und Böse zu unterscheiden.

Hebräer 5,14 (REÜ)

Als Kind, das in einem kleinen Ort in Missouri aufwuchs, sah ich mir gerne Sendungen auf unserem kleinen Schwarzweißfernseher an. Ich schaute immer so lange, wie es mir erlaubt wurde, und ich fand das Bild nie stumpf, leblos oder undeutlich. Doch als wir plötzlich, wie die anderen einfachen Familien auch, einen Farbfernseher bekamen, wurden die Programme für mich auf neue Art und Weise lebendig.

Es gab eine Zeit, als mein christliches Leben weitgehend unserem alten Schwarzweißfernseher glich. Die „Programme" und der „Empfang" waren eigentlich nicht schlecht, und ich dachte, es sei soweit alles okay. Aber dann veränderte sich alles ganz unerwartet, und ich wollte nie mehr zurück in das Alte. Was war geschehen?

Seit einiger Zeit hatte ich immer wieder verschiedene kurze mentale „Schnappschüsse" erlebt. Ich bemerkte für eine Millisekunde etwas und dachte: *Woher kommt das? Was war das denn?* Es war, als würden meine Sinne aufwachen. Gelegentlich schien ich in der Lage zu sein, tief in das Wesen eines Menschen hineinzuschauen und etwas zu erkennen, das mit bloßem Auge nie zu sehen gewesen wäre. Ich kann mich noch an das erste Mal erinnern, als es passierte. Ich hatte ein Treffen mit einem Gemeindeleiter, und auf einmal war es, als könnte ich Diamanten in seinem Kopf glitzern sehen, während ich gleichzeitig wusste, was dieses Bild bedeutete. Mir kam der Gedanke, dass wir alle den Sinn Christi haben (vgl. 1 Kor 2,16), und so wusste ich, dass dieser Mann in außergewöhnlichem Maße den Geist der Weisheit Gottes hatte. Außerdem spürte ich, dass diese göttliche Weisheit sowohl der Gemeinde als auch der weltlichen Regierung zugutekommen würde.

Es kam mir vor, als würde ich anfangen, in Farbe zu sehen, anstatt in Schwarz-Weiß. Oder, um die Analogie aus dem Vers am Anfang dieses Kapitels zu verwenden, es war, als ob ich aus dem Babystadium herausgewachsen wäre, in dem ich nur Milch vertrug, und stattdessen nun feste Nahrung probierte.

Ich kam zu der Überzeugung, dass Gott mehr für mich hatte, und begann, auf die neuen „festen Nahrungsmittel" zu achten, die er mir zukommen ließ. Ich testete ihren Geschmack und Geruch, ihre Beschaffenheit und ihr Aussehen; dabei spürte ich den Empfindungen nach, die sie bei mir hinterließen. Meine Erfahrungen verglich ich mit denen anderer, von denen ich in der Bibel las oder hörte. Ich wollte wissen, was von Gott und was meiner eigenen Vorstellung oder einer anderen Quelle entsprang.

Gib deine Sinne bewusst hin

Jeder von uns wurde mit fünf natürlichen Sinnen ausgestattet: Sehen, Hören, Fühlen, Schmecken und Riechen. (Es gibt auch etwas, das als „gesunder Menschenverstand" bezeichnet wird und das einigen von uns zu fehlen scheint!)

Der erste Schritt, um die Kommunikation Gottes mit uns wahrzunehmen, besteht darin, ihm unsere Sinne bewusst zu überlassen. Denn falls wir das nicht – kontinuierlich – tun, werden wir auch nicht in der Lage sein, in die Reife Jesu Christi hineinzuwachsen. Geben wir uns ihm nicht willentlich hin, werden wir nur sehr schwer verstehen, was er uns mitteilen möchte, und ihm deshalb auch nur schwerlich nachfolgen können.

Wenn wir aber unsere Sinne unserem Schöpfer übergeben, wird er sie weiterentwickeln. Göttlicher Input kann dann zügiger als zuvor „heruntergeladen“ werden. Wenn wir uns darin üben, uns mit ihm zu verbinden, erhöht er unsere Fähigkeit zu empfangen. Was früher unmöglich schien, wird realisierbar. Ich sage gerne: „Eins plus Gott macht das Unmögliche möglich.“ Mehr noch, es macht einfach Spaß! Von Gott zu hören, ist eine ständige Quelle reiner Freude.

Einige Leute bezeichnen das als „Aktivierung deiner Sinne“, und das ist es auch. Aber du kannst deine Sinne nicht selbst aktivieren; du musst sie aktivieren lassen, indem du sie demjenigen übergibst, der sie erschaffen hat. Du bittest ihn, sie in Liebe zu salben und für seine Zwecke zu aktivieren.

Von Gott zu hören, ist eine ständige Quelle reiner Freude.

Dann übst du sie durch praktische Nutzung, wie es der Anfangsvers zum Ausdruck bringt: *„...deren Sinne durch Gebrauch geübt sind, Gut und Böse zu unterscheiden.“* Der prophetische Erweckungsprediger Jerame Nelson formulierte es so:

> Es liegt an dir, im Natürlichen und im Geist zu sehen, zu hören, zu berühren, zu schmecken und zu riechen. Denn die Dinge des Geistes können nicht im Natürlichen allein wahrgenommen werden. Wir brauchen es, dass unser „Geistmensch“ lebendig wird und auf einer ganz anderen Sinnesebene interagiert.[1]

Sind deine Sinne aktiviert, empfängst auch du mit deinen geistlichen Augen möglicherweise solche „Schnappschuss-Visionen“ wie ich. Vielleicht nimmst du Gottes Gefühle wie Zorn oder Barmherzigkeit wahr oder es kommt dir ein Wort oder ein Satz in den Sinn; vielleicht spürst oder riechst du sogar, dass etwas „nicht stimmt“. *Huch,* denkst du, *was könnte das bedeuten?*

---

[1] Jerame Nelson, *Activating Your Spiritual Senses* (Chula Vista, CA: Living at His Feet Publications, 2012), 14.

Der Prozess, diese Mitteilungen von Gott zu verstehen, besteht aus Versuch und Irrtum, genau wie das Erlernen des Fahrradfahrens. Ich erinnere mich noch daran, wie ich als Vater allen meinen vier Kindern half, das Fahrradfahren zu erlernen, indem ich mit der Hand auf ihrem Rücken neben ihnen herlief, bis sie es alleine schafften, ein paar Meter aufrecht zu bleiben. Sie waren so begeistert, als das endlich klappte. Und wenn sie doch einmal hinfielen, half ich ihnen wieder auf.

Ebenso wird das Üben deiner Sinne, um Gut und Böse zu unterscheiden, einige Fehlversuche mit sich bringen. Du wirst nicht immer alles richtig machen können. Es kann dir passieren, dass du dich mutig hervorwagst und glaubst, Gott gehorsam zu sein, aber auf einmal verlierst du den Faden, liegst mit einer Vermutung daneben oder blamierst dich. Denk einfach daran, dass Gott sich jedes Mal freut, wenn du dich traust, es auszuprobieren. Übung zahlt sich aus! Die nächsten Kapitel dieses Buches werden dir helfen, deine Sinne in der geistlichen Wahrnehmung und Unterscheidung zu üben.

Selbst reife geistliche „Riesen" mit einer starken Heilungssalbung machen noch Fehler. Sogar sie können manchmal danebenliegen, und das ist auch in Ordnung, denn dadurch bleiben sie demütig. Wenn sie wirklich echt sind, werden sie nie aufgeben, sondern weiter üben und mit dem Heiligen Geist zusammenwirken, um ihre Sinne zu aktivieren und die nächste Möglichkeit zu nutzen. Ich habe oft darüber nachgedacht, was der Verfasser des Hebräerbriefes meinte, als er sagte, die feste Nahrung sei für die Gereiften. Ich persönlich will gerne mündig sein, und du? Ein Teil dieser Reife kommt sicherlich aus dem, was man Praxis nennt.

Geistliche Unterscheidung bedeutet sowohl die Wahrnehmung des Guten als auch des Bösen; trotzdem werden einige Leute anfangs eher das eine oder das andere sehen. Manche können besser die „Diamanten" erkennen (wie es bei mir war), während andere vorrangig die Dämonen sehen. Reife bedeutet allerdings Wachstum in beiden Bereichen, denn die feste Speise ist *„... für Erwachsene, deren Sinne durch Gebrauch geübt sind, Gut und Böse zu unterscheiden"*.

Das in Hebräer 5,14 mit *„unterscheiden"* übersetzte Wort ist *diakrisis*[2], was „Unterscheidung, Beurteilung oder Entscheidung"[3]

---

[2] Elberfelder Studienbibel, 1. Aufl. 2005, Worterklärung NT Nr. 1244

bedeutet oder „etwas von anderem trennen". Das gleiche Wort wird in 1. Korinther 12,10 in Bezug auf die Gabe der Unterscheidung (oder Wahrnehmung) von Geistern verwendet. *Diakrisis* ist verwandt mit *diakrinō*[4], das bedeuten kann, etwas zu „unterscheiden, entscheiden, richten, beurteilen"[5] oder auch „zu zweifeln"[6]. Der Akt der Unterscheidung beinhaltet also ein gewisses Maß an Geben und Nehmen, Versuch und Irrtum, sowie auch das Für und Wider einer Sache abzuwägen. Nur durch die Praxis können wir zu mehr Reife gelangen und schließlich auch unsere persönlichen Schwächen überwinden. Jeder von uns hat solche Schwächen, und sie werden nur dann dem wohltuenden Licht Gottes ausgesetzt, wenn wir es immer wieder wagen, unsere geistliche Unterscheidungsfähigkeit einsetzen.

Wir müssen unsere Ängste vor der Ausübung dieser Gabe mit Gottes Hilfe überwinden. Wenn der Geist dich irgendwo hinführt, kannst du nicht einfach erklären: „Tut mir leid, da will ich nicht hin!" Setze dem, was Gott durch dich tun will, niemals Grenzen, weil du Angst davor hast, getäuscht oder betrogen zu werden, bzw. in etwas „Seltsames" zu geraten, das nicht von Gott stammt. Man kann es durchaus lernen, versteckte motivierende Kräfte zu erkennen. Außerdem kannst du Gott um Weisheit und Schutz bitten.

Folge in diesem Prozess nicht der Menge, die erwartet, dass die Gabe der Geisterunterscheidung einen ständigen Nervenkitzel bietet. Uns Christen wurde zu oft eingeredet, dass alles zu einem aufregenden Durchbruch führen wird: „Blinde Augen, öffnet euch – jetzt!" Ohne Zweifel sind geistliche Durchbrüche real und wertvoll. Aber es braucht Unterscheidungsvermögen, um zu erkennen, *wann* Gott einen sofortigen Durchbruch erreichen will – ganz zu schweigen davon, *wie* er ihn erreichen will. Manchmal zeigt das Beharren auf einem Durchbruch in einem Bereich unseres Lebens nur unsere menschliche Ungeduld. (Es kann sogar zu Gier führen, wie in dem Fall, dass man sich in ein fragwürdiges finanzielles Vorhaben hineinbegibt, um schnell zu Geld zu kommen.) Wir können viel zu leichtgläubig sein, und wir wollen oft, dass alles so einfach ist.

---

[3] Ebd.
[4] Ebd., NT Nr. 1243
[5] Ebd.
[6] Ebd.

Stelle dich Gott ganz zur Verfügung

Jeder von uns hat einen Geist, eine Seele und einen Körper. Als dreiteilige menschliche Wesen können wir diese Elemente nicht voneinander trennen. Da wir nach dem Bild und der Ähnlichkeit des dreieinigen Gottes geschaffen wurden, sind unsere drei Dimensionen des Seins so gut miteinander verflochten, dass wir sie nicht trennen können. Wir sprechen manchmal über sie, als würden sie sich nicht überlappen, aber eine solche Unterteilung ist nur dann sinnvoll, wenn sie uns hilft, die unterschiedlichen Fähigkeiten zu verstehen, die wir als Menschen besitzen.

Da unsere Sinne nicht von unserem Geist, unserer Seele und unserem Körper zu trennen sind, müssen wir Gott nicht nur unsere Sinne übergeben, sondern wirklich unser ganzes Sein. Paulus schrieb darüber an die Gemeinde in Rom:

> *Ich ermahne euch nun, Brüder und Schwestern, durch die Barmherzigkeit Gottes, dass ihr euren Leib hingebt als ein Opfer, das lebendig, heilig und Gott wohlgefällig sei. Das sei euer vernünftiger Gottesdienst. Und stellt euch nicht dieser Welt gleich, sondern ändert euch durch Erneuerung eures Sinnes, auf dass ihr prüfen könnt, was Gottes Wille ist, nämlich das Gute und Wohlgefällige und Vollkommene* (Röm 12,1-2 LUT).

Paulus warnte die Gläubigen auch davor, sich irgendetwas *anderem als* Gott hinzugeben:

> *Nichts, keinen einzigen Teil eures Körpers, sollt ihr der Sünde als Werkzeug für das Unrecht zur Verfügung stellen. Dient vielmehr Gott mit allem, was ihr seid und habt. Als Menschen, die ohne Christus tot waren, aber durch ihn neues Leben bekommen haben, sollt ihr jetzt Werkzeuge in Gottes Hand sein, damit er euch für seine Ziele einsetzen kann ... Weil ihr das so schwer verstehen könnt, will ich es euch an einem bekannten Beispiel deutlich machen, dem Sklavendienst: Früher habt ihr der Unmoral und dem Unrecht wie Sklaven gedient. So war euer Leben ein einziger Widerspruch zu Gottes Willen. Jetzt aber sollt ihr uneingeschränkt Gott dienen; lebt so, wie es ihm gefällt, und zeigt auf diese Weise, dass ihr zu ihm gehört!* (Röm 6,13;19 HFA).

Indem du deinen physischen Körper dem Herrn darbringst, übergibst du ihm auch deine Sinne, deine kognitiven Fähigkeiten (deinen Verstand) und deine geistliche Intuition. Es kommt ohnehin alles von ihm. Warum also sollten wir irgendetwas davon als unser persönliches Eigentum beanspruchen oder ihm vorenthalten? Und weshalb sollten wir die Glieder unseres Körpers weiterhin der Sünde zur Verfügung stellen?

Was wir Gott nicht übergeben haben, bleibt unter der Herrschaft von etwas anderem. Der Begriff „Versklavung" ist dafür keineswegs übertrieben. Wenn du zugelassen hast, dass deine Sinne von irgendetwas abhängig geworden sind – von unreiner sexueller Stimulation, Musik, Alkohol, Drogen oder anderen Substanzen, selbst von von religiösen Aktivitäten –, sind sie für den Geist Gottes nicht verfügbar. Infolgedessen wird deine Wahrnehmungs- und Unterscheidungsfähigkeit behindert oder abgeschaltet.

**Was wir Gott nicht übergeben haben,
bleibt unter der Herrschaft von etwas anderem.**

Solange du lebst, ist es nie zu spät für eine Änderung. Du kannst die versklavten Glieder deines Körpers Gott zur Verfügung stellen. Paulus formulierte es so: *„Nichts, keinen einzigen Teil eures Körpers, sollt ihr der Sünde als Werkzeug für das Unrecht zur Verfügung stellen."* Und: *„Früher habt ihr der Unmoral und dem Unrecht wie Sklaven gedient ... Jetzt aber sollt ihr uneingeschränkt Gott dienen."* Vielleicht musst du Hilfe suchen, um deine Sucht zu überwinden, aber deine Situation ist nie hoffnungslos; auch du kannst erfahren, dass Gottes überfließendes Leben deine Sinne überflutet.

Du kannst deinem eigenen Körper, deiner eigenen Seele und deinem eigenen Geist die Freiheit erklären. Du kannst zu deinem Sehen, Hören, Fühlen, Schmecken und Riechen sprechen und sagen: „All ihr Sinne, seid frei und erlöst im Namen Jesu! Ich erkläre, dass ihr nicht länger in den Mustern der Vergangenheit gefangen seid. Stattdessen übergebe ich euch dem einen, wahren und heiligen Gott zu eurer Reinigung und Wiederherstellung."

Dein physisches Gehör wird durch ein geistliches verstärkt werden, und du fängst an, Dinge aus einer göttlichen Dimension zu hören, die du noch nie zuvor gehört hast. Dein gewöhnlicher Sehsinn wird durch einen geistlichen Blick bereichert, durch den du – entsprechend der Führung Gottes – befähigt wirst, über die Grenzen der menschlichen Sicht hinauszusehen. Abhängig von deiner einzigartigen Mischung aus gottgegebenen Fähigkeiten, werden deine anderen Sinne aufwachen und Botschaften wahrnehmen, die sie vorher nicht wahrnehmen konnten. Dir wird sich eine ganz neue Welt öffnen.

Sein ganzes Selbst hinzugeben und zum „Sklaven" der Reinheit zu machen, bedeutet, sich von den Hindernissen der Vergangenheit zu befreien. Dann trittst du aus dem Unglauben und einem abgestumpften Herzen in die lebendige Farbigkeit eines pulsierenden Glaubens ein. Deine Sinne werden geschärft. Es ist, als würdest du den Schlüssel in die Zündung deiner Wahrnehmung stecken. *„Ihr werdet die Wahrheit erkennen, und die Wahrheit wird euch frei machen"* (Joh 8,32).

Allerdings ist das nie eine einmalige Sache, sondern nach und nach gibst du dich bereitwillig immer mehr hin. Du denkst vielleicht, dass du dem Geist Gottes schon dein ganzes Wesen übergeben hast, aber es tun sich immer wieder neue Ebenen der Freiheit und Freisetzung auf. Wir dienen schließlich einem unendlichen Gott! Das bedeutet es, ein Tempel seines Heiligen Geistes zu sein (vgl. 1 Kor 3,16; 6,19).

Gott offenbart sich durch uns

Der dreieinige Gott drückt sich auf so viele verschiedene Arten aus, dass der Mensch gar nicht in der Lage ist, sie alle aufzulisten. Und er bringt sich durch jeden einzelnen Menschen, den er zu seiner Ehre geschaffen hat, zum Ausdruck; keiner ist ausgeschlossen:

> *Es sind verschiedene Gaben; aber es ist ein Geist. Und es sind verschiedene Ämter; aber es ist ein Herr. Und es sind verschiedene Kräfte; aber es ist ein Gott, der da wirkt alles in allen. Durch einen jeden offenbart sich der Geist zum Nutzen aller* (1 Kor 12,4-7 LUT).

Beachte genau, was da steht: *„Gott ... wirkt alles in allen."* Da steht nicht: „... in der Elite." Die meisten von uns vergleichen sich mit anderen und haben das Gefühl, in der Gabenabteilung zu kurz gekommen zu sein. Wir hören Bibellehrern von nationalen oder internationalen Podien zu und fragen uns, wie wir unseren kleinen Glaubensweg jemals an dem ihren messen können. In Wirklichkeit weist ihr Auftrag nicht darauf hin, dass sie einen bevorzugten Status in der Gemeinde hätten, sondern sie sind da, um andere (wie dich!) zuzurüsten, damit sie in ihren geistlichen Gaben wirksam werden. Der Leib Christi besteht aus allen möglichen Gliedern, von denen einige auffällig und andere weniger auffällig sind. Weit davon entfernt, privilegiert und überlegen zu sein, entspricht ein Konferenzsprecher eher dem Zeigefinger im Leib Christi, der auf Wahrheiten hinweist und die Begabungen seiner Zuhörer hervorhebt. Jeder Einzelne hat seine Rolle zu spielen, wenn der Heilige Geist dafür sorgt, dass das Reich Gottes in der Welt an Einfluss gewinnt:

> *Dem einen wird durch den Geist ein Wort der Weisheit gegeben; dem andern ein Wort der Erkenntnis durch denselben Geist; einem andern Glaube, in demselben Geist; einem andern die Gabe, gesund zu machen, in dem einen Geist; einem andern die Kraft, Wunder zu tun; einem andern prophetische Rede; einem andern die Gabe, die Geister zu unterscheiden; einem andern mancherlei Zungenrede; einem andern die Gabe, sie auszulegen. Dies alles aber wirkt derselbe eine Geist, der einem jeden das Seine zuteilt, wie er will* (1 Kor 12,8-11 LUT).

In diesem Abschnitt sind neun geistliche Gaben aufgeführt. Du kannst dir über jede von ihnen in anderen Werken ein ausführliches Bild machen, einschließlich meines Buches *Die Gaben des Heiligen Geistes freisetzen* mit dem dazugehörigen Arbeitsbuch[7]. Im vorliegenden Buch untersuchen wir sehr umfassend *„die Gabe, die Geister zu unterscheiden"*, wie sie im obigen Bibelvers genannt wird. Und ich plädiere dafür, dass die verantwortungsvolle Ausübung jeder geistlichen Gabe ein stets wachsendes Maß an Unterscheidungsvermögen und Sensibilität für den Heiligen Geist erfordert.

---

[7] Beide erschienen bei GloryWorld-Medien, 2019.

Die prägenden Momente Gottes

Auf unserem Weg mit Gott werden wir einschneidende Erlebnisse haben, wonach nichts mehr so ist wie vorher. Solche strategischen Momente geben uns oft Hinweise auf das große Bild des Planes Gottes für unsere Zukunft. Sie schärfen unsere Wahrnehmung und setzen geistlichen Mut für unseren Lebensweg frei. Diese entscheidenden Momente sind bei jeder Person anders. Sie können früh oder spät im Leben auftreten. Einige werden in Krisenzeiten kommen, andere in Zeiten der Ruhe.

Ziemlich am Anfang meiner Ehe hatte ich eine persönliche Begegnung mit Jesus, die mein Leben veränderte. Ich nenne es meine „goldene Salbung". Ich will dir erzählen, was geschah:

Ich hatte beschlossen, mir fünf Tage Zeit zu nehmen, um in einer kleinen, leeren Kapelle auf dem Campus der *Central Missouri State University* in Warrensburg, Missouri, den Herrn zu suchen. Die Kirchenbänke der Kapelle waren mit herunterklappbaren Kniebänken ausgestattet, und ich kniete auf einer von ihnen nieder.

Als ich betete, hörte ich nichts, aber ich *fühlte,* dass jemand in die Kapelle kam. Ich spürte Wind, obwohl weder ein Fenster noch eine Tür offen war. Es war der Geist Jesu. Er sprach eine Zeit lang leise zu meinem Geist, gab mir Einblicke und Details über eine Übergangszeit, die vor mir lag, und sagte mir, ich solle meinen Pastorendienst einer anderen Person überlassen, deren Namen er mir sogar nannte. Ich willigte ein. Anscheinend musste ich bereit sein, meine derzeitigen Verantwortlichkeiten loszulassen, damit ich in neue eintreten konnte.

Dann vernahm ich eine hörbare Stimme: „Erhebe dich!" Gleich danach der Befehl: „Steh auf!"

Das war verrückt. Es war niemand in der Kapelle außer mir. Ich stand auf wie ein kleiner, erstarrter Zinnsoldat, fast gelähmt vor lauter Ehrfurcht.

Dann sagte er: „Tritt in den Gang hinaus!"

Ich sagte: „Aber warum?", aber ich gehorchte. Ich trat in den Mittelgang der Kapelle, zwischen die beiden Bankreihen.

„Tritt nach vorne!"

Ich machte einen kleinen Schritt vorwärts, etwa 15 Zentimeter. Schlagartig war der ganze Raum mit etwas erleuchtet, was manche die Herrlichkeit Gottes nennen. Ich weiß jedenfalls, dass es nicht der Sonnenschein von draußen war. Wieder sagte die Stimme: „Tritt nach vorne!“, und ich machte einen weiteren kleinen Schritt. Dann, Wunder über Wunder, konnte ich Jesus selbst vor mir stehen sehen. (Heute würde ich das Erlebnis als offene Vision bezeichnen.) Während er mich näher zu sich rief und ich mich in Minischritten vorwärtsbewegte, bis ich direkt vor ihm stand, von Angesicht zu Angesicht und Auge in Auge, erteilte er mir die Einladung zu einer größeren Hingabe.

Dann sprach er noch einmal die gleichen Worte: „Tritt nach vorne!“ In Demut und der Furcht des Herrn, mit Glauben und Gehorsam, machte ich einen weiteren Schritt vorwärts. Diesmal verschwand die offene Manifestation der Vision, denn mit diesem Schritt trat ich in ihn ein – und er in mich.

Das Nächste, woran ich mich erinnere, ist, dass ich in Hingabe und Anbetung auf den Knien lag. Als ich hochblickte, sah ich Bilder von zwei Männern, die später in meiner persönlichen Zurüstung und Ausbildung sehr wichtig wurden: der Heilungsevangelist und Apostel Mahesh Chavda und der Seher Bob Jones.

In diesem Moment spürte ich, dass ein einzelner Tropfen goldenes Salböl auf meinem Kopf landete – ein Tropfen. Dann noch einer. Ich blickte wieder hoch und sah einen Krug über meinem Kopf, aber es kam nichts heraus. Der Heilige Geist sprach zu mir: „Heute gebe ich dir zwei Tropfen meiner goldenen Salbung. Einer ist für dich, und einen sollst du deiner Frau geben.“ Er versprach mir, wenn ich mit dem einen Tropfen treu bliebe, käme ein Tag mit mehr von der goldenen Salbung.

Ich wusste wirklich nicht, wovon er sprach, aber ich akzeptierte sowohl die Salbung mit den zwei Tropfen als auch die Worte.

Schließlich ging ich nach Hause, wartete aber bis zum nächsten Tag damit, meiner Frau alles zu erzählen. Nachdem ich ihr von der Erfahrung berichtet hatte, nahm ich eine Flasche Speiseöl und salbte meine Frau mit einem Tropfen davon.

Eine solche Erfahrung habe ich bis heute kein weiteres Mal gemacht. Soweit ich weiß, arbeite ich immer noch mit diesem einen Tropfen der goldenen Salbung. Deshalb ist Eines sicher: Das Versprechen steht noch. Wenn ich mit dem Wenigen treu bin, das er mir gegeben hat (und es hat sich als eine sehr segensreiche Salbung herausgestellt), wird er eines Tages seine goldene Salbung reichlich über meinen ganzen Kopf ausgießen. Treue bringt immer Zunahme mit sich. Das ist die Verheißung Jesu!

Ich erzähle dir diese Geschichte, weil ich dir zeigen möchte, dass für diejenigen, die zu Gott gehören, alles möglich ist. Ich habe Jesus noch zu anderen Zeiten gesehen, aber jedes Mal wäre ich (wie beim ersten Mal) nicht in der Lage gewesen, mehr zu empfangen. Um von einem Bereich zum nächsten zu gelangen, braucht es immer eine Zunahme der Hingabe an den Heiligen Geist. Aber es gibt immer noch höhere Bereiche der Herrlichkeit, des Glaubens und der Gaben zu erlangen. Sei offen für das „Mehr“, das Gott für dich bereithält, und tritt ein in die bunte Welt der geistlichen Wahrnehmung.

Um von einem Bereich zum nächsten zu gelangen, braucht es immer eine Zunahme der Hingabe an den Heiligen Geist.

Strecke dich nach dem Höheren aus

Was hat dich in diesem Kapitel am meisten angesprochen? Höchstwahrscheinlich will Gott persönlich mit dir darüber sprechen.

Was kannst du aufgrund dessen, was du hier gelesen hast, nun praktisch tun? Vergiss nicht: Information ohne Anwendung (praktische Tat) führt zu Frustration, aber Inspiration plus Anwendung führt zu Transformation.[8]

Dein erster praktischer Schritt kann etwas so Grundlegendes sein wie ein Gebet der Hingabe. Zwar hat Gott es nicht nötig, von deinen Lippen zu lesen, da er ein Herzensleser ist, aber er liebt es, deine Stimme zu hören. Ich ermutige dich, aus deinem tiefsten Herzen zu sagen: „Ja, Herr, ich übergebe dir mein ganzes Leben, einschließlich meiner Sinne. Ich sehne mich danach, dich besser kennenzulernen.“

Gerade jetzt, während du ihm deine Sinne hingibst, wächst du schon – ganz bestimmt. Selbst wenn du vom Heiligen Geist so

[8] Orig.: Remember that information without application (action) leads to frustration, but inspiration plus application leads to transformation.

überwältigt bist, dass du nichts mehr sagen kannst, oder wenn du dich vor dem fürchtest, was passieren könnte, wenn deine Wahrnehmungsfähigkeit zunimmt, vertraue ihm einfach, dass er dich leitet und bewahrt. Auch wenn du schon einmal eine Nahbegegnung mit dem Feind hattest und das nie wieder erleben willst, verschließe dem Heiligen Geist bitte nicht die Tür! Mache Gott keine Vorgaben, wie: „Das ist nichts für mich, danke. Ich will nicht besonders gut in geistlicher Wahrnehmung und Unterscheidung sein, falls das eine weitere Begegnung mit Satan bedeutet." Sei mutig und vertraue auf den Herrn! Er wird dich nicht allein lassen!

Es ist in Ordnung, wenn dein Gebet der Hingabe nicht besonders wortgewandt ist; Gott kann den Wunsch deines Herzens lesen. Ich muss hier an die alte Hymne „Alles geb' ich auf" denken, die so lautet:

Alles geb ich Dir, Herr Jesus,
Geb es frei auf jede Art;
Dir vertrau ich, Dich, Herr, lieb ich,
Leb in Deiner Gegenwart.

Alles geb ich hin,
Alles geb ich hin.
Dir, oh mein geliebter Retter,
Alles geb ich hin.

Alles geb ich Dir, Herr Jesus,
Geb mich Dir hin, liebster Herr;
Ja, mit Deiner Kraft und Liebe
Füll und segne mich noch mehr.[9]

Ich lade dich ein, dich mit mir gemeinsam dem Heiligen Geist ganz neu hinzugeben und zu erwarten, dass unsere Sinne um Jesu willen aktiviert und geschärft werden.

---

[9] Original: Judson W. Van DeVenter, „All to Jesus I Surrender" („I Surrender All"), 1896. Übersetzung: https://www.hymnal.net/en/hymn/de/441.

Gebet eines Herzens, das unterscheiden kann

Hier bin ich, Herr. Alles, was ich bin und was ich gerne wäre, gebe ich dir hin. Ich schenke dir meinen Körper, meine Seele und meinen Geist, mit all ihren natürlichen und übernatürlichen Sinnen. Mögen sie dir als Instrumente zur Erfüllung deines Willens auf dieser Erde nützlich sein. Um Jesu Christi willen und in seinem Namen. Amen.

Kapitel 2

Sehen: Die Augen deines Herzens

Er öffne euch die Augen des Herzens, damit ihr erkennt, was für eine Hoffnung Gott euch gegeben hat, als er euch berief, was für ein reiches und wunderbares Erbe er für die bereithält, die zu seinem heiligen Volk gehören, und mit was für einer überwältigend großen Kraft er unter uns, den Glaubenden, am Werk ist.

Epheser 1,18-19

Zwei Sätze bevor er dieses Gebet an die Gläubigen der Stadt Ephesus schrieb, hatte der Apostel Paulus in seinem Brief noch erklärt: *„Hinzu kommt, dass ich gehört habe, wie beständig euer Glaube an den Herrn Jesus ist und was für eine Liebe ihr allen entgegenbringt, die zu Gottes heiligem Volk gehören"* (Eph 1,15). Doch Paulus wusste, dass sie trotz eines Glaubens und einer Liebe, die bemerkenswert waren, bisher nur an der Oberfläche des unerschöpflichen Reichtums Gottes geschürft hatten. Er wollte, dass *„die Augen* ihrer *Herzen"* bzw. ihr geistlicher Sehsinn noch mehr für die himmlischen Dinge geöffnet würden.

Vor vierzig Jahren begann ich, jeden Tag Epheser 1,17-19 zu beten, und das zehn Jahre lang. Ich dachte mir, wenn eine so vorbildliche apostolische Gemeinde wie die der Epheser – deren Mitglieder in einer Stadt voller Götzendienst Christus folgten – dieses Gebet brauchte, hatte ich es noch viel nötiger. Obwohl wir heute die ganze Bibel zur Hand haben und viele Möglichkeiten, eine starke Gemeinschaft und eine gute Lehre zu erhalten, sind wir in unseren menschlichen Schwächen genauso begrenzt, wie die Epheser es waren – und die Welt um uns herum ist ebenso beängstigend und voller Schicksalsschläge wie damals. Ich bete diesen Abschnitt des Epheserbriefes immer noch häufig. Warum? Ich glaube, dass wir die Wirkung dieses Gebets in unserer Zeit noch mehr brauchen als vor vier Jahrzehnten. Wir alle sollten dieses Gebet regelmäßig für uns selbst, für unsere Familien und Freunde, für unsere Leiter und alle anderen beten, die uns beeinflussen.

Mit den Herzensaugen sehen

Paulus' Ausdruck *„die Augen eures Herzens"* ist vielen von uns vertraut, weshalb wir ihn oft einfach überspringen, wenn wir diesen Abschnitt lesen, ohne darüber nachzudenken, was er bedeutet. Aber nun wollen wir einen Moment innehalten und ihn genauer betrachten. Inwiefern hat dein Herz Augen?

Andere Bibelübersetzungen geben Aufschluss über die Bedeutung dieses Ausdrucks. Zum Beispiel übersetzt Schlachter *„erleuchtete Augen eures Verständnisses"*. Offensichtlich bezieht sich der Begriff *„Herz"* nicht auf den Muskel in deinem Brustkorb, der das Blut durch deinen Körper pumpt. Vielmehr spricht er von deinem inneren Selbst, deinem Geist.

Und wenn Paulus sich auf die *„Augen"* deines Herzens bezieht, meint er damit deine geistlichen Augen. Mit den Augen deines Geistes kannst du die tiefsten Dinge des Königreichs sehen und erfassen – nämlich die Hoffnung, dass Jesus für jeden Einzelnen von uns als Teil seiner Gemeinde eine Berufung hat, dazu die herrlichen Reichtümer, die uns als Miterben mit Christus gehören, und schließlich die Erfahrung, dass sich die mächtige Kraft Gottes in unserem Leben ständig offenbart. All das ist zu viel für den Verstand, und doch betet Paulus, dass die Epheser – und im erweiterten Sinne auch wir – es begreifen können.

In Kapitel 1 dieses Buches haben wir den Gedanken gestreift, dass wir nicht so erdgebunden bleiben müssen, wie wir vielleicht denken; denn egal, wo wir in unserem Alltag leben, ob in den USA, in Großbritannien, Deutschland oder woanders, sitzen wir mit Christus zur Rechten des Vaters im Himmel (vgl. Eph 1,20; 2,6). Indem wir ihn anbeten, steigen wir zu ihm an diesen himmlischen Ort auf, doch physisch sind wir immer noch hier auf der Erde. Jeder von uns besteht aus Körper, Seele und Geist, und Gott möchte alle unsere Sinne auf jeder Ebene schärfen und einbeziehen, damit er noch vollständiger in uns wohnen kann und wir in ihm.

Noch einmal: Während wir lernen, wie wir mit Christus in den himmlischen Orten herrschen und regieren, übergeben wir ihm alles, was uns ausmacht – und das schließt jede Ebene unserer Sehfähigkeit ein, zusammen mit allen anderen Sinnen. Wir sagen: „Hier bin ich, Herr. Nimm mich ganz! Erleuchte die Augen meines Herzens! Öffne meine Augen für die Pracht deines Königreichs!"

Mit den Augen deines Geistes kannst du die tiefsten Dinge des Königreichs sehen und erfassen.

Wie siehst du?

Wie ist der Zustand deines geistlichen Sehvermögens? Nicht nur unser natürliches Sehen kann verschiedenen Einschränkungen unterliegen, sondern auch unsere geistlichen Augen. Im Bereich des physischen Sehens können Menschen z. B. kurz- oder weitsichtig, teilweise oder völlig blind sein. Manche sehen verzerrt, haben unerwünschte Flecken, Glaskörpertrübungen oder einen lästigen Film über den Augen. Andere haben Probleme, Farben zu sehen oder zwischen Farbtönen zu unterscheiden; wieder andere sehen nachts schlecht. Wir haben diese Probleme nicht alle gleichzeitig, aber viele von uns sind es gewohnt, im Vergleich zu anderen mit einer schwächeren Sicht zu leben.

Will der Heilige Geist die Augen unserer Herzen in einer ähnlichen Sehschwäche belassen? Offensichtlich nicht! Gott will, dass wir die geistlichen Realitäten ganz klar sehen.

Je mehr du in der Art dieses Ephesergebetes betest und dich mit anderen Gläubigen darin verbündest, desto klarer wirst du in die himmlischen Bereiche sehen können. Wenn es darum geht, etwas über das geistliche Sehen zu lernen, solltest du die Fülle von Ressourcen zu schätzen wissen, die uns zur Verfügung stehen: Bücher von anderen Autoren, die ihr geistliches Sehen entwickelt haben;[1] Bücher wie dieses und viele andere, die ich selbst geschrieben habe, wie *The Seer* and *Dream Language*; Predigten und Seminare – alle Formen der biblischen Unterweisung – sowie unser Kontakt mit anderen, die sich einer ähnlichen Aufgabe verschrieben haben. Man könnte diese Verbindung zu einer Gruppe von Menschen, die zu Jesus gehören und die Klarheit ihrer Herzensaugen entwickeln wollen, eine „geistliche Kultur" nennen.

Eine geistliche Entdeckungsreise

Als ich in den frühen Siebzigerjahren begann, etwas über das Hören von Gott zu lernen und darin zu wachsen, gab es noch kaum Bücher und andere Lehrmaterialien zu diesem Thema. Als Erstes ging ich ins Wort Gottes, insbesondere zu den apostolischen Briefen des Neuen Testaments. Da der Epheserbrief mir besonders hervorstach, konzentrierte ich einen Großteil meiner Aufmerksamkeit darauf. Dabei fiel mir zum ersten Mal Paulus' Gebet in Kapitel 1 auf.

Aufbauend auf dem, was ich aus der Bibel und von Freunden gelernt hatte, begann ich, meinen „Seher-Sinn" zu praktizieren und befragte bei jedem Schritt den Heiligen Geist. Heute ist es für mich fast selbstverständlich, dass Gott mir Dinge zeigt, aber damals war alles neu. Allerdings sind die Augen meines Geistes nie (jedenfalls bisher nicht) so sensibel für das Wirken des Heiligen Geistes geworden wie die des mittlerweile verstorbenen John Wimber, der bei Zusammenkünften oft Dinge wie diese ankündigte: „Ich sehe den Heiligen Geist gerade kommen wie ein Meer, das über das Land fließt. Ein Licht beginnt dort drüben und bewegt sich über die Menschen in diese Richtung." Und die Leute begannen tatsächlich, in einer Welle auf die mächtige Herrlichkeit Gottes zu reagieren – und zwar in einer Art, wie sie es niemals von sich aus so reibungslos hätten tun können, selbst wenn sie es vorher eingeübt hätten.

Ich habe herausgefunden, dass es in der Nachfolge und im Reifeprozess zwar keine Abkürzungen gibt, dass aber die für die vorherige Generation schwer zu erreichende geistliche „Zimmerdecke"

[1] Siehe den Abschnitt „Empfohlene Literatur" am Ende dieses Buches.

zum „Fußboden“ oder zur Ausgangsbasis der gegenwärtigen Generation werden kann. Ich erkannte, dass Paulus diese Realität verstand; er wollte, dass sich das ganze Volk Jesu – von Ephesus bis zum Ende der Welt – auf diese sich ständig erweiternde geistliche Entdeckungsreise einließ. Also suchte ich mir Mentoren, wie zum Beispiel Mike Bickle und Bob Jones, die nicht allzu weit von unserem Wohnort entfernt lebten. Ich beobachtete, wie sie in ihren Sehergaben wirkten und dass es viele verschiedene Möglichkeiten gab, mit den Augen des Geistes zu sehen.

Aber sie eröffneten mir auch Themen wie die Traumsprache[2], die mutige Verkündigung der Wahrheit und vieles mehr. Ich verbrachte schließlich unzählige Stunden mit Bob, um für die Menschen zu beten. Einen Seher in der Praxis zu beobachten, gab mir viel Erfahrung aus erster Hand. Vieles lernt man leichter, wenn man es miterlebt, als durch reine Lehre. Viel Unterweisung in den Wegen des Geistes erhielt ich durch persönliche Kontakte, Beobachtung und Übertragung[3]. Dank Mentoren wie Bob und natürlich dem ständigen Wirken des Heiligen Geistes hat sich die Sehfähigkeit meiner Herzensaugen stets verbessert. Da es in meinem Leben immer noch wirkt, empfehle ich auch dir, häufig dieses Ephesergebet zu sprechen! „Mehr, Herr!“

Die schwer zu erreichende geistliche „Zimmerdecke“ der vorherigen Generation kann zum „Fußboden“ der gegenwärtigen Generation werden.

Propheten und Seher in der Bibel

Sowohl im Alten als auch im Neuen Testament finden wir Beispiele für die Ausübung geistlicher Gaben und Ämter, einschließlich *Propheten* und *Seher*. Die meisten Menschen sehen keinen wirklichen Unterschied zwischen diesen beiden Rollen. Tatsächlich überschneiden sich ihre Wirkungsweisen stark. Aber aufgrund meiner

---

[2] Den Bereich der Träume und Visionen als Weg, um göttliche Offenbarung zu empfangen.

[3] Orig.: „... by association, observation, and impartation“.

persönlichen Beobachtungen kann ich folgende Unterscheidung treffen: Zwar sind alle wahren Seher Propheten, doch nicht alle Propheten Seher. Im Folgenden werde ich auf diesen Gedanken näher eingehen. Vergiss dabei aber nicht, dass du kein anerkannter Prophet oder Seher sein musst, um Gott zu hören. Alles, was nötig ist, ist dass du dem Herrn Jesus Christus nachfolgst.

Das hebräische Wort, das im Alten Testament am häufigsten mit *Prophet* übersetzt wird, ist *nabiy'*. Es bezieht sich im Allgemeinen auf einen inspirierten Hörer und Sprecher. Wir sollten *nabiy'* allerdings von den beiden hebräischen Wörtern *ra'ah* und *chozeh* unterscheiden, die mit *Seher* übersetzt werden, was auf jemanden hinweist, dessen Inspiration hauptsächlich visuell ist. Seher erhalten Informationen von Gott, kommunizieren diese aber oft anders als Propheten. Die verschiedenen Begriffe spiegeln auch die Aspekte der prophetischen Gabe wider, die gerade betont werden. In meinem Buch *The Seer* schrieb ich:

> Der besondere und unverwechselbare Bereich *des Sehers* gehört zum übergeordneten Bereich des Prophetischen … Das Wort *Seher* beschreibt einen bestimmten Prophetentypus, der eine ganz bestimmte Art von prophetischer Offenbarung oder Übertragung erhält …
>
> Der Prophet umfasst die *kommunikative*, der Seher die *empfangende* Seite des prophetischen Bereichs. Während *nabiy'* das aktive Wirken des Propheten betont, wenn er eine Botschaft von Gott weitergibt, deuten die Begriffe *ra'ah* und *chozeh* auf die Erfahrungen und Mittel hin, durch welche der Prophet diese Botschaft „sieht oder wahrnimmt". Der erste Begriff legt den Schwerpunkt auf die Beziehung eines Propheten zum Volk, der zweite auf die Offenbarungsbeziehung eines Propheten zu Gott.[4]

Nun wollen wir einige alttestamentliche Bibelstellen betrachten, in denen die Begriffe *nabiy'*, *ra'ah* und *chozeh* erscheinen, zunächst einmal die folgenden vier „Propheten"-Schriftstellen:

[4] James Goll, *The Seer*, erweiterte Auflage (Shippensburg, PA: Destiny Image, 2012), 28-29.

Ich will ihnen einen Propheten, wie du bist, erwecken aus ihren Brüdern und meine Worte in seinen Mund geben; der soll zu ihnen reden alles, was ich ihm gebieten werde (5 Mo 18,18 LUT).

Der HERR sprach zu Mose: Siehe, ich setze dich zum Gott für den Pharao, und Aaron, dein Bruder, soll dein Prophet sein (2 Mo 7,1 LUT).

Du [Mose] sollst zu ihm [Aaron] reden und die Worte in seinen Mund legen. Und ich will mit deinem und seinem Munde sein und euch lehren, was ihr tun sollt. Und er soll für dich zum Volk reden; er soll dein Mund sein, und du sollst für ihn Gott sein (2 Mo 4,15-16 LUT).

Ich kannte dich, ehe ich dich im Mutterleibe bereitete, und sonderte dich aus, ehe du von der Mutter geboren wurdest, und bestellte dich zum Propheten für die Völker. ... Und der HERR streckte seine Hand aus und rührte meinen Mund an und sprach zu mir: Siehe, ich lege meine Worte in deinen Mund (Jer 1,5.9 LUT).

Als Nächstes wirf einen Blick auf diese vier „Seher"-Schriftstellen:

Vorzeiten sagte man in Israel, wenn man ging, Gott zu befragen: Kommt, lasst uns zu dem Seher [ra'ah] gehen! Denn die man jetzt Propheten nennt, die nannte man vorzeiten Seher [ra'ah] (1 Sam 9,9 LUT).

Und der König Hiskia samt den Oberen gebot den Leviten, den HERRN zu loben mit den Liedern Davids und des Sehers [chozeh] Asaf. Und sie lobten mit Freuden und neigten sich und beteten an (2 Chr 29,30 LUT).

Und als David am Morgen aufstand, kam des HERRN Wort zu Gad, dem Propheten, Davids Seher [chozeh] ... (2 Sam 24,11 LUT).

Zu der Zeit kam der Seher [ra'ah] Hanani zu Asa, dem König von Juda, und sprach zu ihm: Weil du dich auf den König von Aram verlassen hast und nicht auf den HERRN, deinen Gott, darum ist das Heer des Königs von Aram deiner Hand entronnen ... Denn des HERRN Augen schauen alle Lande, dass er stärke, die mit

> *ganzem Herzen bei ihm sind. Du hast töricht getan, darum wirst du auch von nun an Krieg haben. Aber Asa wurde zornig über den Seher [ra'ah] und legte ihn ins Gefängnis; denn er grollte ihm darüber* (2 Chr 16,7; 9-10 LUT).

Der Abschnitt aus 2. Mose 7 interessiert mich besonders, da Mose, der ein Stotterproblem hatte und öffentlich nicht gerne sprach (vgl. 2 Mo 4,10), ein Seher war, während sein Bruder Aaron als sein prophetisches Sprachrohr diente. Dies veranschaulicht, dass vieles von dem, was ein Seher tut, hinter den Kulissen sowie im Rahmen von Beziehungen stattfindet, weniger in öffentlichem Dienst. Seher helfen oft jemandem, der eine entsprechende Plattform hat, geistliche Einblicke zu gewinnen.

Eine weitere faszinierende Stelle findet sich im Buch Habakuk:

> *Ich will auf meinem Wachtturm stehen, ich stelle mich auf den Wall und spähe aus, um zu sehen, was er mir sagt und was ich auf den Vorwurf gegen mich antworten soll. Der HERR gab mir Antwort und sagte: Schreib nieder, was du siehst, schreib es deutlich auf die Tafeln, damit man es mühelos lesen kann! Denn erst zu der bestimmten Zeit trifft ein, was du siehst; aber es drängt zum Ende und ist keine Täuschung; wenn es sich verzögert, so warte darauf; denn es kommt, es kommt und bleibt nicht aus* (Hab 2,1-3 REÜ).

Wie wird Habakuk „sehen, was der Herr sagt"? Er wird es dem Herrn sicher nicht von den Lippen lesen. Aber wie sonst kann man ein Sprechen „beobachten"? Sprache ist ja dazu bestimmt, gehört zu werden. Es sei denn, der Sprecher verwendet die Gebärdensprache. Und das ist eigentlich der Schlüssel: Man *schaut* nach Gottes *Zeichen* aus, um zu wissen, was er sagt, da Gott genauso durch Zeichen und Wunder spricht wie durch Worte.

Und du schaust still und aufmerksam hin. Die Stille ist ein Brutkasten für Offenbarungen (vgl. z. B. Jes 30,15). Du wirst innerlich ganz ruhig, während du auf den Herrn wartest. Damit richtest du die Augen deines Herzens auf Gott, erhöhst deine Erwartungshaltung und öffnest dich, um etwas von ihm zu empfangen. Auch wenn du eher extrovertiert bist, solltest du den Ruf des Geistes beherzigen,

„einen einsamen Ort aufzusuchen“ (Mk 6,31), um eine ruhige Empfangsbereitschaft einzuüben. Schalte Computer und Fernseher aus. Lege dein Handy weg. Widme deine „Seh-Zeit“ ganz ihm, ohne Ablenkung.

Bereite dich auch darauf vor festzuhalten, was du siehst, wie Habakuk es uns vorgemacht hat. Er musste seine prophetischen Worte auf Tontafeln niederschreiben, während wir mit Stift und Papier oder digitalen Geräten arbeiten. Wenn du es dir nicht zur Gewohnheit machst, deine kleinen Einblicke in das, was Gott sagt, aufzuzeichnen, wirst du sie vergessen, und wertvolle Worte Gottes können für immer verloren gehen. Mit Habakuks Worten: *„Schreib es deutlich auf die Tafeln, damit man es mühelos lesen kann! Denn erst zu der bestimmten Zeit trifft ein, was du siehst“* (Hab 2,2-3). Jeder von uns wird eventuell mehr im Geist wahrnehmen, als wir in unserem Leben erfüllt sehen werden, und vielleicht muss eines Tages jemand anderes den Stab übernehmen.

Das Schreiben (oder eine Audioaufnahme) deiner eigenen Visionen und Eindrücke ermöglicht dir auch, deren Gültigkeit anhand der Schrift und deiner Kenntnis von Gottes Charakter zu prüfen. Nicht alles, was deine Aufmerksamkeit erregt, kommt von ihm!

Das bedeutet nicht, dass du alles, was du aufzeichnest, an andere weitergeben musst. Bitte den Herrn, dir zu zeigen, ob, wann und wie du deine Visionen mitteilen sollst. Nur weil du etwas siehst, musst du nicht darüber reden.

Die Stille ist der Brutkasten für Offenbarungen.

Die Seher-Gabe weitergeben

Der Prophet Elisa war ein Seher und half auch anderen zu sehen. Auch wir können anderen Menschen die Augen öffnen. Du erinnerst dich vielleicht an diese Geschichte:

> *Und als der Diener des Mannes Gottes früh aufstand und hinausging, siehe, da umringte ein Heer die Stadt und Pferde und Kriegswagen. Und sein Diener sagte zu ihm: Ach, mein Herr!*

> *Was sollen wir tun? Er aber sagte: Fürchte dich nicht! Denn zahlreicher sind die, die bei uns sind, als die, die bei ihnen sind. Und Elisa betete und sagte: HERR, öffne doch seine Augen, dass er sieht! Da öffnete der HERR die Augen des Dieners, und er sah. Und siehe, der Berg war voll von feurigen Pferden und Kriegswagen um Elisa herum* (2 Kön 6,15-17).

Mit den Augen seines Herzens konnte Elisa die gebündelten Kräfte des Himmels sehen, die für die Augen seines verängstigten Dieners jedoch völlig unsichtbar waren. So betete Elisa, dass Gott die Augen seines Dieners für die geistliche Realität öffnen möge, und das tat er auch.

In ihrem Buch *Developing Your Five Spiritual Senses* schreibt Patricia King über diesen Austausch zwischen Elisa und seinem Diener Folgendes: „Elisas Diener konnte nicht in diesen Bereich schauen. Er war ängstlich und verzweifelt. Elisa betete zu Gott, er möge die Augen seines Dieners öffnen, damit dieser in den unsichtbaren Bereich sehen könne. Daraufhin empfing der Diener eine geistliche Sehfähigkeit, mit der er die Armeen Gottes sehen konnte, welche zu ihrer Verteidigung anwesend waren.“[5]

Jemand, der sieht, kann also für jemanden beten, der es nicht tut, und wenn die Augen dieses Menschen geöffnet werden, wird das Wunder des Zeichens Gottes sich noch vermehren. Dies ist ganz einfach eine „Gabenübertragung“. Ein solches Gebet ist nicht kompliziert. Es spiegelt eine enge Beziehung zum Heiligen Geist und eine direkte Abhängigkeit von ihm wider.

Jedes Mal, wenn wir jemandem helfen, in Gottes unsichtbares Reich zu sehen, fördern wir die Kultur des Glaubens. Wenn wir zum Beispiel die Armeen des Himmels sehen – und mehr – wird Furcht durch Glauben ersetzt. Größer ist der, der in uns ist (der Geist), als der, der in der Welt ist (Satan) (vgl. 1 Joh 4,4); und Gott ist immer bereit, unsere natürlichen Sinne durch die Salbung seines Geistes zu erweitern, damit wir uns in maximalem Glauben bewegen können.

---

[5] . Patricia King, *Development Your Five Spiritual Senses (*Maricopa, AZ: XP Publishing, 2014), 47.

Geistliches Sehen und Unterscheidungsvermögen

Menschliche Geister wahrnehmen

Jesus, der jede geistliche Fähigkeit besaß und beispielhaft praktizierte, war auch ein Seher. Er sah seinen zukünftigen Jünger Nathanael im Geist, bevor er ihn mit seinen physischen Augen sah:

> *Als Jesus Nathanael kommen sah, sagte er: „Seht, da kommt ein wahrer Israelit, ein durch und durch aufrichtiger Mann!" Verwundert fragte Nathanael: „Woher kennst du mich?" Jesus antwortete: „Schon bevor Philippus dich rief, habe ich dich gesehen; ich sah dich, als du unter dem Feigenbaum warst." Da rief Nathanael: „Rabbi, du bist der Sohn Gottes, du bist der König von Israel!" Jesus entgegnete: „Weil ich dir gesagt habe, dass ich dich unter dem Feigenbaum sah, glaubst du. Aber du wirst noch viel Größeres erleben" (Joh 1,47-50).*

Jesus konnte nicht nur den Mann Nathanael unter dem Feigenbaum sitzen sehen, sondern auch in Nathanaels Herz schauen. Er konnte dessen geistliche Verfassung beurteilen und dann erklären, dass dieser Mann keine Falschheit in sich trug.

Wenn wir uns Gott überlassen und auf unserem Weg seinen Anweisungen folgen, können du und ich in diese Art des Sehens hineinwachsen. Du brauchst dafür keine starken Gaben, es reicht, wenn du willig und ihm hingegeben bist.

Gute und böse Mächte wahrnehmen und unterscheiden

Vor vielen Jahren, als unser erster Sohn noch ein Baby war, begann ich, klarer im Geist zu sehen und Gut und Böse zu erkennen. Ich war definitiv hungrig nach mehr von Gott, und ich glaube, dies ist ein Schlüssel, um mehr von ihm zu empfangen.[6]

Fünf Nächte hintereinander weckte mich der Heilige Geist um zwei Uhr morgens. Ich stand auf, ging in unser Wohnzimmer und

---

[6] Wenn du Kinder hast, weißt du, dass du darauf achtest, ob eines deiner Kinder sich dir entgegenstreckt und dein Herz erreichen will. Mit einem Kind, das mit anderen Dingen beschäftigt ist, wirst du eher weniger interagieren. Aber einem Kind, das ihn bittet, gibt ein guter Vater gerne gute Geschenke.

setzte mich hin. Dann „sah“ ich ein Geschenk nach Art eines Weihnachtspräsents vom Himmel auf meinen Schoß herabschweben. Jede Nacht hatte das Geschenkpapier und ebenso das Geschenkband eine andere Farbe: Goldpapier mit einem blauen Band, grünes Papier mit einem roten Band, Silberpapier mit einem goldenen Band und so weiter. Alle diese Farben waren symbolisch, und ich verstand viel von dem, was sie darstellten, aber ich öffnete die Pakete nicht. Dann, in der fünften Nacht (denke daran, dass die Zahl Fünf in der biblischen Numerologie die „Gnade“ symbolisiert), ging ich weiter und öffnete das Geschenk.

Im Seher-Bereich agierend, ergriff ich das Band, löste es und nahm den Deckel von der Schachtel. (Wir alle müssen das tun, indem wir durch den Glauben den Deckel von Gottes Gaben heben.) Ich griff in die Schachtel hinein und packte zwei Gegenstände. *Oooaah ...,* dachte ich. *Was ist das denn?* Es waren zwei Glasaugen. Ich nahm je eines in jede Hand und legte sie auf meine natürlichen Augen – sie schienen direkt damit zu verschmelzen.

Zu diesem Zeitpunkt hatte ich bereits ansatzweise im Geist gesehen, sonst wäre ich durch dieses fünf Nächte dauernde Erlebnis ausgeflippt. Aber nach dieser Nacht sah ich viel besser als je zuvor. Ich fing an, sowohl gute als auch böse Mächte zu sehen. Ich sah auch zukünftige Ausgießungen des Geistes vorher ebenso wie bevorstehende Unglücke und drohende Naturkatastrophen, einschließlich Erdbeben. Ich erkannte Gottes Berufungen und Bestimmungen für Menschen und Städte. Dies war Gottes Weg, mir mehr geistliche Sehfähigkeit zu verleihen, und ich versuchte, alles aufzuzeichnen, was ich sah, um meine Wahrnehmungen mit anderen teilen zu können, wenn es angebracht war.

Wenn ich sage, dass ich anfing, sowohl gute als auch böse Mächte zu sehen, dann meine ich, dass ich Gut und Böse mehr als je zuvor *unterscheiden* konnte. Ich konnte Engel identifizieren und ebenso ihre bösen Pendants, die Dämonen. Ich konnte die Hand Gottes in einer Situation erkennen und auch die Fingerabdrücke Satans sehen. Mehr als zuvor erkannte ich die Gegenwart des Heiligen Geistes und hatte ein höheres Maß an Weisheit in Bezug auf das, was ich mit dem Gesehenen anfangen sollte.

Ein Ziel der Gabe zur Unterscheidung von Geistern (vgl. 1 Kor 12,10) ist, die Aktivitäten des Bösen zu erkennen, zu enthüllen und zum Wohl des Volkes Gottes zu stoppen. Ein Beispiel dafür ist, wie Paulus die gemischten Motive Simons, des Zauberers, aufdeckte (vgl. Apg 13,6-10). Diese Gabe war auch aktiv, als der Apostel in Philippi den bösen Geist in der Sklavin erkannte (vgl. Apg 16,16-18). Sie verkündete die Wahrheit, wodurch der Prozess der Unterscheidung hätte verwässert werden können. Nur der Heilige Geist konnte offenbaren, dass sie von einem Dämon angestiftet wurde, um zu verhindern, dass die frohe Botschaft vom Königreich in dieser Region Fuß fassen konnte.

Als ich mehr über die Gabe der Unterscheidung von Geistern lernte, konnte ich den motivierenden Geist hinter bestimmten Worten oder Handlungen von Menschen, ob heilig, dämonisch oder nur menschlich, genauer wahrnehmen. Manchmal „wusste“ ich einfach die Bedeutung dessen, was ich sah. Manchmal musste ich warten, beobachten und eine Situation oder eine Person genauer unter die Lupe nehmen, um die guten oder schlechten Folgen ihrer Worte oder Taten zu erkennen. Da nicht alle geistlichen Aktivitäten von Gott kommen, ist es für die Glieder des Leibes Christi unerlässlich, hinter die Dinge zu sehen, die für die natürlichen Augen und die menschliche Wahrnehmung offensichtlich sind.

Bei all dem wurde mein Sehvermögen geschult. Diese Ebene des geistlichen Sehens und Wahrnehmens ist wie die feste Nahrung für reife Gläubige, über die wir im vorherigen Kapitel gesprochen haben: *„Feste Speise aber ist für Erwachsene, deren Sinne durch Gebrauch geübt sind, Gut und Böse zu unterscheiden“* (Hebr 5,14 REÜ).

Da nicht alle geistlichen Aktivitäten von Gott kommen, ist es für die Glieder des Leibes Christi unerlässlich, hinter die Dinge zu sehen, die für die natürlichen Augen und die menschliche Wahrnehmung offensichtlich sind.

Strecke dich nach dem Höheren aus

„Open the eyes of my heart" (Öffne die Augen meines Herzens) ist ein zeitgenössischer christlicher Song von Paul Baloche, der in viele Sprachen übersetzt wurde. Er basiert auf Epheser 1,18-19, womit wir dieses Kapitel begonnen haben, und es ist ein gutes Gebet, das man sprechen oder singen kann. Gott wird es immer beantworten.

Du kannst von Gott erwarten, dass er seine Antwort speziell auf deine Situation zuschneidet. Das liegt daran, dass dein Herz so einzigartig ist wie auch die Art und Weise, in der die Augen deines Herzens funktionieren. Der beste Weg, um mit dem Trainingsprozess von Gottes Geist zu kooperieren, ist, dich immer wieder nach ihm auszustrecken und mehr von ihm zu suchen. Mache wie Habakuk eine Aufzeichnung von dem, was du siehst, auch wenn es nur eine flüchtige Vision ist. Achte auf das, was du in deinen Träumen siehst, denn sie können „Visionen der Nacht" von Gott beinhalten (vgl. Hiob 33,15). Lerne, wie du in seiner Gegenwart still werden kannst, damit du gespannt auf das warten kannst, was er dir zeigen möchte. Gib dich ihm mit Körper, Seele und Geist hin und sage ihm, dass du erleuchtete Augen des Geistes haben möchtest.

Suche nach Mentoren und scheue dich nicht, eine bereits mit der Sehergabe ausgestattete Person zu bitten, für dich um die Übertragung dieser Gabe zu beten. Finde gute Quellen, die dich mehr über die Unterscheidung von Gut und Böse lehren. Achte auf Zeugnisse, die persönliche Erfahrungen mit dem geistlichen Sehen veranschaulichen, und sei wachsam für alles, was deine Aufmerksamkeit wecken könnte. Wenn andere Menschen uns von ihren Erfahrungen erzählen, wie sie mit den Augen ihres Herzens sehen, entfachen diese Geschichten die Erwartung in unserem eigenen Herzen. Wir werden offener für neue Erfahrungen mit dem Sehen im Geist.

Vergiss nicht, Gott so oft wie möglich anzubeten. Vor ihm eine demütige Haltung der Anbetung einzunehmen, ist nachweislich eine der besten Möglichkeiten, um im visionären oder seherischen Bereich zu wachsen. Denke nur an Johannes, als er auf der Insel Patmos im Exil war. Er befand sich am Tag des Herrn in der Anbetung, als er die umwerfenden Visionen empfing, welche nun das letzte Buch der Bibel bilden (vgl. Offb 1,9-11). Anbetung verbindet uns besser mit dem Himmel als alles andere, da es im Himmel allein um Anbetung geht.

Gebet eines Herzens, das unterscheiden kann

Vater Gott, ich bete dich mit meinem ganzen Sein an. Noch einmal gebe ich mich dir hin, denn du bist mein Schöpfer; ich liebe dich und vertraue dir. Ich strecke meine Hände hoch zu dir und bitte dich um mehr von deinem Heiligen Geist. Insbesondere übergebe ich dir meine physischen und geistlichen Augen und bitte dich um eine Zunahme deiner Gaben und Salbungen in mir.

Ich bitte dich konkret um die Fähigkeit, mit neuen Augen zu sehen. Ich möchte Visionen haben, und bitte dich um deine Hilfe, sie auch zu verstehen. Wenn ich dein Wort lese, lass mich die Nahrung für die Gereiften empfangen. Lass mich im Geist der Weisheit und Offenbarung zunehmen, damit ich sehen kann, was du siehst. Ich möchte für deine Ziele effektiver sein.

Durch deine Gnade glaube ich, dass ich immer mehr Visionen, Träume und Einblicke in deine Herrlichkeit erhalten werde. Ich bin offen für alles, was du mir geben willst. Im Namen deines Sohnes Jesus. Amen.

Kapitel 3

Hören: „Er wird das sagen, was er hört."

Doch wenn der Helfer kommt, der Geist der Wahrheit, wird er euch zum vollen Verständnis der Wahrheit führen. Denn was er sagen wird, wird er nicht aus sich selbst heraus sagen; er wird das sagen, was er hört. Und er wird euch die zukünftigen Dinge verkünden.

Johannes 16,13

Worin besteht der Dienst des Heiligen Geistes?

Wenn ich den Leuten diese Frage stelle, bekomme ich eine Vielzahl von Antworten, die alle richtig sind, wie z. B.: „Er gibt geistliche Gaben." „Er überführt." „Er entwickelt im Leben von Menschen den Charakter und die Frucht des Geistes." „Er spricht die Wahrheit und spendet Trost." Und noch vieles mehr.

Der Heilige Geist tut einiges. Eine bestimmte Antwort habe ich allerdings noch nie bekommen: „Der Dienst des Heiligen Geistes ist *Zuhören*." Doch genau das ist es, was uns die Worte Jesu in der obigen Schriftstelle sagen. Wir betrachten den Heiligen Geist eher nicht als Zuhörer. Wir denken vielleicht daran, dass wir es selbst nötig haben, auf die Stimme des Geistes zu hören. Aber wenn der Heilige Geist nicht zuerst auf die Stimme des Vaters hören würde, gäbe es sicherlich für uns nichts zu hören.

So drückt es der Vers aus: *„Er wird das sagen, was er hört."* Bevor er etwas sagt, hört er zu. Genauso müssen wir auf ihn hören, bevor wir unseren Mund öffnen, um das Wort des Herrn zu verkünden.

Als Jesus die obigen Worte sprach, die später von Johannes aufgezeichnet wurden, war der Heilige Geist den Jüngern noch nicht gegeben worden, weil Jesus noch nicht auferstanden und zum Himmel aufgefahren war. Nun aber ist der Geist der Wahrheit gekommen und kommt weiterhin überall in das Leben von Männern und Frauen Gottes. Er kommt, um viele Dinge zu tun, aber stets *hört er* zuerst *zu.* Alles, was er sagt oder tut, lässt uns das Herz des Vaters noch besser verstehen. Er enthüllt Gottes Pläne für die Zukunft und offenbart, wie Gott sein Reich in dieser Welt aufrichten will. Nur wenn wir lernen, auf den Heiligen Geist zu hören, können wir dabei mitwirken.

**Alles, was der Geist sagt oder tut,
lässt uns das Herz des Vaters noch besser verstehen.**

Hör genau hin

Es mag zu einfach klingen, aber die Wahrheit ist: Du kannst die Stimme Gottes nicht hören, wenn du nicht auf Empfang schaltest! Das Hören ist einer unserer fünf natürlichen Sinne, die Gott geistlich entwickeln möchte. Wir sind zum Ebenbild Gottes geschaffen und dafür bestimmt, in unserer geistlichen Hörfähigkeit zu wachsen. Wir sind dafür gemacht, auf seine Stimme zu hören und zu verstehen, was er sagt.

Unser Leben gehört Gott ganz. Genau wie der Heilige Geist, initiieren nicht wir die Entscheidungen und Aktionen für das Königreich. Wir reagieren. Wir gehorchen. Wir folgen. Wir versuchen die ganze Zeit, seine Stimme wahrzunehmen.

Wir müssen darauf aus sein zu lernen, im geistlichen Sinne zu hören – und dabei zu bleiben. Bei mir geschah das auf die harte Tour. Vor Jahren fühlte ich mich überwältigt von der Menge der mir offenbarten Wahrheiten. Ich konnte in meinem Leben nicht alles in die Tat umsetzen, weil es mir einfach zu viel erschien, um damit umzugehen. Aber anstatt den Herrn zu bitten, mir zu helfen, all das zu verarbeiten, platzte ich mit meiner Frustration heraus: „Herr, ich glaube nicht, dass ich noch mehr ertragen kann. Ich kann einfach keine neuen Wahrheiten mehr hören, bis ich gelernt habe, diejenigen anzuwenden, die du mir schon gezeigt hast."

Und weißt du was? Der Herr erhörte dieses Gebet, und ein ganzes Jahr lang hörte ich nichts Neues vom Heiligen Geist. Durch meine eigene Initiative hatte ich eine „niedrige Decke" über mir platziert. Aus Müdigkeit und Frustration heraus hatte ich festgelegt, dass ich nicht länger zuhören wollte; und obwohl ich es vorher nicht überdacht hatte, hörte der Herr auf meine Bitte und zog sich zurück.

Im Laufe dieses Jahres fühlte ich mich wie einer, der im Dunkeln nach seiner Führung tappt. Ich erkannte, dass ich eine Art Barriere zwischen uns errichtet hatte, wusste aber nicht, worin sie bestand. Eines Tages machte ich dann einen Spaziergang und betete dabei. Plötzlich „hörte" ich (in meinem Geist) die Stimme des Heiligen Geistes! Er sagte: *Du suchst etwas, nicht wahr?*

Ich sagte: „Ja."

Du wirst es nicht finden, antwortete er. Ich wusste nicht, wie ich darauf reagieren sollte. Ich steckte immer noch in diesem vertrauten Gefühl der Frustration und dachte: *Warum musst du immer in Gleichnissen sprechen?*

Dann erklärte er: *Du suchst nach deinem eigenen Leben, aber du kannst es nicht finden. Das liegt daran, dass du es mir gegeben hast. Dein Leben ist jetzt in Christus verborgen, erinnerst du dich? Wenn mir jemand sein Leben gegeben hat, dann behalte ich es auch.* Das kam mir glaubhaft vor. Ich war nun ganz erpicht darauf, meine irrige Forderung zurückzuziehen. Was hatte ich mir im vorigen Jahr dabei gedacht? Mein Leben gehörte ja nicht mehr mir selbst. Mein neues Leben war in Christus verborgen und musste mir fortlaufend offenbart werden – und zwar durch seinen Besitzer.

Hungrig nach Gott

In seiner liebevollen Weisheit ließ Gott mich hungrig bleiben, damit ich schließlich nur das würde essen wollen, was er mir anbot. Der Heilige Geist hatte mich nicht verlassen; Papa Gott kümmerte sich um mich!

In diese Worte aus dem 5. Buch Mose habe ich mich förmlich verliebt:

> *Und er demütigte dich und ließ dich hungern. Und er speiste dich mit dem Manna, das du nicht kanntest und das deine Väter nicht kannten, um dich erkennen zu lassen, dass der Mensch nicht von Brot allein lebt. Sondern von allem, was aus dem Mund des HERRN hervorgeht, lebt der Mensch* (5 Mo 8,3).

Ich weiß, dass auch Jesus diese Worte liebte, weil er den letzten Teil dieses Verses während seiner Versuchung durch den Teufel zitierte: *„Er aber antwortete und sprach: Es steht geschrieben: ‚Nicht von Brot allein soll der Mensch leben, sondern von jedem Wort, das durch den Mund Gottes ausgeht'"* (Mt 4,4 ELB). Im neutestamentlichen Griechisch deutet die Zeitform des Wortes *„ausgeht"* auf einen fortlaufenden Prozess hin. Es geht also um das Wort, das kam, das kommt und das kommen wird. Woher kommt das Wort? Aus dem *„Mund Gottes"*.

Gottes Wort ist unser tägliches Brot. Sogar Jesu Mustergebet (das sogenannte Vaterunser) verfolgt diese Linie: *„Gib uns heute unser tägliches Brot"* (Mt 6,11). Hier geht es um mehr als um einen Laib Brot. Ebenso wichtig wie die physische Nahrung für unseren Körper ist die geistliche Nahrung, die von Gott kommt; und diese Art von Nahrung erhalten wir durch unser geistliches Gehör. Wir leben mit Gott in einer engen Beziehung, und sein Geist spricht die Wahrheit zu unserem Geist.

Unsere Empfänglichkeit für die Wahrheit Gottes setzt vier Dinge voraus: dass wir demütig und hungrig sind, dass wir gefüttert werden und die Wahrheit verstehen. Alle diese Elemente finden sich im obigen Vers aus dem 5. Buch Mose. Er beschreibt, wie Gott die Israeliten in die Demut leitete, was er auch mit mir in diesem langen Jahr tat, in dem ich mich weit von ihm entfernt fühlte. Wir können uns allerdings auch selbst demütigen, wie es Petrus den Gläubigen riet: *„Beugt euch also unter die starke Hand Gottes; dann wird er euch erhöhen, wenn die Zeit dafür gekommen ist"* (1 Petr 5,6).

Meiner Erfahrung nach gehen Demut und Hunger Hand in Hand; und ohne den demütigen Wunsch nach einem Wort von Gott werden wir nicht gesättigt. Man könnte diese Art von Hunger sogar als Geschenk Gottes bezeichnen. Er macht uns hungrig nach ihm – besonders wenn wir darum bitten. Zu viele Menschen sind nicht hungrig und durstig nach Gott, und deshalb begegnen sie ihm nicht.

Ich bete: „Herr, mach mich hungrig nach mehr von dir. Mach mich so durstig wie den Hirsch, der nach dem Wasserbach lechzt. Lass meine Seele sich nach dir sehnen“ (vgl. Ps 42,1). Er hört dieses Gebet und macht mich hungrig und durstig nach allem, womit er mich sättigen will. Ich weiß, dass er das perfekte Wort für mich wählen und mein Herz öffnen wird, damit ich es verstehe.

Unsere Empfänglichkeit für die Wahrheit Gottes setzt vier Dinge voraus: dass wir demütig und hungrig sind, dass wir gefüttert werden und die Wahrheit verstehen.

Für ein Gespräch braucht man zwei

Es ist nicht so, dass wir die Stimme Gottes nicht erkennen würden – meistens jedenfalls. Der Punkt ist, dass so viele unserer Gebete Bitten sind und wir inmitten unserer selbstbezogenen Aufzählung von Bedürfnissen nur selten daran denken, innezuhalten und auf die Stimme des Geistes Gottes zu hören. Doch wenn wir es tun, lernen wir auch das Hören. Jesus sagte: *„Meine Schafe hören auf meine Stimme. Ich kenne sie, und sie folgen mir“* (Joh 10,27). Über diese bemerkenswerte Aussage könnte ich sehr viel schreiben. Hier möchte ich jedoch einfach nur betonen, dass unsere Fähigkeit, Jesus zu folgen, damit zu tun hat, wie gut wir seine Stimme hören können und wie sehr wir bereit sind, zuzuhören. Wenn wir sein Wort hören, können wir ihm folgen.

Jesus wird uns rufen und sich sogar selbst in unsere Herzen einladen, aber wir müssen zustimmen. Er hat uns dies so veranschaulicht: *„Siehe, ich stehe an der Tür und klopfe an; wenn jemand meine Stimme hört und die Tür öffnet, zu dem werde ich hineingehen und mit ihm essen und er mit mir“* (Offb 3,20 ELB). Die erste Person der Gottheit, der du begegnest und die du erleben wirst, ist der Heilige Geist, denn wenn er spricht, macht er Jesus und den Vater für uns zur lebendigen Realität. Er überführt uns von unserem Bedürfnis nach ihm. Die Menschen wissen nicht einmal, dass sie gerettet werden müssen, bis der Geist an die Tür ihrer Herzen klopft. Aber wenn es soweit ist, liegt es an dieser Person selbst, die Tür zu öffnen. Jesus sagte nicht, er werde die Herzenstür eines jeden Menschen öffnen, sondern nur, dass er an die Tür klopfen würde. Was macht er? Er initiiert das, was als wechselseitige Beziehung gedacht ist: *„... zu dem werde ich hineingehen und mit ihm essen und er mit mir."* Die Gemeinschaft ist real, aber sie hängt von der Antwort auf die Einladung Jesu ab.

Wenn wir in unseren Gesprächen mit ihm lernen zuzuhören, wird er sein Herz mit uns teilen. Auch hier können wir die Unterhaltung nicht dominieren, indem wir nur über unsere Probleme reden. Er ist auf eine echte Beziehung aus, nicht auf eine bloße Geschäftsabwicklung. Und wenn er uns aussendet, um etwas zu tun, dann sendet er uns als seinen Freund, nicht als gesichtslosen Botschafter.

Unsere Beziehung zu unserem himmlischen Papa war nie als Ferngespräch gedacht. Gottes zweiter Vorname ist „Zugänglich". Er sehnt sich danach, mit jedem von uns Zeit allein zu verbringen; er hört aufmerksam zu und zeigt uns, wie wir auf ihn hören können. Dutch Sheets, Fürbitte-Leiter und Erweckungsprediger, stellt diese Frage: „Welches Thema verdient mehr Aufmerksamkeit, als auf Gott zu hören? Es ist weise zuzuhören, wenn die Quelle alles Lebens und aller Weisheit spricht. Die Törichten achten nicht darauf bzw. lernen nicht, wie dies geht. Die Frucht beider ist die gleiche: destruktive Unwissenheit."[1]

Zuhören ist ja auch in unseren engsten menschlichen Beziehungen wichtig! Als meine Familie noch jung war und ich reisen musste, sodass ich zeitweise von meiner Frau und meinen Kindern getrennt war, versuchte ich über Telefon oder eine andere Technologie mit ihnen in Kontakt zu bleiben. Aber was wir wirklich brauchten, war, uns gegenseitig zu berühren, einander zu sehen und persönlich sprechen zu hören. Wahre Liebe erfordert Zusammensein. Manchmal brauche ich nur eine Umarmung. Entsprechend ist das größte

[1] Dutch Sheets, foreword to *Listen, God Is Speaking to You*, by Quin Sherrer (Ann Arbor, MI: Servant Publications, 1999), 9.

Geheimnis, um Gottes Stimme zu hören, eine liebevolle, wechselseitige Beziehung mit ihm zu pflegen.

In meinem Buch *Hearing God's Voice Today* hebe ich diese wichtige Wahrheit hervor: „Gottes liebevoller Wunsch, mit uns in Verbindung zu sein, ebbt nicht ab und endet nie … Wir sind diejenigen, welche seinem Herzen nahe sein müssen, um seine wohltuende Liebessprache zu hören …"[2] Unser liebender Vater spricht. Hören wir zu?

Das größte Geheimnis, um Gottes Stimme zu hören, ist, eine liebevolle, gegenseitige Beziehung mit ihm zu pflegen.

Wie drückt Gott sich aus?

Gott spricht nicht jedes Mal auf die gleiche Weise. Tatsächlich nutzt er eine ganze Reihe von Ausdrucksmöglichkeiten, nicht nur die klassische „Donnerstimme" oder den „Posaunenstoß" vom Himmel, die wir in einigen Schriftstellen finden:

> *Am Tag des Herrn wurde ich vom Geist ergriffen und hörte hinter mir eine Stimme, laut wie eine Posaune* (Offb 1,10 REÜ).
>
> *Seine Füße glänzten wie Golderz, das im Schmelzofen glüht, und seine Stimme klang wie das Tosen einer mächtigen Brandung* (Offb 1,15).
>
> *Die Stimme Jahwes schallt über der Flut. Der Gott der Herrlichkeit lässt Donner dröhnen, Jahwe beherrscht das gewaltige Meer. Die Stimme Jahwes voller Macht, ist herrlich und furchtbar zugleich. Die Stimme Jahwes spaltet mächtige Bäume, Libanonzedern zersplittern vor ihm … Die Stimme Jahwes sprüht zuckende Flammen. Die Wüste zittert vor diesem Ton. Jahwe lässt die Wüste von Kadesch erbeben. Die Stimme Jahwes wirbelt Eichen empor, reißt ganze Wälder kahl. Und in seinem Tempel ruft alles: „Ehre sei Gott!"* (Ps 29,3-5.7-9 NeÜ).

[2] James W. Goll, *Hearing God's Voice Today* (Grand Rapids, MI: Chosen Books, 2016), 61.

Doch es ist nicht immer der Fall, dass Gottes Stimme in starken, kraftvollen Klängen – wie Donner, rauschender Wind, tosende Wellen oder das Grollen von Erdbeben – zu hören ist, die man nicht mit menschlichem Sprechen vergleichen kann. Der Prophet Elia erkannte die Stimme des Herrn nicht in lauten Naturgeräuschen, sondern in einer kleinen, flüsternden Brise:

> *Da sprach er: Geh hinaus und stell dich auf den Berg vor den HERRN! Und siehe, der HERR ging vorüber. Da kam ein Wind, groß und stark, der die Berge zerriss und die Felsen zerschmetterte, vor dem HERRN her; der HERR aber war nicht in dem Wind. Und nach dem Wind ein Erdbeben; der HERR aber war nicht in dem Erdbeben. Und nach dem Erdbeben ein Feuer, der HERR aber war nicht in dem Feuer. Und nach dem Feuer der Ton eines leisen Wehens. Und es geschah, als Elia das hörte, verhüllte er sein Gesicht mit seinem Mantel, ging hinaus und stellte sich in den Eingang der Höhle. Und siehe, eine Stimme geschah zu ihm: Was tust du hier, Elia?* (1 Kön 19,11-13).

Manchmal spricht Gott in einer Art und Weise zu uns, die für unsere natürlichen Ohren wie menschliche Sprache klingt, und das fesselt unsere Aufmerksamkeit. So erlebte es Paulus anscheinend auf dem Weg nach Damaskus:

> *Als er nun nach Damaskus unterwegs war und die Stadt schon fast erreicht hatte, leuchtete plötzlich vom Himmel her ein Licht auf. Von allen Seiten umgab ihn ein solcher Glanz, dass er geblendet zu Boden stürzte. Gleichzeitig hörte er, wie eine Stimme zu ihm sagte: „Saul, Saul, warum verfolgst du mich?" – „Wer bist du, Herr?", fragte Saulus. Die Stimme antwortete: „Ich bin der, den du verfolgst; ich bin Jesus. Doch jetzt steh auf und geh in die Stadt! Dort wird man dir sagen, was du tun sollst." Die Männer, die mit Saulus reisten, standen sprachlos vor Bestürzung dabei; sie hörten zwar die Stimme, sahen aber niemand* (Apg 9,3-7).

Es gibt Zeiten, in denen Gott durch seine Engelboten spricht. Das eindrucksvollste Beispiel dafür ist, als der Engel Gabriel Maria verkündete, dass sie den Sohn Gottes empfangen und gebären würde:

Als Elisabeth im sechsten Monat schwanger war, sandte Gott den Engel Gabriel zu einer unverheirateten jungen Frau, die in Nazaret, einer Stadt in Galiläa, wohnte. Sie hieß Maria und war mit Josef, einem Mann aus dem Haus Davids, verlobt; Maria war noch unberührt. „Sei gegrüßt, dir ist eine hohe Gnade zuteil geworden!", sagte Gabriel zu ihr, als er hereinkam. „Der Herr ist mit dir." Maria erschrak zutiefst, als sie so angesprochen wurde, und fragte sich, was dieser Gruß zu bedeuten habe. Da sagte der Engel zu ihr: „Du brauchst dich nicht zu fürchten, Maria, denn du hast Gnade bei Gott gefunden. Du wirst schwanger werden und einen Sohn zur Welt bringen; dem sollst du den Namen Jesus geben. Er wird groß sein und wird ‚Sohn des Höchsten' genannt werden. Gott, der Herr, wird ihm den Thron seines Stammvaters David geben. Er wird für immer über die Nachkommen Jakobs herrschen, und seine Herrschaft wird niemals aufhören." „Wie soll das zugehen?", fragte Maria den Engel. „Ich bin doch noch gar nicht verheiratet!" Er gab ihr zur Antwort: „Der Heilige Geist wird über dich kommen, und die Kraft des Höchsten wird dich überschatten. Deshalb wird auch das Kind, das du zur Welt bringst, heilig sein und Gottes Sohn genannt werden." Und er fügte hinzu: „Auch Elisabeth, deine Verwandte, ist schwanger und wird noch in ihrem Alter einen Sohn bekommen. Von ihr hieß es, sie sei unfruchtbar, und jetzt ist sie im sechsten Monat. Denn für Gott ist nichts unmöglich" (Lk 1,26-37).

Bald darauf sprach ein anderer Engel mit Marias Verlobtem Josef, aber diesmal geschah es in einem Traum. Manchmal, wenn Gott durch Träume spricht, wachen die Menschen auf und haben noch den Nachhall seiner Worte im Kopf. Oder sie denken über die Symbolik im Traum nach und verstehen dadurch Gottes Botschaft (vgl. Mt 1,20-21). Auch in Visionen muss die Symbolik oft interpretiert werden, um Gottes Mitteilungen zu verstehen. Der Heilige Geist hilft uns dabei, manchmal indem er direkt zu uns spricht, wie er es bei Petrus getan hat:

Um die Mittagszeit des folgenden Tages – die Boten des Kornelius waren noch unterwegs, näherten sich aber bereits der Stadt – stieg Petrus zum Beten auf das flache Dach des Hauses, in dem er zu Gast war. Nach einiger Zeit wurde er hungrig und bat um etwas zu essen. Während ihm nun eine Mahlzeit zubereitet wurde, hatte er eine Vision. Er sah den Himmel offen stehen und etwas wie ein riesiges leinenes Tuch herabkommen, das – gehalten an seinen vier Ecken – auf die Erde heruntergelassen wurde. In dem Tuch befanden sich Tiere aller Art – Vierfüßer, Reptilien und Vögel. Nun hörte er eine Stimme: „Auf, Petrus, schlachte und iss!" – „Auf gar keinen Fall, Herr!", entgegnete Petrus. „In meinem ganzen Leben habe ich noch nie etwas Unheiliges und Unreines gegessen!" Doch die Stimme wiederholte die Aufforderung. „Was Gott für rein erklärt hat, das behandle du nicht, als wäre es unrein!", sagte sie. Und noch ein drittes Mal wurde Petrus zum Essen aufgefordert. Danach verschwand das Tuch so unvermittelt wieder im Himmel, wie es gekommen war. Während Petrus noch darüber rätselte, was diese Vision bedeuten sollte, kamen auch schon die Männer an, die Kornelius geschickt hatte. Sie hatten sich zu Simons Haus durchgefragt und standen jetzt unten vor dem Eingangstor. „Ist hier ein Simon mit dem Beinamen Petrus zu Gast?", riefen sie. Da sagte der Geist Gottes zu Petrus, der immer noch über die Vision nachdachte: „Petrus! Vor dem Haus sind drei Männer, die zu dir wollen. Darum steh jetzt auf und geh nach unten. Sie werden dich bitten, mit ihnen zu kommen. Folge ihnen ohne Bedenken; ich selbst habe sie geschickt." Da ging Petrus zu den Männern hinunter und sagte: „Ich bin der, den ihr sucht. Was führt euch zu mir?" (Apg 10,9-21).

Oft ist Gottes Stimme jedoch unhörbar, wir können sie aber in unserem zur Ruhe gekommenen Geist „hören". Als seine Schafe erkennen wir diese Stimme als die seine.

Tatsache ist: Je mehr wir durch treuen Lobpreis und leidenschaftliche Anbetung die Klänge des Himmels auf der Erde freisetzen, desto häufiger und deutlicher werden wir die Stimme des Herrn hören. Und je mehr wir seine Stimme hören, desto besser können wir seine Herrlichkeit auf die Erde bringen und andere Menschen ermutigen. An der folgenden messianischen Prophetie von Jesaja sehen wir, dass das Hören von Gott seine Jünger dazu befähigt, in vielen Situationen für ihn zu sprechen:

Gott, der Herr, hat meine Zunge in seinen Dienst genommen, er zeigt mir immer neu, was ich sagen soll, um die Müden zu ermutigen. Jeden Morgen lässt er mich aufwachen mit dem Verlangen, ihn zu hören. Begierig horche ich auf das, was er mir zu sagen hat. Er hat mir das Ohr geöffnet und mich bereitgemacht, auf ihn zu hören. Ich habe mich nicht gesträubt und bin vor keinem Auftrag zurückgescheut (Jes 50,4-5 GNB).

Das Wort des Herrn ist mächtig, aber es wird nie die Reaktion eines Menschen außer Kraft setzen. Deshalb werden wir ermahnt:

Ermutigt einander jeden Tag, solange es „Heute“ heißt, damit keiner von euch von der Sünde überlistet wird und hart wird gegen Gott! ... Aber vergesst nicht das Wort der Schrift: „Heute sollt ihr auf seine Stimme hören. Verschließt eure Herzen nicht gegen ihn, wie die Israeliten es taten, als sie sich auflehnten“ (Hebr 3,13;15 NLB).

„Ermutigt einander jeden Tag“ verweist auf einen der hauptsächlichen Gründe, um Gottes Stimme zu hören: seine väterliche Liebe an andere Menschen weiterzugeben. Durch unsere Beziehung zu ihm können wir dazu beitragen, dass seine Einladung an die weitergereicht wird, die ihn sonst vielleicht nicht kennenlernen würden. *„Kommt zu mir“*, sagt Jesus, *„ihr alle, die ihr euch plagt und von eurer Last fast erdrückt werdet; ich werde sie euch abnehmen. Nehmt mein Joch auf euch und lernt von mir, denn ich bin gütig und von Herzen demütig. So werdet ihr Ruhe finden für eure Seele“* (Mt 11,28-29).

Seine Stimme erkennen

Wenn du Zweifel an dem hast, was du denkst, vom Herrn gehört zu haben, kannst du es anhand folgender Leitlinien prüfen. Selbst wenn Gott ein starkes oder unerwartetes Wort aussendet, kannst du darauf zählen, dass es sich mit seinem barmherzigen Charakter deckt. Beachte hierzu diese wichtigen Punkte:

1. Gott führt dich. Das Böse drängt dich.
2. Gott macht dich ruhig. Das Böse setzt dich unter Druck.

3. Gott macht dich sicher. Das Böse ängstigt dich.
4. Gott erleuchtet dich. Das Böse verwirrt dich.
5. Gott baut dich auf. Das Böse entmutigt dich.
6. Gott tröstet dich. Das Böse macht dich besorgt.
7. Gott beruhigt. Das Böse beunruhigt.
8. Gott überführt dich (der Wahrheit). Das Böse verdammt dich.

Überprüfe das, was du denkst, von Gott gehört zu haben, anhand des geschriebenen Wortes Gottes, da Gott sich niemals widersprechen wird.

Überprüfe das, was du denkst von Gott gehört zu haben, anhand der Bibel, da Gott sich niemals widersprechen wird. Bevor du anderen Menschen irgendeines deiner gehörten Worte mitteilst, schau dir die Frucht an, die dieses Wort in deinem eigenen Herzen hervorbringt. Bringt es dir Hoffnung? Strömt eine Welle des Mutes oder des Glaubens in dich hinein? Oder klagt es dich an bzw. erzeugt es eine ungöttliche Furcht in dir? Vergiss nicht, dass Satan und Gott im Widerstreit sind, und der Teufel möchte nichts lieber, als dich vom Herrn, deiner Quelle des Lebens, wegzutreiben. Der Feind *„streift umher wie ein brüllender Löwe, immer auf der Suche nach einem Opfer, das er verschlingen kann. Widersteht ihm …“* (1 Petr 5,8-9).

Frag dich also, ob ein gehörtes Wort mit deinem Geist in Einklang steht. Wenn du ein echtes Gotteswort hörst, kannst du das erwarten, was ein „Zeugnis des Heiligen Geistes“ genannt wird. Denke daran, dass ein gefälschtes Wort Angst, Unruhe oder sogar Wut in dir auslösen wird.

Sanft und demütig

Wenn wir überlegen, in welcher Haltung wir die Stimme Gottes am besten hören und ihm gehorchen können, ist Jesus unser Vorbild. Unser Herr, Retter und Freund verkörpert Macht, die unter Kontrolle ist. Er muss nicht mit der Stärke einer nuklearen Explosion sprechen. Im Matthäusevangelium beschreibt er sich als *„sanftmütig und von Herzen demütig“* (Mt 11,29 ELB).

Wenn wir jung sind, wollen viele von uns mächtig, reich und berühmt sein. Wir können oft den Wert des demütigen Dienstes nicht erkennen. Gott spricht jedoch deutlicher zu denen, die freiwillig den anderen höher schätzen als sich selbst. Diese Tatsache begriff ich vor Jahren, als ich mit dem Heilungsevangelisten Mahesh Chavda unterwegs war und ihm als Assistent diente.

Einmal waren wir in Prag in Tschechien. Er betete persönlich für Hunderte von Menschen, die nach dem Gottesdienst geblieben waren. Er war so sehr mit dem Beten beschäftigt, dass er keine Pause machen konnte. In den frühen Morgenstunden machte ich mich auf den Weg zurück in unser Hotelzimmer, um seine Tennisschuhe und eine Kanne Kaffee zu holen. Als ich zurückkam, betete er immer noch geduldig für die Menschen, obwohl er erschöpft war. Er trug seine schwarzen Anzugschuhe, wie er es immer tat, wenn er predigte. Ich kniete neben ihm nieder, öffnete seine Schuhe, zog sie einzeln aus und schob seine Füße in seine bequemeren Tennisschuhe. Dann gab ich ihm Kaffee, damit er neue Energie schöpfen konnte.

Es war eine so einfache Sache, und doch so mächtig. Ich war diese Beziehung nicht eingegangen, um möglichst viel aus ihr herauszuschlagen, sondern um auf jede erdenkliche Weise zu dienen. Und ich habe sehr viel dabei gelernt, als ich ihn beobachte und mit ihm redete. Unsere Beziehung, die inzwischen schon seit vierzig Jahren besteht, war einfach gut.

Ich erinnere mich, dass ich Mahesh ein anderes Mal fragte: „Du bist jetzt seit vielen Jahren mit Gott unterwegs, hast Wunder und Heilungen gesehen, gefastet und gebetet. Sag mir, was du über das Hören der Stimme Gottes gelernt hast."

Ich dachte, er würde vielleicht antworten: „Zuerst musst du vierzig Tage und Nächte fasten. Außerdem musst du alles weggeben, was du besitzt." Und dann – vielleicht – wäre Gottes Stimme in der Lage, in das schwache Begriffsvermögen eines Menschen einzudringen. Außerdem würde Gott vermutlich eine Menge Engel senden müssen, um den Weg für seine dröhnende Ansage freizumachen.

Aber Mahesh lächelte nur und sagte: „Je näher ich Gott komme, desto sanfter wird seine Stimme für mich." Das war alles.

Du siehst also, das Wichtigste ist die Beziehung.

Strecke dich nach dem Höheren aus

Wenn ich über unsere Beziehung zum Herrn und das Hören seiner Stimme nachdenke, fällt mir oft eines meiner Lieblingslieder aus der Kindheit ein. Die Worte lauten wie folgt:

Ich geh' in den Garten allein,
meinem Heiland dort zu begegnen.
Seine Stimm' ich hör', und ich freu' mich sehr,
mein Heiland will mich segnen.

Refrain:

Und Er geht mit mir,
und Er spricht mit mir,
und Er sagt mir, dass ich ganz Sein.
Jeder Augenblick ist ein wahres Glück;
es könnte nichts sel'ger sein.[3]

Dieses Lied singe ich schon seit über fünfzig Jahren. Es bedeutet mir heute so viel wie damals. Ja, es ist eine solche Freude, die Stimme Gottes zu hören. Es spielt keine Rolle, was er uns sagen will. Einfach weil *er* es ist, hüpft unser Herz. Wir legen alles ab, was unsere Aufmerksamkeit von ihm ablenken könnte, und tun eifrig alles, was er uns sagt.

Doch viele von uns stecken noch in Unglauben und können sich nicht vorstellen, die Stimme Gottes zu hören. Uns fehlt das Vertrauen, dass es wirklich möglich ist. Und wir können einfach nicht begreifen, dass er uns liebt und uns einlädt, bei ihm zu sein. Einige von uns haben schlechte Erfahrungen damit gemacht und irrtümlich gedacht, Gottes Stimme gehört zu haben. Folglich haben wir Angst, einen weiteren Fehler zu machen oder getäuscht zu werden; um auf der sicheren Seite zu sein, haben wir uns entschieden, uns lieber gar nicht mehr zu öffnen, um Gott zu hören.

Wir sollten nicht vergessen, dass der Schöpfer aller Dinge auch die Kommunikation geschaffen hat. Er ist unendlich begabt darin,

[3] Original: C. Austin Miles, „I Come to the Garden Alone", 1912. Dt. Text: http://www.jesus-web.de/mediathek/texte/hewalkswithme.htm

mit dir so zu sprechen, dass du es auch empfangen kannst. Er kennt dich besser als jeder andere und wird mit dir auf eine Weise sprechen, die du verstehst. Warte nicht, bis du in einer verzweifelten Lage bist. Aktiviere dein geistliches Gehör, indem du ihm Fragen stellst und Antworten erwartest. Du wirst vielleicht überrascht sein, wenn auf einmal neue Gedanken durch deinen Geist fließen. Er *wird* dir auf jeden Fall irgendwie antworten, z. B. durch das Zeugnis oder die Lehre eines anderen, durch ein oder zwei Zeilen aus seinem geschriebenen Wort, durch einen Traum oder auf einem anderen Weg. Überlasse es ihm, wie er zu dir sprechen will. Höre einfach erwartungsvoll zu.[4]

Gott kennt dich besser als jeder andere und will mit dir auf eine Weise sprechen, die du verstehst.

Gebet eines Herzens, das unterscheiden kann

Gütiger Vater, in dem wunderbaren Namen Jesu übergebe ich dir meine physischen und geistlichen Ohren. Ich möchte heute ein Jünger sein wie Johannes und meinen Kopf an deine Brust lehnen, damit ich deinen Herzschlag höre. Gemäß deinem Wort bitte ich dich, jeden Morgen meine Ohren zu öffnen, damit ich deine lebensspendenden Worte höre. Schärfe meine geistliche Unterscheidungsfähigkeit, damit ich deine Stimme gut von anderen unterscheiden kann, selbst dann, wenn du auf ungewöhnliche und unerwartete Weise sprichst.

Erwecke mein müdes Herz. Ich möchte deine inspirierende und überführende Stimme hören – für mich selbst und auch für andere. Ich möchte effektiver für dich und deine Ziele sein. Ich bitte dich ganz direkt um eine größere Salbung in Bezug auf die Gabe, deine Stimme zu hören. Gib mir die Gnade, die ich brauche, um dir für immer zu folgen und jeden Tag auf deine Stimme zu hören.

Voller Dankbarkeit preise ich deinen Namen. Amen.

[4] Zur Vertiefung dieses Themas, siehe mein Buch *Hearing God's Voice Today.*

Kapitel 4

Fühlen: Aus dem Herzen quillt das Leben

Behüte dein Herz mit allem Fleiß, denn daraus quillt das Leben.

Sprüche 4,23 (LUT)

Wir haben mittlerweile das Sehen und Hören untersucht – zwei der wichtigsten physischen Sinne des Menschen – sowie ihre geistlichen Begleiterscheinungen. Alle unsere fünf grundlegenden physischen Sinne (Sehen, Hören, Fühlen, Schmecken und Riechen) sind auch wesentlich für unser geistliches Gefüge, weil wir durch sie Offenbarung von Gott empfangen und wahrnehmen.

Kommen wir nun zum geistlichen Äquivalent des physischen Tastsinnes – dem geistlichen *Fühlen* oder *Spüren* –, das unseren Gefühlen oder emotionalen Reaktionen auf unsere Umgebung entspricht. In diesem Kapitel werden wir der Frage nachgehen, wie unsere Gefühle uns helfen, geistliche Informationen zu empfangen. Betrachten wir zunächst die Tatsache, dass blinde oder taube Menschen, selbst wenn dies nur teilweise der Fall ist, viel stärker auf ihre übrigen Sinne angewiesen sind. Wenn du beispielsweise nicht in der Lage wärst, die Wörter und Sätze in diesem Buch zu sehen, wärst du für ein Buch in Brailleschrift oder ein Hörbuch dankbar. In ähnlicher Weise kannst du dir deine Gefühle als eine Art emotionales und geistliches Braille-Lesegerät vorstellen – eine Möglichkeit, die Signale zu empfangen, die deine anderen Sinne nicht wahrnehmen.

Seit Jahren hören wir den Spruch: „Was würde Jesus tun?“ Ich möchte eine weitere Frage vorschlagen: „Was würde Jesus spüren?“ Meiner Beobachtung nach sind viele Männer und Frauen, die Gott als Propheten oder Fürbitter berufen hat, in ihren Herzen sensibler als andere. Manchmal können sie sagen, was der Geist gerade tut, und zwar nicht nur aufgrund unterschwelliger Veränderungen in der geistlichen Atmosphäre, sondern auch, weil sie tatsächliche körperliche Schmerzen oder andere Empfindungen spüren können. Das kann zum Beispiel einem Gebetsaufruf zur Heilung in einer öffentlichen Versammlung zugrunde liegen, wenn ein Gebetskämpfer einen fremden Schmerz, ein Taubheitsgefühl oder Kribbeln in einem seiner eigenen Körperteile wahrnimmt.

Etwas Persönliches

Persönliche Sensibilität wird normalerweise als weibliche Eigenschaft betrachtet, aber ich bin zufällig eines der seltenen männlichen Exemplare, für die Gefühle von größter Bedeutung sind – ich bin ein „sensibler Mann“. Ich bin emotional „verdrahtet“, wie jeder weiß, der Zeit mit mir verbringt. Menschen wie ich sind nach Gottes Ebenbild mit einer besonderen Betonung auf dem Gefühlsfaktor erschaffen worden, und auch wenn es darum geht, die Herzenswünsche des Herrn zu erkennen, möchte ich so sensibel wie möglich sein. Ich musste kontinuierlich lernen, meine „Fühler“ dem Heiligen Geist zu übergeben, damit Gott mich so gebrauchen kann, wie er es beabsichtigte, als er mich auf diese Weise schuf.

Eines meiner Lebensziele ist, noch feinfühliger zu werden, und zwar für den Heiligen Geist. Ich möchte sensibel sein für seine Impulse, für seine Umarmungen, für die Nuancen seines Wirkens und dafür, wenn er sich zurückzieht. Ich möchte so viel wie möglich darüber wissen, was ihn anzieht, was ihn einlädt hereinzukommen, und was ihn davon abhält zu bleiben. Schließlich ist der Heilige Geist selbst so feinfühlig wie eine Taube, wie R. T. Kendall in seinem Buch *The Sensitivity of the Spirit* so schön aufzeigt.

Im Laufe der Jahre musste ich lernen, wie man für den Heiligen Geist sensibel bleibt, ohne überempfindlich zu sein. Ich entdeckte, dass ich gewisse Vorurteile hatte, die mir nicht bewusst waren.

Bestimmte Erinnerungen waren mit gespeicherten Emotionen verknüpft. Wenn etwas solche Erinnerungen auslöste, schwappten meine alten Gefühle über, was in der aktuellen Situation selten nützlich war. Solche Reaktionen hatten viel mit dem Zustand meines Herzens, meines inneren Wesens, zu tun. Andere haben mir in dieser Sache viel gedient und ich habe dabei viel gelernt. Wo ich unter negativen Erfahrungen und sogar Traumata litt, suchte ich innere Heilung. Was wesentlich dazu beitrug, dass immer mehr ganzheitlich heil wurde, war ein gesundes Selbstwertgefühl aufgrund der Tatsache, dass ich *„in dem Geliebten angenommen"* bin (Eph 1,6[1]). Unverheilte Verletzungen können uns unsicher, gehemmt, leichtsinnig, ängstlich, reizbar oder aggressiv machen – was alles nichts mit der Frucht des Geistes zu tun hat, die wir ernten wollen. Ich habe es mir zum Ziel gemacht, auf alles, was meine Gefühle berührt, mit Gottes Liebe zu reagieren – aus einem möglichst heilen und ganzen Herzen heraus.

Was fließt aus deinem Herzen?

Was also aus unseren Herzen fließt, beeinflusst alles in und um uns herum. Das ist der Grund, warum ich Sprüche 4,23 als Eingangsschriftstelle für dieses Kapitel gewählt habe: *„Vor allem aber behüte dein Herz, denn dein Herz beeinflusst dein ganzes Leben."* Ob du dich nun als fühlenden Menschentyp bezeichnen würdest oder nicht, der Zustand deines Herzens, deines inneren Wesens, macht deine Lebensquelle entweder trüb oder klar. Deshalb solltest du deine Motive, deine Vermutungen und die Früchte deines Handelns eingehend prüfen („behüten").

Der einzige Weg, dich selbst wirklich zu verstehen, besteht darin, anhand der Schrift zu prüfen, was aus deinem Herzen fließt. Mir fallen mindestens fünf Aspekte ein, die uns helfen, unsere emotionale Beschaffenheit zu verstehen:

---

[1] Direkt übers. aus der *King James Version*: „... he hath *made us accepted in the beloved."* Die Elberfelder übersetzt *„... begnadigt hat in dem Geliebten"* und ergänzt zu „begnadigt" in der Fußnote *„o. angenehm gemacht"*.

1. Der herzensverhärtende Effekt der Sünde

Hebräer 3,13 beleuchtet, wie unsere Herzen durch den *„Betrug der Sünde"* verhärtet werden können (ELB). Derselbe Heilige Geist, der uns zu Beginn unseres christlichen Lebens von der Sünde überführte, wird uns immer wieder helfen, Sünden in unserem Leben zu erkennen und davon umzukehren; er leitet uns in dem Prozess der Heiligung. Niemand wird in diesem irdischen Leben gänzlich vollkommen werden, aber durch das Reinigungswerk des Geistes Gottes können wir damit rechnen, dass unsere Herzen himmlisch gesehen gesund werden.

2. Der einzige Weg, ein hartes Herz zu erweichen

Du kannst dem herzensverhärtenden Effekt der Sünde am besten entgegenwirken, indem du sie mit Gottes Hammer – seinem Wort – aufbrichst. *„Ist mein Wort nicht brennend wie Feuer, spricht der HERR, und wie ein Hammer, der Felsen zerschmettert?"* (Jer 23,29). Spezifische Schriftstellen zerschlagen bestimmte Formen von Härte; du kannst beten, dass Gott dich zur richtigen Zeit darauf aufmerksam macht.

3. Die Wünsche unseres Herzens

„Liebt nicht die Welt! Hängt euer Herz nicht an das, was zur Welt gehört!" (1 Joh 2,15), schrieb der Apostel Johannes. Er sprach in Anlehnung an Jesus, der uns lehrte, keine Schätze auf Erden anzuhäufen, sondern Schätze im Himmel zu sammeln, und mit den Worten schloss: *„Denn wo dein Reichtum ist, da wird auch dein Herz sein"* (Mt 6,21; vgl. V. 19-20). Heutzutage sagen die Leute gerne: „Folge deiner Leidenschaft!" Du solltest aber deinen Leidenschaften und Wünschen nicht folgen, wenn es bedeutet, dass deine Liebe zu weltlichen Dingen deine Liebe zu Gott aussticht. Mache vielmehr dies zu deinem Ziel: *„Habe deine Lust am HERRN, so wird er dir geben, was dein Herz begehrt"* (Ps 37,4).

4. Eine Hoffnung, die das Herz heilt

Falls all dieses Gerede von Hartherzigkeit und Reue dich entmutigen sollte, lass mich hinzufügen, dass der Herr stets für dich da ist und dich immer liebt. Richte deine Aufmerksamkeit fest auf ihn.

„Wer diese Hoffnung hat – eine Hoffnung, die ganz auf Jesus ausgerichtet ist – , hält sich von jeder Sünde fern, um so rein zu sein wie er" (1 Joh 3,3). Mit anderen Worten, wenn du deine Hoffnung auf ihn setzt, wird dein Herz geheilt.

5. Liebe aus reinem Herzen, echtes gottgefälliges Leben.

Um die volle Erlösung unserer Gefühle zu erfahren, müssen wir sie Gott regelmäßig hingeben. *Wir* müssen sie ihm übergeben, während wir gleichzeitig die verunreinigenden Einflüsse beseitigen, in die wir so „verliebt" sind. Paulus schrieb: *„Darum wollen wir uns von allem rein halten, was Körper und Geist beschmutzt, und in Ehrfurcht vor Gott die Heiligung verwirklichen"* (2 Kor 7,1 NeÜ). Und wir haben die Gewissheit: *„Wenn wir unsere Sünden bekennen, erweist Gott sich als treu und gerecht: Er vergibt uns unsere Sünden und reinigt uns von allem Unrecht, das wir begangen haben"* (1 Joh 1,9).

Ich empfehle, jährlich eine spezielle Zeit für eine persönliche Herzensuntersuchung einzuplanen. Bete über dem Zustand deines Herzens und versenke dich tief in das Wort. Bitte um Wiederherstellung und Erneuerung und bete: *„Erschaffe mir, Gott, ein reines Herz, und erneuere in mir einen festen Geist!"* (Ps 51,12).

Wenn du am Ende immer wieder mit der gleichen unerwünschten emotionalen Reaktion ringst, musst du vielleicht Hilfe von jemandem suchen, der aus einem ganzheitlichen Heilungsmodell heraus dient, welches gebetsbegleitete Seelsorge, innere Heilung, Befreiung und erkenntnisreiches Feedback kombiniert. Bitte den Herrn, dir zu zeigen, was du tun sollst, wenn du dich festgefahren fühlst.

Der Zustand deines Herzens, deines inneren Wesens, macht deine Lebensquelle entweder trüb oder klar.

Gottes Mitgefühl zum Ausdruck bringen

Ein starker Aspekt unseres geistlichen Tastsinns ist es, dass wir mitfühlend reagieren. Dieses „Mitgefühl" bzw. diese „Barmherzigkeit" ist aber nicht sanft und mild, sondern heftig wie ein Vulkan! Das solltest du wissen. Wenn echtes Mitgefühl in deinem Herzen aufsteigt, treibt es dich aus deiner Selbstbezogenheit heraus. Du streckst deine Hand aus, um alles, was du kannst, für einen anderen Menschen zu tun – ohne zu beachten, was es dich kostet.

Das Mitgefühl in unseren Herzen, das durch Gottes Geist ausgelöst wird, entspricht dem mitfühlenden Herzen Jesu. Hier sind einige biblische Einblicke, in denen du sein Mitgefühl in Aktion siehst:

> *Als er die Scharen von Menschen sah, ergriff ihn tiefes Mitgefühl; denn sie waren erschöpft und hilflos wie Schafe, die keinen Hirten haben* (Mt 9,36).
>
> *Von tiefem Mitleid ergriffen, streckte Jesus die Hand aus und berührte ihn. „Ich will es", sagte er, „sei rein!"* (Mk 1,41).
>
> *Jesus rief seine Jünger zu sich und sagte: „Mir tun diese Menschen leid. Seit drei Tagen sind sie nun schon bei mir und haben nichts zu essen. Ich will sie nicht hungrig nach Hause gehen lassen, sonst könnten sie unterwegs vor Erschöpfung zusammenbrechen"* (Mt 15,32).
>
> *Als der Herr die Frau sah, ergriff ihn tiefes Mitgefühl. „Weine nicht!", sagte er zu ihr* (Lk 7,13).
>
> *Jesus fuhr fort [in Gleichnissen zu sprechen und sagte]: ... So machte er sich auf den Weg zu seinem Vater. Dieser sah ihn schon von weitem kommen; voller Mitleid lief er ihm entgegen, fiel ihm um den Hals und küsste ihn* (Lk 15,11; 20).

Die tiefen Bedürfnisse der Menschen um ihn herum lösten eine barmherzige Reaktion bei Jesus aus. Dies geschah oft ohne Worte, so wie bei der Frau, die das Blutungsproblem hatte:

> *Unter den Leuten war auch eine Frau, die seit zwölf Jahren an schweren Blutungen litt. Sie war bei vielen Ärzten in Behandlung gewesen und hatte dabei viel gelitten und ihr gesamtes Vermögen ausgegeben, aber es hatte nichts genützt; im Gegenteil, ihr Leiden war nur noch schlimmer geworden. Diese Frau hatte von Jesus gehört. Nun drängte sie sich in der Menge von hinten an ihn heran und berührte sein Gewand, denn sie sagte sich: „Wenn ich auch nur sein Gewand berühre, werde ich gesund." Und*

wirklich, im selben Augenblick hörte ihre Blutung auf, und sie spürte, dass sie von ihrem Leiden geheilt war. Im selben Augenblick merkte auch Jesus, dass eine Kraft von ihm ausgegangen war. Er drehte sich um und fragte die Leute: „Wer hat mein Gewand berührt?" Seine Jünger erwiderten: „Du siehst doch, wie sich die Menschen um dich drängen, und da fragst du: ‚Wer hat mich berührt?'" Aber Jesus blickte in der Menge umher, um zu sehen, wer es gewesen war. Zitternd vor Angst trat die Frau vor; sie wusste ja, was mit ihr geschehen war. Sie warf sich vor Jesus nieder und erzählte ihm alles, ohne etwas zu verschweigen. „Meine Tochter", sagte Jesus zu ihr, „dein Glaube hat dich gerettet. Geh in Frieden! Du bist von deinem Leiden geheilt" (Mk 5,25-34).

Dies zeigt, dass Jesus geistlich und emotional sensibel war! Die Frau hatte kein einziges Wort gesagt. Sie berührte nicht einmal den Körper Jesu in irgendeiner Weise, die er hätte fühlen können; sie berührte nur den Saum seiner Kleidung, und doch konnte er erkennen, dass etwas Bedeutendes geschehen war. Das hatten seine Jünger noch nicht erlebt. „Was meinst du mit ‚Jemand hat mich berührt'? Jeder in dieser Menge berührt dich!" Sie wussten nicht, dass er *spüren* konnte, wie Kraft aus ihm strömte, um einem dringenden, aber nicht ausgesprochenen Bedürfnis zu begegnen. Er spürte sowohl das Mitgefühl als auch den Anstieg der göttlichen Kraft, wodurch diese unausgesprochene Not gestillt wurde. Das liebevolle Herz Jesu wandte sich ständig den Menschen zu, die wie Schafe ohne Hirten waren. Seine Autorität über Krankheit und Finsternis war so fest in seinem mitfühlenden Herzen verwurzelt, dass der Feind (dem es sehr an Mitgefühl mangelt) nicht in seiner Gegenwart bleiben konnte. Wie John Wimber immer sagte: „Alles, was Gott tut, hat damit zu tun, wer er ist." Als Jesus auf der Erde wandelte, heilte er die Kranken und suchte unermüdlich nach Gottes verlorenen Schafen. Heute, da der Geist Jesu in jedem von uns wohnt, sollten wir das genauso tun.

Die besten christlichen Leiter veranschaulichen Tag für Tag das liebevolle Mitgefühl Jesu. Nehmen wir zum Beispiel Mahesh Chavda, dessen erstes Buch (bezeichnenderweise) heißt: *Only Love*

Can Make a Miracle[2]. Und ich erinnere mich an Heidi Bakers oft wiederholte Worte „Du musst lernen, für die eine Person stehenzubleiben“, um aufzuzeigen, wie wir jeden Menschen behandeln sollten, dessen Nöte wir wahrnehmen – auch den „niedrigsten“.

Ich erinnere mich auch an das, was Oral Roberts, dieser ehrwürdige General des Glaubens, kurz vor seinem Tod sagte, eine Geschichte, die ich auch in mein Buch *Die Gaben des Heiligen Geistes freisetzen*[3] aufgenommen habe. Mein Sohn Justin und ich waren zusammen mit einigen anderen eingeladen worden, den Heilungsevangelisten zu besuchen. Jeder durfte eine Frage stellen oder eine Erläuterung abgeben, und dann konnten wir Oral Roberts bitten, für uns zu beten. Justins Bitte war kühn: „Ich würde gerne vollmächtiger und effektiver für Kranke beten.“

Oral Roberts sah ihn an und sagte: „Sohn, du weißt nicht, worum du bittest.“

Justin wiederholte seine Bitte trotzdem. „Das ist es, was ich von Gott möchte: Größere Vollmacht und Effektivität, wenn ich für Kranke bete!“

Dann sagte Oral Roberts etwas, was ich noch nie zuvor von jemandem gehört hatte: „Dafür musst du lernen, die Kranken zu lieben.“ Die Worte dieses berühmten Evangelisten hallten im Raum, und ich wusste, dass wir gerade ein großes Geheimnis des Königreiches gehört hatten: „Du musst lernen, die Kranken zu lieben.“

Wieder geht es um Mitgefühl und Barmherzigkeit. Wir müssen lernen, auch die oft „weniger liebenswürdigen“ Menschen zu lieben, mit denen wir in Berührung kommen. Wir müssen das Mitgefühl von Jesu Geist in höchster Wertschätzung halten und es in unserem Herzen entfachen lassen. Weit davon entfernt, zaghaft oder langweilig zu sein, ist Mitgefühl ein mächtiges *Gefühl*, das im Reich Gottes viel Boden einnimmt!

Mitgefühl ist nicht sanft und mild,
sondern heftig wie ein Vulkan!

---

[2] Dt. Ausgabe: *Nur Liebe kann Wunder wirken,* Asaph, 1999.
[3] GloryWorld-Medien, 2018.

Gottes Herz in unserem Herzen

Die Schrift sagt uns, dass Jesus aus dem Schoß (bzw. Herzen) des Vaters gekommen ist (vgl. Joh 1,18[4]) und dass er jetzt durch den Glauben in den Herzen derjenigen wohnt, die ihn lieben: *„In früheren Zeiten und für frühere Generationen war diese Botschaft ein Geheimnis, das Gott verborgen hielt; doch jetzt hat er es denen enthüllt, die zu seinem heiligen Volk gehören. Ihnen wollte er zu erkennen geben, welch wunderbaren Reichtum für die nichtjüdischen Völker dieses Geheimnis umschließt. Und wie lautet dieses Geheimnis? ‚Christus in euch – die Hoffnung auf Gottes Herrlichkeit!'"* (Kol 1,26-27). Folglich werden Christen als Tempel des Heiligen Geistes bezeichnet (vgl. 1 Kor 3,16; 6,19).

Jeder von uns kann für sein ganzes Leben erwarten, dass er immer wieder die Erfahrung der Emmausjünger macht (vgl. Luk 24,13-35), die darin besteht, dass unser Geist in seinem Innersten mit dem Geist Gottes interagiert. Initiative und Reaktion ... Initiative und Reaktion ... Dein Herz wird nicht immer so brennen, wie die Herzen der Jünger auf dem Weg nach Emmaus, aber du kannst es als normal erwarten, dass deine Gefühle regelmäßig geistliche Aktivitäten und die geistliche Atmosphäre wahrnehmen.

Achte auf die dezenten Impulse und flüchtigen Gedanken, da genau sie wichtig sein könnten. Halte während des Tages einen stillen Dialog mit dem Geist aufrecht. Er verlässt dich nie; er wohnt in deinem Herzen.

Prophetische Fürbitte

Für viele besteht ein Teil ihres geistlichen Spürsinns darin, dass sie den Druck der Probleme spüren, die andere Menschen belasten. Paulus schrieb: *„Helft einander, eure Lasten zu tragen! Auf diese Weise werdet ihr das Gesetz erfüllen, das Christus uns gegeben hat"* (Gal 6,2). Er sprach nicht davon, schwere Rucksäcke zu schleppen. Die Erfüllung des Gesetzes Christi ist eine Herzensangelegenheit.

[4] Die Übersetzung „Schoß" findet sich z. B. in der Lutherbibel 2017 und der Elberfelder Bibel. Unter anderen übersetzt die Einheitsübersetzung 2016 mit „Herz" – Anm. d. Übers.

Der schwierigste Teil jedes belastenden Problems ist sicherlich der innere Effekt. Der einzige Weg, wie wir die Last eines anderen wirklich mittragen können, ist, einen Teil des emotionalen und geistlichen Gewichts zu schultern. Manchmal können wir das tun, indem wir ihm etwas aus Gottes Wort mitteilen, aber der effektivste Weg, die Lasten des anderen mitzutragen, ist das Gebet.

Wir wissen nicht, wie wir für jede neue Last, die sich zeigt, beten sollen. Wir können auch nicht erwarten, dass uns andere Menschen sagen, wie wir beten sollen. Der Heilige Geist kennt jedoch alle Einzelheiten jeder Angelegenheit. Er weiß, wie eine Krise in den göttlichen Plan passt. Er weiß alles über menschliche Ängste und Schwächen. Der einzige Weg, die Lasten des anderen mitzutragen und damit das Gesetz Christi zu erfüllen (vgl. Gal 6,2), besteht also darin, dass wir in unserem Leben ein intensives Bewusstsein für die Nähe und Führung des Heiligen Geistes pflegen.

Ich habe einen Namen für dieses „Lastentragen“: Ich nenne es „prophetische Fürbitte“ und habe bereits sehr ausführlich darüber geschrieben und gelehrt[5]. Prophetische Fürbitter sind wie willige kleine Lasttiere, auf denen Jesus reiten kann. Sie dürfen ihn von Aufgabe zu Aufgabe tragen. Die Lasten, die wir im Gebet tragen, sollen uns nicht erdrücken oder aufzehren. Sie sind alle zeitlich begrenzt, auch wenn viele wiederholt auftreten werden. Wir sollen die Last irgendwohin tragen, aber sie nicht behalten. Unsere Aufgabe ist, sie dem Thron der Gnade zu übergeben: *„Lasst uns also voll Zuversicht hinzutreten zum Thron der Gnade, damit wir Erbarmen und Gnade finden und so Hilfe erlangen zur rechten Zeit!“* (Hebr 4,16 REÜ).

Manchmal ist es meine Aufgabe, eine Last nur für kurze Zeit zu tragen. In anderen Fällen dauert es länger. Oft fühle ich mich berufen, jemand anderen zu segnen, der eine Last trägt, ohne sie selbst mitzutragen. Aber ich habe festgestellt, dass ich einige Dinge nicht einmal anrühren darf. Ohne die Gabe der Unterscheidung und einen ständigen Fluss der inneren Kommunikation mit dem Heiligen Geist könnte ich nicht sagen, um welche Art von Last es sich jeweils handelt. Und ohne die mitfühlende Liebe Christi kann ich nicht angemessen beten.

---

[5] Siehe zum Beispiel mein Buch *The Prophetic Intercessor* (Grand Rapids, MI: Chosen Books, 2007).

Einige Menschen scheinen eine Gebetslast längere Zeiten tragen zu können als andere. Uns allen sollte bewusst sein, dass unsere Aufgabe möglicherweise nur aus einem kleinen Teil der größeren Last besteht. Wenn ich zum Beispiel für eine nationale Wahl bete, könnte meine Mitwirkung darin bestehen, nur für eine lokale Person zu beten. Auf jeden Fall muss ich eine Sensibilität für den Heiligen Geist entwickeln, die es mir ermöglicht zu beurteilen, auf welche Art ich beten soll.

Der einzige Weg, die Lasten des anderen mitzutragen und damit das Gesetz Christi zu erfüllen, besteht also darin, dass wir in unserem Leben ein intensives Bewusstsein für die Nähe und Führung des Heiligen Geistes pflegen.

Ich muss jederzeit eine vertrauensvolle und anbetende Haltung wahren. Es ist das „Geschäft" des Vaters, an dem ich teilhaben darf, und es ist mir eine Ehre. Tatsächlich gehe ich mit dem Herrn unter einem Joch. Als Mitarbeiter im Erntefeld gehe ich dorthin, wo er hingeht, fange an und höre auf, wo er es tut. Ich trage nicht die Verantwortung und auch nicht die volle Last. Jesus sagt: *„Denn das Joch, das ich auferlege, drückt nicht, und die Last, die ich zu tragen gebe, ist leicht"* (Mt 11,30). Alles, was ein Lasttier braucht, ist ein williges und gehorsames Herz.

Während ich unter einem Joch mit dem Herrn vorwärts gehe, deutet er mir seine Absichten durch dezente Veränderungen und Bewegungen, durch Druck und Entspannung an. Um Schritt zu halten, muss ich dafür sensibel sein. Nur selten werden Worte gesprochen. Wenn ich Hindernisse oder falsche Lasten bemerke, muss ich schnell wissen, was zu tun ist.

Wenn ich mit Hilfe meines Geistes, der mit dem Heiligen Geist zusammengejocht ist, im Glauben wandle, ist es wichtig, dass ich auch die geistliche Atmosphäre um mich herum wahrnehme. Ist sie freundlich oder unfreundlich? Habe ich gerade gespürt, wie sich etwas verändert hat? Geht der zusätzliche Druck, den ich fühle, vom Heiligen Geist oder einem dämonischen Geist aus? Stört mich meine zögerliche Haltung (oder eine andere falsche Tendenz) daran, im

Einklang mit Gott zu gehen? Mit anderen Worten: Kommt das, was ich fühle, von Gott, von Satan oder von meinem eigenen Fleisch?

Bei der geistlichen Beurteilung einer Situation darf ich niemals in eine kritische Haltung verfallen, insbesondere nicht, wenn es um eine andere Person geht. Indem ich die Frucht des Geistes vor Augen habe, muss ich jeder Versuchung widerstehen, ungeduldig, frustriert, unwirsch oder hoffnungslos zu werden. Ich brauche nie eine Situation selbst in die Hand zu nehmen, weil Gott *immer* eine Lösung für jedes Problem hat.

Eines der Ziele meiner geistlichen Unterscheidung ist nicht so sehr, einer schwierigen Situation zu entkommen, als vielmehr, dem Herrn ganz nah zu bleiben und seiner Führung zu folgen. Ein anderes meiner Ziele ist (und ich hoffe, es ist auch deins), alle meine natürlichen und geistlichen Sinne stets weiterzuentwickeln, um Gut und Böse zu unterscheiden. Ich lerne, immer besser aufzupassen. Hier ist Cindy Jacobs, die Gründerin von *Generals International*, eine Mentorin für mich, da wir häufig zusammen dienen. Ich passe immer auf, wenn sie sagt: „Etwas hat sich gerade verändert! Hast du das gespürt?“ Sie ist sehr begabt darin, sogar atmosphärische Veränderungen zu spüren, wenn sich durch prophetische Fürbitte und Handlungen des Gehorsams und Glaubens die Gegenwart Gottes manifestiert.

Mithilfe unserer geistgeleiteten Gefühle wandeln

Manchmal fühle ich mich durch die Schwächen meines Menschseins ziemlich begrenzt, aber dann erinnere ich mich daran, dass sogar meine geistliche Wahrnehmung und Unterscheidungsfähigkeit von Gott kommen. Mein Weg ist ein Weg des Glaubens.

> *Ja, solange wir noch in unserem irdischen Zelt wohnen, wo so vieles uns bedrückt, seufzen wir voll Sehnsucht, denn wir möchten den jetzigen Körper am liebsten gar nicht erst ablegen müssen, sondern den künftigen unmittelbar darüber anziehen. Auf diese Weise würde das, was sterblich ist, sozusagen vom Leben verschlungen. Gott selbst hat uns auf dieses neue Leben vorbereitet, indem er uns seinen Geist als Unterpfand und Anzahlung gegeben hat. ... denn unser Leben hier auf der Erde ist ein Leben des*

Glaubens, noch nicht ein Leben des Schauens. ... Daher haben wir auch nur ein Ziel: so zu leben, dass er Freude an uns hat – ganz gleich, ob wir schon bei ihm zu Hause oder noch hier in der Fremde sind (2 Kor 5,4-5; 7; 9).

Ich verlasse mich nicht auf meine eigenen (sehr unzuverlässigen) menschlichen Gefühle, sondern auf meine vom Heiligen Geist geleiteten Gefühle. Der Unterschied ist signifikant, und er beginnt in dem Moment, in dem ich mich Gott hingebe und ihm alle meine Sinne übergebe. Paulus besteht darauf, dass dies der einzige Weg ist, wie ein Mensch zu geistlicher Unterscheidung kommt:

Brüder und Schwestern, weil Gott so viel Erbarmen mit euch gehabt hat, bitte und ermahne ich euch: Stellt euer ganzes Leben Gott zur Verfügung! Bringt euch Gott als lebendiges Opfer dar, ein Opfer völliger Hingabe, an dem er Freude hat. Das ist für euch der „vernunftgemäße“ Gottesdienst. Passt euch nicht den Maßstäben dieser Welt an. Lasst euch vielmehr von Gott umwandeln, damit euer ganzes Denken erneuert wird. Dann könnt ihr euch ein sicheres Urteil bilden, welches Verhalten dem Willen Gottes entspricht, und wisst in jedem einzelnen Fall, was gut und gottgefällig und vollkommen ist (Röm 12,1-2 GNB).

In meinem täglichen Wandel im Glauben, kann ich normalerweise den Unterschied zwischen Gut und Böse spüren. Und immer wenn ich unsicher bin, was sich gerade abspielt, muss ich es nur mit dem ABC der Wege Gottes abgleichen. Was ist der motivierende Geist hinter diesem Ding, über das ich mir unsicher bin? Bezeugt es der Heilige Geist zusammen mit meinem Geist (vgl. Röm 8,16)? Spiegelt es Gottes Wesen wider? Sehe ich Liebe darin? Sind die Gaben des Geistes in Aktion? Trägt diese Situation gute Früchte?

Wenn dabei zu viele unklare Antworten oder glatte Neins herauskommen, kann ich meinem geistlichen Spürsinn dankbar sein, dass er mir diese Dinge als Betrug oder sogar Bedrohung aufgezeigt hat. Es ist übrigens in Ordnung, dich in deinem Geist zu *ärgern,* wenn der Feind dich bedrängt. Wir sehen dies in der Geschichte von Paulus und dem Sklavenmädchen, das den dämonischen Wahrsagegeist hatte, die wir bereits in einem früheren Kapitel besprochen haben.

Obwohl ihre Worte der Wahrheit entsprachen, kam ihre Motivation von einem unreinen Geist, und es wurde Zeit, dass sich jemand darum kümmerte:

> *Als wir einmal auf dem Weg zur Gebetsstätte waren, begegnete uns eine Magd, die einen Wahrsagegeist hatte und mit der Wahrsagerei ihren Herren großen Gewinn einbrachte. Sie lief Paulus und uns nach und schrie: Diese Menschen sind Knechte des höchsten Gottes; sie verkünden euch den Weg des Heils. Das tat sie viele Tage lang. Da wurde Paulus ärgerlich, wandte sich um und sagte zu dem Geist: Ich befehle dir im Namen Jesu Christi: Fahre aus dieser Frau aus! Und im gleichen Augenblick fuhr er aus* (Apg 16,16-18 REÜ).

Dies ist ein Beispiel für einen Jünger, dessen Emotionen von Gott geleitet wurden. Obwohl wir vielleicht nie in eine ähnliche Situation geraten, können wir daraus lernen und den Heiligen Geist bitten, uns zu helfen, zwischen Gut und Böse zu unterscheiden, wenn wir unsere geistlichen Sinne anwenden.

Strecke dich nach dem Höheren aus

Bill Gaithers Lied *He Touched Me* (dt. „Er hat mich berührt") wird seit über fünfzig Jahren von vielen evangelischen und charismatischen Christen gesungen und aufgenommen. Die Inspiration für den Songtext kam, als jemand Bill darauf hinwies, wie oft das Neue Testament Jesus bei der Berührung von Menschen zeigt. Offensichtlich wurde der physische Akt seiner Berührung von einer emotionalen bzw. geistlichen Berührung begleitet – Jesu Mitgefühl begegnete den tiefen Bedürfnissen, oft ohne Worte. Auf diese Weise heilte Jesus die Menschen und zog sie aus dem Bösen heraus in das Licht des Reiches Gottes.

„Er hat mich berührt" – er berührt auch heute noch die Menschen, durch Gläubige wie dich und mich. Zögere nie, auf die Einladungen seines Geistes einzugehen, und ignoriere bitte seine Warnungen bzw. Korrekturen nicht. Er hat jeden von uns mit verborgenen Sinnen ausgestattet und will uns lehren, wie wir ihnen vertrauen können.

Denke immer daran: Wenn du mit dem Mitgefühl Jesu liebst, hast du auch seine Autorität, um Hoffnung, Heilung und Befreiung in schwierige Situationen zu bringen. Lade den Heiligen Geist ein, zu kommen und dich noch einmal tief mit der Liebe Gottes zu berühren.

Gebet eines Herzens, das unterscheiden kann

Vater, in Jesu großem Namen übergebe ich dir mein Denken, meinen Willen und meine Gefühle. Ich weihe mich dir und entscheide mich, über mein Herz zu wachen, damit alles, was daraus hervorgeht, mit deiner Liebe an andere weiterfließt und ihnen nützt. Ich gebe dir die volle Erlaubnis, alle steinigen Stellen zu zertrümmern, die noch in meinem Herzen verblieben sind. Komm in meine Erinnerungen und heile jedes emotionale Trauma. Gib mir Unterscheidungsvermögen, damit ich deine Offenbarungen erfassen, das Böse ablegen und das Gute annehmen kann. Lass mein Herz in mir mit Erkenntnis der Wahrheit brennen, wenn ich in deine Gegenwart komme.

Ich bitte dich darum, dass du die Salbung deines Geistes auf meinen Gefühlen verstärkst. Lehre mich, die Signale und Hinweise zu erkennen, die du mir durch meine Gefühle sendest. Bring meine Gefühle mit deinen in Übereinstimmung und lasse mein Herz noch mitfühlender werden. Mache mich auch für die kleinsten Impulse sensibel und lasse mich deine Anweisungen umgehend befolgen.

Durch deine Gnade glaube ich – hilf mir, meinen Unglauben hinter mir zu lassen. Steigere meine Leidenschaft für die Dinge deines Königreichs. Erfülle meinen Geist mit deinem Geist, damit ich dich vollkommen lieben und die Wünsche deines Herzens erkennen kann. Zur Ehre Gottes, amen.

Kapitel 5

Schmecken, Riechen und andere Hinweise

Wie süß schmecken mir deine Worte, sie sind süßer als Honig.

Psalm 119,103 NLB

Gott aber sei Dank! Weil wir mit Christus verbunden sind, lässt er uns immer in seinem Triumphzug mitziehen und macht durch uns an jedem Ort bekannt, wer er ist, sodass sich diese Erkenntnis wie ein wohlriechender Duft überallhin ausbreitet.

2. Korinther 2,14

Seit ich Helen Kellers Lebensgeschichte das erste Mal gehört habe, bin ich davon fasziniert. Sie wurde 1880 geboren und überlebte, als sie erst anderthalb Jahre alt war, eine schwere Krankheit, die ihr sowohl die Sehkraft als auch das Gehör raubte. Sie lernte, mit ihrer unmittelbaren Familie über einige familienspezifische Gebärden (auch „home signs" genannt) zu kommunizieren, aber ihre Aussichten auf ein sinnvolles Leben schienen getrübt.

Dann kam die Lehrerin Anne Sullivan. Ihre Geschichte wurde in Büchern, Theaterstücken, Dokumentationen und dramatischen Filmen erzählt, darunter *The Miracle Worker*, ein Film, der dem heutigen

Publikum wahrscheinlich am vertrautesten ist[1]. Annie durchbrach Helens scheinbar unüberwindliche Barrieren von Blindheit, Taubheit und Stummheit, als die beiden an einer Wasserpumpe standen und das siebenjährige Mädchen plötzlich den Zusammenhang verstand zwischen dem Wasser, das über eine seiner Hände lief, und dem Wort W-A-S-S-E-R, das die Lehrerin mit dem Finger in die andere Hand buchstabierte.[2]

In jungen Jahren wurde Helen durch den berühmten Bostoner Prediger Phillips Brooks (der den Text des Lieds „O Little Town of Bethlehem" schrieb) mit Jesus Christus bekannt gemacht. Annie dolmetschte und Brooks erzählte dem kleinen Mädchen das Evangelium. Angeblich reagierte sie freudig darauf, etwa in der Art: „Ich wusste immer, dass er da war, aber ich kannte seinen Namen nicht!"[3]

Helen lernte, ihren Tastsinn zu hoher Sensibilität zu entwickeln (sodass sie beispielsweise Musik über deren Schwingungen „hören" konnte). Typisch war für sie auch, dass sie ihr Gesicht nah genug an die Dinge heranbrachte, um daran zu schnuppern oder sie schmecken zu können. Nur mit den Sinnen, die ihr zur Verfügung standen, sammelte sie mehr Informationen über die Welt um sich herum, als die meisten von uns mit unseren fünf voll funktionstüchtigen Sinnen.

Helen Keller war die erste taubblinde Person, die einen Hochschulabschluss erwarb. Sie lernte nicht nur lesen, schreiben und sprechen, sondern sie schrieb auch Bücher, die veröffentlicht wurden, und wurde Fürsprecherin für viele soziale Anliegen. Bis heute sind Zitate von Helen Keller weit verbreitet, wie zum Beispiel: „Ich kann sehen, und deshalb kann ich in dem, was ihr die Dunkelheit nennt, was aber für mich golden ist, glücklich sein. Ich kann eine von Gott geschaffene Welt sehen, nicht eine von Menschen geschaffene Welt." „Es ist schrecklich zu sehen und keine Vision zu haben."

---

[1]Auf Deutsch erschien der Film über Anne Sullivan und Helen Keller unter dem Titel „Miracle Worker – Wunder geschehen" im Jahr 2000, siehe https://de.wikipedia.org/wiki/The_Miracle_Worker_%E2%80%93_Wunder_geschehen - Anm. d. Übers.

[2] Anm. d. Übers.: Anne Sullivan benutzte das „Finger-Alphabet", siehe wikipedia: https://de.wikipedia.org/wiki/Anne_Sullivan_Macy

[3] Siehe z.B. https://books.google.com/books?id=NeCN2cVnONYC&pg=PA591&dq=Helen+Keller+didn%27t+know+His+name.

Bleib nicht an einem Sendekanal hängen

Ich habe Helen Keller am Anfang dieses Kapitels porträtiert, weil sie uns so deutlich zeigt, wie bei einem Menschen, dem ein oder zwei der natürlichen Sinne entzogen werden, die anderen Sinne leuchten können.

Ich erinnere mich an einen Tag vor vielen Jahren, an dem ich in einem Wohnzimmer einem älteren gläubigen Mann gegenübersaß. Er sah mich an und sagte: „Du hörst gerade nichts, oder?" Er meinte das prophetische Hören von Gottes Stimme, und er hatte Recht. Es war, als würde ich ein Radio benutzen, das in einem Sendekanal festhing und das man leiser gedreht hatte.

Ich brachte es im Gebet zum Herrn: „Also gut, Herr, wie könntest du noch mit mir sprechen?" Ohne frustriert zu sein oder mich selbst zu verurteilen, begann ich damit, einen Hunger zu entwickeln nach dem, was ich heute „Gottes WWW" nenne (seinen Willen, sein Wort und seine Wege). Ich entdeckte, dass Gott sich uns zu verschiedene Zeiten und Phasen auf unterschiedliche Weise offenbart. Nur manchmal sollte ich erwarten, Visionen zu sehen oder himmlische Worte zu hören; ich musste lernen, flexibel zu sein und mich ganz – einschließlich aller meiner Sinne – dem geistlichen Kommunikationsaustausch zu überlassen.

Ich gehöre vielleicht nicht zu den Menschen, die immer vorne dabei sind, wenn etwas Neues auftaucht – jemand, der in der technischen Entwicklungswelt als „Erneuerer", „Erfinder" oder „Erstanwender" bzw. in der Gemeinde als „Wegbereiter" bezeichnet wird. Aber ich weiß, wann es Zeit ist, neue Wahrheiten, Herangehensweisen und Methoden zu lernen. Ich bewundere Menschen in der Gemeinde, die den Weg für uns andere bahnen, Menschen wie Patricia King von *XP Ministries*. Obwohl ich einer ihrer geistlichen Berater bin, lerne ich wahrscheinlich genauso viel – wenn nicht mehr – von ihr, wie sie von mir. Patricia ist eine geistliche Unternehmerin, die nicht aufgibt, wenn sie vor schwierigen Umständen steht, sondern sie entwirft eine Strategie und führt neue Wege ein, um das zu erreichen, was Gott mit ihr vorhat. So wie auch andere, die uns vorausgehen, wird sie mitunter missverstanden und kritisiert. Aber davon lässt sie sich nicht ausbremsen. Sie lernt ständig und bereitet den Weg für neue Konzepte, ohne Gott aus den Augen zu verlieren.

Wenn ihr irgendwie die Sprachfähigkeit genommen würde, würde sie einen anderen Weg finden zu kommunizieren, und sie würde es hochinteressant machen. Patricia wird nie im Leben in einem Sendekanal hängen bleiben.

Lassen wir uns von denen inspirieren, die bereits vor uns ihre geistlichen Sinne entwickelt haben, wenn wir jetzt die Möglichkeiten erkunden, wie Gott durch Geschmack und Geruch zu uns redet.

„Schmeckt und seht"

Die Bibel ist voller Anspielungen auf den Geschmackssinn, und nur sehr wenige von ihnen beschränken sich auf die physische Fähigkeit. Zum Beispiel:

> *Schmeckt und seht, dass der Herr gut ist. Freuen darf sich, wer auf ihn vertraut!* (Psalm 34,9 NLB).
>
> *Ist denn auf meiner Zunge Unrecht, oder sollte mein Gaumen Böses nicht merken?* (Hiob 6,30 LUT).
>
> *Wie ein Apfelbaum unter den Bäumen des Waldes, so ist mein Geliebter unter den Söhnen. In seinem Schatten begehre ich zu sitzen. Wie süß schmeckt seine Frucht meinem Gaumen!* (Hld 2,3 REÜ).
>
> *Dann streckte der HERR seine Hand aus, berührte meinen Mund und sagte zu mir: Hiermit lege ich meine Worte in deinen Mund* (Jer 1,9 REÜ).

„Schmecken" ist eine andere Art der Wahrnehmung bzw. Unterscheidung, nicht wahr? Manchmal schmecken bzw. erkennen wir die Güte Gottes, manchmal die Gegenwart des Bösen. Es ist, als würden wir, wenn wir etwas kosten, etwas sehen – oder hören, wie in dem oben zitierten Abschnitt aus dem Buch Jeremia. Oft nehmen wir nicht nur wahr, was Gott uns zeigt, sondern geben es auch weiter.

Man könnte diesen Prozess mit einem Kochwettbewerb vergleichen. Das Fernsehprogramm ist voller Shows, in denen Köche um Preise konkurrieren, und die beiden Hauptkriterien für die Beurteilung sind – du hast es wahrscheinlich erraten – Geschmack und Präsentation. Schmecken und sehen.

„Schmecken" ist eine Art der Wahrnehmung.

Süßer als Honig

Mehr als wir glauben, werden wir in unserem Urteil vom Geschmack geleitet. Einiges wird dir „wohlschmecken", wie die vollkommen gereifte Frucht des Geistes: *„Liebe, Freude, Frieden, Geduld, Güte, Rechtschaffenheit, Treue, Sanftmut, Selbstbeherrschung"* (Gal 5,22-23 ZÜR). Mindestens zwei Männer der Bibel, Hesekiel und Johannes, wurden aufgefordert, Schriftrollen mit dem Wort Gottes zu essen, und sie schmeckten ihnen gut:

> *Er sagte zu mir: „Menschensohn, iss, was du vor dir hast! Iss diese Rolle! Dann geh, rede zum Haus Israel!" Ich öffnete meinen Mund und er ließ mich jene Rolle essen. Er sagte zu mir: „Menschensohn, gib deinem Bauch zu essen, fülle dein Inneres mit dieser Rolle, die ich dir gebe!" Ich aß sie und sie wurde in meinem Mund süß wie Honig* (Hes 3,1-3 REÜ).

> *Ich ging zu dem Engel und bat ihn, mir die Buchrolle zu geben. „Nimm sie und iss sie!", sagte er. „Der Magen wird sich dir zusammenziehen, so bitter ist sie; aber solange du sie im Mund hast, wird sie süß sein wie Honig." Ich nahm die Buchrolle aus seiner Hand und aß sie. Und wirklich, als ich sie im Mund hatte, war sie süß wie Honig; aber als ich sie hinuntergeschluckt hatte, war sie so bitter, dass sich mir der Magen zusammenzog. Danach wurde mir gesagt: „Du wirst noch mehr verkünden müssen – prophetische Worte über zahlreiche Völker, über Menschen verschiedenster Sprachen und Kulturen und über viele Könige."* (Offb 10,9-11).

Ein schlechter Nachgeschmack

Anderes wird einen schlechten Geschmack in deinem Mund hinterlassen. Du kommst nicht immer sofort dahinter, aber du merkst, dass es irgendwie „schlecht" und verdorben ist. Man kann es geradezu schmecken und riechen. Dann sind deine natürlichen Sinne unter die

Salbung des Heiligen Geistes gekommen, und die Dinge haben sich in die übernatürliche Dimension verlagert. Oder es könnte sich um die Gabe der Unterscheidung (oder Wahrnehmung) von Geistern handeln (vgl 1 Kor 12,10), die ich in meinem Buch *Die Gaben des Heiligen Geistes freisetzen*[4] ausführlich beschreibe.

Wenn dies geschieht, bleibe gelassen und agiere oder reagiere nicht zu schnell. Manchmal ist unsere Wahrnehmung verzerrt. Unverheilte innere Verletzungen, Sünden, die wir nicht bekannt und bereut haben, oder falsche Lehre können dazu führen, dass wir ein Problem vermuten, welches gar nicht existiert. Vielleicht bemerkst du ein echtes Problem, aber es ist noch gar nicht an der Zeit, etwas dagegen zu unternehmen. Wir müssen die Dinge aus so vielen Perspektiven wie möglich betrachten. Wenn du zum Beispiel den Geschmack oder Geruch von schlechten Früchten bekommst, mag dessen Ursprung ein Generationenfluch oder auch ein dämonischer Geist der Finsternis sein.

Unsere beiden wichtigsten Reaktionen im Umgang mit subjektiver Offenbarung sollten immer folgende sein:

1. das, was wir an Offenbarung empfangen haben, Gott im Gebet vorzulegen und ihn um Bestätigung zu bitten, und
2. den Herrn um Weisheit zu bitten, wie und wann wir die Offenbarung anwenden sollen.

Aromatische Auswirkungen

Der Duft des Himmels

Geschmack und Geruch sind eng miteinander verbunden; und wenn wir unsere Sinne trainieren, können wir auch aus dem, was bestimmte Düfte und Gerüche symbolisieren, eine Bedeutung ableiten. Einmal diente ich zum Beispiel bei einigen Zeltveranstaltungen in Sacramento in Kalifornien. Ich lehrte aus dem dritten Buch Mose über das Opferfeuer auf dem Altar der Stiftshütte: *„Das Feuer auf dem Altar soll unablässig am Brennen gehalten werden; es soll*

---

[4] Erschienen bei GloryWorld-Medien 2018

nicht ausgehen" (3 Mose 6,2[5]). Plötzlich bewegte sich der ausgeprägte Geruch von Hickoryrauch[6] vom hinteren Bereich des Zeltes nach vorne. Hunderte von Menschen beschnupperten die Luft. Niemand konnte ein Feuer sehen, und es gab auch keinen Altar. Doch mit dem Geruch dieses unsichtbaren Rauchs kam die Furcht des Herrn über den Ort. Leiter strömten in die Gänge und kamen reuevoll nach vorne gekrochen, um das Angesicht Gottes zu suchen. Der Duft hatte die Reaktion der Menschen ausgelöst.

Ein weiteres Beispiel in der Bibel für einen signifikanten Geruch finden wir bei Noah nach der Flut, als dieser ein Opferfeuer auf einem von ihm erbauten Altar entfachte:

> *Dann baute Noah für den HERRN einen Altar und brachte von allen reinen Vögeln und den anderen reinen Tieren einige als Brandopfer dar. Der HERR wurde durch das wohlriechende Opfer gnädig gestimmt und sagte sich: „Nie mehr will ich wegen der Menschen die Erde verfluchen, obwohl sie von frühester Jugend an voller Bosheit sind. Nie wieder will ich alles Leben vernichten, wie ich es getan habe!"* (1 Mose 8,20-21 HFA).

Ich möchte das, was diese Szene zum Ausdruck bringt, einmal auf eine besondere Weise betrachten: *Das Letzte, was Gott eingeatmet hat, ist das Nächste, was er ausatmen wird.* Noah verrichtete das Opfer; Gott „atmete" den rauchigen Geruch ein und nannte hin *„wohlriechend"*. Dann „atmete" Gott einen Segen aus, eine Verheißung. Wir tun das Gleiche, ob es gut oder schlecht ist. Wir „atmen" das Aroma der Atmosphäre aus, an der wir gerade beteiligt sind. Manchmal ist dieses Aroma gut, manchmal nicht. Aber was hineingeht, muss auch wieder heraus. Deshalb müssen wir auf unser geistliches Umfeld achten.

Es sollte unser Ziel sein, den Duft des Himmels weiterzugeben, den wir eingeatmet haben, wie wir in diesen Abschnitten sehen (jeweils einer aus dem Alten und dem Neuen Testament):

---

[5] Direkt a. d. *New American Standard Bible* übers. – Anm. d. Übers.

[6] Hickory (*Carya*) ist eine Gattung von Bäumen aus der Familie der Walnussgewächse (*Juglandaceae*) – Wikipedia, Zugriff am 24.02.2019

Wie Honig schmecken deine Lippen, meine Braut, ja, süße Honigmilch hält deine Zunge für mich bereit! Und wie der Wald dort auf dem Libanon, so duften deine Kleider! (Hld 4,11 HFA).

Ich habe alles bekommen, was mir Epaphroditus von euch überbrachte. Nun habe ich alles, was ich brauche, ja, mehr als das! Eure Gabe ist wie ein wohlriechendes Opfer, das Gott gefällt (Phil 4,18 HFA).

Es sollte unser Ziel sein, den Duft des Himmels weiterzugeben, den wir eingeatmet haben.

Der Geruch von Nöten

Einmal schien ich bei einer Reihe von Menschen, denen ich diente, Zigarettenrauch zu riechen. Es machte für mich allerdings keinen Sinn, da ich genau wusste, dass nur wenige von ihnen Raucher waren und die meisten nicht direkt aus verrauchten Räumen zu meiner Veranstaltung hätten kommen können! Verblüfft nahm ich die Frage mit ins Gebet, und dann wurde mir klar, was passierte: Ich konnte Süchte wahrnehmen (alle möglichen, nicht unbedingt nur die Sucht nach Zigaretten). Ich lernte, Fragen an die Menschen zu stellen und sie einzuladen, sich mit der Sache auseinanderzusetzen, damit die Wahrheit zum Vorschein käme, gefolgt von Umkehr, Heilung oder Befreiung. Mein geistlicher Geruchssinn war aktiviert und damit für ein effektives Gebet nützlich geworden.

Gut und Böse wahrnehmen

Als Hilfe für die Entwicklung deines geistlichen Geschmacks- und Geruchssinns, betrachte einmal die folgenden Gegensätzlichkeiten, um den Unterschied zwischen Gut und Böse zu erkennen:

1. Das Gute verherrlicht Gott. Das Böse verherrlicht einen Menschen.
2. Das Gute besteht den Test der Zeit. Das Böse drängt dich zu schnellen Entschlüssen.

3. Das Gute stimmt mit Gottes Wort überein. Das Böse weicht vom Wort Gottes ab.
4. Das Gute erhält die Reinheit. Das Böse lockt dich in die Perversität.
5. Das Gute fördert eine solide Lehre. Das Böse verkündet verdrehte Glaubenssysteme.
6. Das Gute schätzt die Gemeinschaft. Das Böse befürwortet Absonderung.
7. Das Gute schätzt die Demut. Das Böse führt ins Elitedenken.

Die meisten dieser Vergleiche sind selbsterklärend, aber unter Punkt 3, wo ich sage, dass das Böse vom Wort Gottes abweicht, beziehe ich mich darauf, dass Fehlinterpretationen der Schrift zu ihrer falschen Anwendung führen. Die menschliche Natur ist anfällig für die Versuchung, eine Wahrheit zu übertreiben, um das Ego aufzublähen – natürlich im Namen einer gesunden, „hochmodernen" Neugier und Innovation. Zum Beispiel kenne ich einen hochbegabten Mann, der darauf beharrte, von der gesunden Lehre abzuweichen. Als er seine Ideen, „Engel zu beherbergen, ohne es zu bemerken" (vgl. Hebr 13,2) und die „große Wolke der Zeugen" (vgl. Hebr 12,1) erforschte, kam er von der Spur ab. Anstatt im Wort und in seiner Gemeinde verankert zu bleiben, folgte er seiner unheiligen Neugierde. Jetzt lehrt er, dass er mit Außerirdischen auf anderen Planeten kommunizieren kann.

Auch auf gewöhnlicherer Ebene können wir allzu leicht in Übertreibungen hineingezogen werden. Unterbewusst wollen wir vielleicht andere beeindrucken, also beschönigen wir unsere Geschichten. Oder wir konstatieren etwas mit Bestimmtheit, das aber in der Schrift nicht deutlich ist. In unserem Streben nach persönlicher Bedeutung können wir alles Mögliche versuchen, um geistlicher zu wirken als andere Menschen. Wenn jemand sagt, er habe einen Engel gesehen, dann wird der Engel, den *ich* gesehen habe, größer sein als seiner, oder beeindruckender als Gabriel, oder was auch immer.

Es ist allerdings viel besser, wenn du nichts hinzufügst und deine Wahrnehmungen gemäßigt ausdrückst. Bleibe bei der Ehrlichkeit, indem du deine Aussagen relativierst. Du kannst zum Beispiel etwas sagen wie: „So, wie ich die Sache sehe …" oder: „Ich habe da etwas gespürt …" oder: „Ich bin mir nicht sicher, ob dies Teil einer Vision ist oder nicht …" Es ist durchaus vernünftig zu sagen: „Ich weiß nicht genau, was das bedeutet, aber das ist es, was ich erlebt habe", und deine Mitteilung wird nicht weniger glaubwürdig oder wertvoll, nur weil du nicht den Anspruch hast, dass du sie verstanden hast.

Niemand im Leib Christi hat die geistliche Wahrnehmung durch Geschmack und Geruch so gut erforscht wie andere Wahrnehmungsmöglichkeiten. Deshalb kann man sich leichter täuschen oder verwirrt sein, wenn man versucht, die Symbolik in Bezug auf diese beiden Sinne richtig zu deuten. Du magst zum Beispiel denken, dass du faule Eier im Gemeinderaum riechst. Das muss wohl bedeuten, dass im Leben der Gemeinde etwas faul ist, oder? Es ist allerdings leicht, diesen Geruch mit dem von Ammoniak zu verwechseln, der ein starkes Reinigungsmittel ist. Was ist also die richtige Auslegung? Das hängt von deiner Rolle in der Gemeinde und der nachfolgenden Führung durch den Heiligen Geist ab. Ziehe also keine voreiligen Schlüsse, nur weil du einmal gehört hast, dass jemand einen bestimmten Geruch auf bestimmte Weise interpretiert hat.

Wenn wir geistliche Wahrnehmung und Unterscheidung durch Geschmack und Geruch praktizieren, müssen wir uns auf das Gebet verlassen, auf das innere Zeugnis des Heiligen Geistes, auf die Prinzipien des Wortes Gottes, auf unsere bisherigen Erfahrungen und den „Fruchttest".

Bleibe demütig – immer! Man kann nie alles verstehen. Deshalb bleibe dabei, dem Heiligen Geist immer wieder Fragen zu stellen und besprich deine Aufzeichnungen mit jemandem, dem du vertraust. Prüfe alles! Verlasse dich auf das Gebet, das innere Zeugnis des Heiligen Geistes, die Prinzipien des Wortes Gottes, deine bisherigen Erfahrungen und den „Fruchttest": Was folgt aus dieser Offenbarung? Verwirrung und Angst oder Freude und Frieden? Freiheit oder Gefangenschaft?

Beachte bitte, dass, wie bei jeder anderen geistlichen Gabe, niemand die Fähigkeit besitzt, alles gleichermaßen gut zu machen. Was die Unterscheidung und Wahrnehmung anbetrifft, sind Frauen oft feinfühliger als Männer, zumindest scheinen sie für andere Dinge sensibel zu sein als Männer. Verachte nicht die Sensibilität anderer um dich herum, nur weil du nicht auf die gleiche Wellenlänge kommen kannst. Im Leib Christi brauchen wir einander: Ehemänner ihre Ehefrauen genauso wie geistliche Dienste untereinander. Wir müssen kooperieren, nicht konkurrieren.

Strecke dich nach dem Höheren aus

Wenn du reife Gläubige siehst, deren Sinne schon mehr geübt sind als deine, nimm so viel wie möglich auf, indem du sie bei ihrem Tun beobachtest. Schätze ihre Integrität und Sensibilität und verschwende keine Zeit damit, eifersüchtig auf sie zu sein. Ich denke da an einen (für mich!) jungen Mann namens Jerame Nelson, der mit seiner Frau und Familie in Kalifornien lebt. Wenn ich ihm bei seinem prophetischen Dienst zusehe, kann ich wirklich glauben, dass die geistliche „Zimmerdecke" meiner Generation als „Fußboden" für die nächste Generation dient. So wie er die Wahrheit Gottes erfrischend scharf in den Fokus stellt oder den süßen Duft der Gegenwart des Herrn riecht, kann ich sagen, dass er jemand ist, der es versteht, seine Sinne dem Heiligen Geist zu überlassen, damit sie durch ihn verstärkt werden können. Er inspiriert mich! Ich selber möchte mit solchen Menschen verbunden sein und mit ihnen zusammenarbeiten, um das Werk des Herrn in unserer Zeit weiterzuentwickeln.

Dies ist besonders wichtig, denn wenn es darum geht, unseren Geschmacks- und Geruchssinn einzusetzen, oder uns durch Kombinationen unserer anderen geistlichen Sinne leiten zu lassen, brauchen wir jede erdenkliche Hilfe. Einige Leute mögen bereits Erfahrungen in diesem Bereich haben, aber es gibt noch keine tiefgründige Lehre darüber. Derzeit können wir aus christlichen Quellen noch nicht so viele Informationen über dieses Thema bekommen, wie wir gerne hätten, ganz einfach, weil ihm unter christlichen Lehrern bisher nicht so viel Gewicht beigemessen wurde. Dies wird sich jedoch mit der Zeit ändern, da immer mehr Leiter erleben, dass sie Offenbarung durch ihre Sinne empfangen und dann ihre Erfahrungen und ihr biblisches Wissen kombinieren, um hilfreiche Anleitungen zu entwickeln.

Bis es soweit ist, ermutige ich dich, gleichgesinnte Gläubige zu suchen, die offen sind für die verschiedenen Wege, durch die Gott zu uns sprechen will, und mehr Erfahrung in der Offenbarung durch Wahrnehmung zu sammeln, wobei du daran denken solltest, den Herrn zu bitten, die Offenbarung zu bestätigen und dir Weisheit für ihre Anwendung zu geben.

Die Gaben des Geistes sind wie ein Regenbogen. Die Farben gehen ineinander über, ohne klare Abgrenzung. So ist es auch mit unserer geistlichen Wahrnehmung: Wir erfassen geistliche Informationen auf vielfältige und sich überschneidende Arten, die wir durch mehr als nur einen unserer Sinne empfangen. Nur durch engagiertes Üben können wir lernen, elegant mit dem Geist Gottes im übernatürlichen Reich unterwegs zu sein.

Gebet eines Herzens, das unterscheiden kann

Heiliger Geist, Finger Gottes, ich bitte dich, mich heute zu berühren. Herr, lass dein geschriebenes Wort für mich lebendig werden. Erhelle es für mich und mach es mir zu einem Rhema, einem gesprochenen und sich mir offenbarenden Wort. Lass auch mich lebendig werden.

Verbessere und stärke meine geistlichen Sinne (besonders die, welche möglicherweise abgestumpft sind) durch die Gaben deines Geistes, deine Salbung und deine Gnade. Ich möchte deine Offenbarung in meinem Leben empfangen und erkennen. Ich möchte dir begegnen, auch wenn es mich über meine intellektuellen Grenzen und meine Komfortzone hinausführt.

Hilf mir, nicht nur das zu erkennen, was du mir mitteilst, sondern auch die Aktivitäten anderer geistlicher und natürlicher Kräfte, inwiefern auch immer das für deine Zwecke nützlich ist. Hilf mir zu erkennen, wann und wie ich die Offenbarungen, die du mir gibst, weitergeben soll.

Ich gebe mich dir hin. Ich brauche noch mehr Klarheit. Hilf mir, deiner Weisheit auch unter schwierigen Umständen zu vertrauen. Ich tauche in deine Liebe ein. Bewirke du, dass ich mich immerzu eng an dir festhalte. In Jesu kostbarem Namen, amen!

Kapitel 6

Inneres Wissen: Der sechste Sinn

Denn „wer hat den Sinn[1] des Herrn erkannt, dass er ihn unterweisen könnte?" Wir aber haben Christi Sinn.

1. Korinther 2,16 (ELB)

Es war im Monat Februar, als ich auf einer Klippe stand, mit Blick auf das wütende Adriatische Meer, und mich darauf vorbereitete, in einem städtischen Saal der Stadt Shëngjin in Albanien zu predigen, wo seit Menschengedenken das Evangelium nicht mehr auf lebendige Weise gepredigt worden war. Das war im Jahr 1992, kurz nach dem Fall des Kommunismus, und es gab keine Kirchengebäude für unser Treffen. Ich hatte keine Ahnung, was ich diesen unterdrückten Menschen sagen sollte, also war ich hinausgegangen, um zu beten. „Herr, was hast du für die Menschen in diesem alten Land Albanien?" fragte ich.

Ein Name schwebte mir durch den Sinn: „Sarah."

Was? Aber welches Wort hast du heute Abend für diese Leute?

„Sarah." *Ist das alles?* Ich spürte nichts Besonderes und bekam auch keinerlei Erklärung. Der Name kam mir ein drittes Mal in die Gedanken: „Sarah", einfach ein Frauenname. Ich wusste, dass *Sarah*

[1] Fußnote in der ELB: das Denken. Im Folgenden wird „der Sinn" und „das Denken Christi" äquivalent verwendet.

nicht einmal ein albanischer Name war, und hatte auch nicht den Eindruck, dass es etwas mit Abrahams Frau Sarah zu tun hatte. Also schob ich den Gedanken beiseite und ging zurück in mein Hotelzimmer, um mich auf das abendliche Treffen vorzubereiten.

An diesem Abend musste ich eher predigen als erwartet, da es keine Musik, keine Anbetung gab. Das sah nicht nach einem guten Anfang aus. Durch meinen Dolmetscher erzählte ich den etwa 120 Menschen (die alle ihre Wintermäntel trugen, weil wir uns in einem unbeheizten Gebäude befanden) etwas über mich selbst, und ich erwähnte den Gedanken, dass Gott uns frei macht. Aber es entstand einfach keine Verbindung zu den Leuten.

Dann hatte ich plötzlich ein „inneres Wissen". Ich erinnerte mich an den Namen „Sarah", wandte mich an meinen Übersetzer und fragte: „Was heißt ‚Sarah' auf Albanisch?" „Sabrina", antwortete er.

„Ist hier jemand namens Sabrina?", fragte ich die Gruppe. Im hinteren Drittel des Raums hob eine Frau ihre Hand.

Ich wusste nicht, was ich als Nächstes tun sollte, also sagte ich: „Sabrina, bitte tritt heraus in den Gang!" Sie tat es, und ich sah, dass sie einen dicken Wintermantel trug. Ich hatte gehofft, dass ich, wenn sie in den Gang heraustreten würde, mehr vom Heiligen Geist bekäme. Aber es kam nichts. Also holte ich sie näher heran: „Sabrina, bitte komm hier nach vorne!"

Ich wusste immer noch nicht, was ich sonst sagen sollte, also bat ich meinen Dolmetscher: „Sage: ‚Dein Name ist Sabrina.'" (Obwohl wir das schon hatten.) Dann fügte ich hinzu: „Du hast noch nie in deinem Leben das Evangelium von Jesus Christus gehört." Für diese Information brauchte ich keine göttliche Offenbarung. Niemand in der ganzen Stadt hatte je zuvor das Evangelium gehört. Ich versuchte nur, „die Pumpe in Gang zu bringen".

Auf einmal kamen andere Erkenntnisse hinzu: „Du bist 32 Jahre alt." *Oh, Gott. Ich hoffe, das ist richtig.* Sie nickte zustimmend mit dem Kopf. Ich fügte hinzu: „Du hast einen Tumor in deiner linken Brust, und Jesus will dich heilen." Die Menge geriet ziemlich in Aufregung. Anscheinend war dies den Leuten im Raum allgemein bekannt.

Die Furcht des Herrn kam über den Ort – Ehrfurcht und Staunen. Sabrina war, gelinde gesagt, verdattert. Sie wurde auf der

Stelle gerettet und andere mit ihr. Jeder dieser liebenswerten Menschen erlebte eine „Gottesbegegnung". Für mich war das eine Kostprobe dessen, wie ein neues Gebiet für das Evangelium Jesu Christi auf wahrhaft apostolische Weise erschlossen werden kann!

Schließlich gingen alle für die Nacht nach Hause, aber das ist noch nicht das Ende der Geschichte. Drei von uns mussten irgendwie in die nächste Stadt kommen, in der wir Quartier bezogen hatten. Wir versuchten, ein Taxi zu rufen, obwohl die Nacht dunkel und regnerisch war und Autos in Albanien Mangelware waren. Da kam plötzlich ein Auto und hielt an. Es kam mir in den Sinn, dass es so in der Apostelgeschichte gewesen sein musste, als Philippus in den Wagen eingestiegen war (vgl. Apg 8,26-40). Ich setzte mich auf den Beifahrersitz und begann, dem Fahrer von den aufregenden Dingen zu erzählen, die gerade in diesem städtischen Saal passiert waren.

Plötzlich begann er zu zittern – denn Sabrina war seine Frau! Er war Muslim, und auch er hatte noch nie zuvor das Evangelium gehört. Als wir unser Ziel erreichten, war er ebenfalls errettet. Ich frage mich manchmal, wie es wohl war, als er in dieser Nacht zu seiner Frau nach Hause kam.

Es einfach wissen

Ich verwende die obige Illustration gerne, weil sie ein ausgezeichnetes Beispiel dafür ist, wie der geistliche Sinn des „inneren Wissens" funktioniert. Der Name „Sarah" war gewissermaßen an die Oberfläche meiner Gedanken aufgestiegen, wie auch die anderen „Erkenntnisse" an diesem Abend. Ich habe nichts gehört, gesehen, geschmeckt, berührt oder gerochen. Ich wusste es einfach. Inneres Wissen ist wie ein sechster Sinn.

Diese Art, Offenbarung zu empfangen, mag uns ungewöhnlich erscheinen, aber wir sollten nicht überrascht sein, wenn es auf diese Weise geschieht. Schließlich *„haben wir den Sinn Christi"*, wie du gerade in der Bibelstelle am Anfang dieses Kapitels gelesen hast. *Jeder* Gläubige hat den Sinn Christi. Das betrifft dich und mich gleichermaßen. Es betraf mich, als ich 1992 an der Adria stand, und es betrifft dich jetzt dort, wo du dieses Wort liest. Natürlich bedeutet dies nicht, dass du oder ich das ganze Wissen Christi haben, was unmöglich wäre. Aber zusammengenommen, als Glieder des Leibes Christi, können wir beginnen, seine Gedanken zu denken. Ich habe einen Aspekt des Sinnes Christi und du einen anderen. Wir sind aufeinander angewiesen.

Vor ein paar Jahrzehnten wurde dieses übernatürliche Wissen noch als „Eindrücke empfangen" bezeichnet. Ich erinnere mich noch, dass mir gesagt wurde: „Bring deinen Eindruck zum Ausdruck", und ich finde diese Terminologie bis heute nützlich, da Eindrücke flüchtige Blicke sind und auf diese Weise ein solches inneres Wissen unsere Aufmerksamkeit erlangt: Eindrücke blitzen sozusagen über den Bildschirm deines Denkens. Und wenn es nicht gelingt, einen dieser Eindrücke irgendwie aufzugreifen, wird er bald in Vergessenheit geraten.

Es kann in Form einer Vorahnung oder Führung erfolgen: *Ich bin zur richtigen Zeit am richtigen Ort.* Es kann sich auch wie ein Déjàvu anfühlen: *Hey, das habe ich schon einmal gesehen! Ich habe das schon einmal gehört. Ich habe das schon einmal erlebt. Ich denke, ich weiß tatsächlich etwas darüber.*

Plötzlich weißt du – und du weißt, dass du weißt – und du weißt, dass Gott es dir eingegeben hat. Es entsteht eine Art Gottvertrauen, von dem dir bisher gar nicht bewusst war, dass es dir fehlte.

Man so etwas leicht ignorieren. Wie bei dem Eindruck „Sarah" scheint dieses „innere Wissen" nicht immer Sinn zu machen, und es kann dann auftreten, wenn man es am wenigsten erwartet. Du musst dir bewusst vornehmen, dich daran zu erinnern, so wie du dir vornimmst, dich an deine Träume zu erinnern, wenn du aufwachst. Du wirst nie einem großen Engel begegnen, der dir sagt: „Vergiss das nicht!" (Bei mir war das jedenfalls noch nie der Fall.) Du musst in deinem Leben eine Offenheit für den Empfang von Offenbarungen schaffen und auch eine Bereitschaft entwickeln, sie zu bewahren.

Schaffe eine Offenheit für das Empfangen von Offenbarungen, und entwickle eine Bereitschaft, sie zu bewahren.

Ein „Wissen" – oder ein zufälliger Gedanke?

Wie kannst du zwischen einem von Gott gesandten inneren Wissen und einem zufälligen Gedanken, der durch deine überaktive Vorstellungskraft erzeugt wird, unterscheiden? Ich würde dir empfehlen, Gott um Bestätigung zu bitten. Die Bestätigung kann auf unterschiedliche Weise kommen, z. B. eine wiederholte Erwähnung der gleichen Worte. Gott scheint die Worte immer durch das Zeugnis von zwei oder drei Zeugen zu bestätigen, und er bestätigt seine Gedanken durch die ganze Bibel hindurch (vgl. z.B. 5 Mose 19,15; Joh 8,13-18; 2 Kor 13,1).

Was wäre, wenn du versuchst, dich an einen Eindruck zu erinnern, ihn aber trotzdem vergessen hast? Ich würde sagen: „Entspann dich und vertraue!" Verlass dich nicht auf deinen eigenen Verstand. Vertraue darauf, dass, wenn du irgendein echtes Wissen empfangen hast, Gott es dir zum richtigen Zeitpunkt wieder in den Sinn bringen wird. Gottes Wort kehrt nie leer zu ihm zurück, wie Jesaja schrieb:

> *Denn meine Gedanken sind nicht eure Gedanken, und eure Wege sind nicht meine Wege, spricht der HERR. Denn so viel der Himmel höher ist als die Erde, so sind meine Wege höher als eure Wege und meine Gedanken als eure Gedanken. Denn wie der Regen fällt und vom Himmel der Schnee und nicht dahin zurückkehrt, sondern die Erde tränkt, sie befruchtet und sie sprießen lässt, dass sie dem Sämann Samen gibt und Brot dem Essenden, so wird mein Wort sein, das aus meinem Mund hervorgeht. Es wird nicht leer zu mir zurückkehren, sondern es wird bewirken, was mir gefällt, und ausführen, wozu ich es gesandt habe* (Jes 55,8-11).

Gott, der den Gedanken in deinen Geist gepflanzt hat, wird die Offenbarung zur Reife bringen. *„Ich vertraue darauf, dass er, der bei euch das gute Werk begonnen hat, es auch vollenden wird bis zum Tag Christi Jesu"* (Phil 1,6 REÜ). Auf dem Weg dorthin kann er auch beschließen, dir die Hindernisse aufzuzeigen, die es dir erschweren, das zu bewahren, was er dir zeigt.

Denke daran, dass ein Eindruck nur ein Blitz ist, ein kleiner Gedanke aus dem Denken eines unendlichen Gottes; es ist kein ganzer Absatz oder eine These oder ein Buch. Sobald du dich an das

Schlüsselwort oder den Begriff erinnerst, werden eventuell noch ein paar weitere Details in den Fokus rücken, aber du bist nicht für mehr verantwortlich als für deinen kleinen Anteil an Gottes Wissen.

Du kannst den Sinn Christi haben

Noch bevor Jesus im Fleisch erschien, manifestierte Gott sein Wissen und seine Weisheit durch bestimmte Personen. Denke zum Beispiel an die Söhne von Issachar:

> *Von den Angehörigen Issachars, die die Zeiten verstanden und wussten, was Israel zu tun hatte, kamen 200 Oberste mit allen Stammesbrüdern, die ihrem Befehl unterstanden* (1 Chr 12,33 REÜ).

Es ist für die Gemeinde heute von größter Bedeutung, Leute zu finden, welche die Zeiten verstehen und wissen, was Leiter tun sollten. Viele prophetisch begabte Leute erhalten Erkenntnisse über Zeiten und Zeitpunkte, aber nur wenige von ihnen wissen, was sie mit diesen Informationen anfangen sollen. Ihnen fehlt das Wissen, das wir „Weisheit" nennen.

Wenn wir uns das Leben Jesu in den Schriften anschauen, können wir deutlicher erkennen, wie der Sinn Christi aussieht und wonach wir streben können. In den Evangelien lesen wir: *„Jesus wusste, was sie dachten, und sagte: Warum denkt ihr Böses in euren Herzen?"* (Mt 9,4 REÜ). Er wusste einfach, was die Leute dachten. *„Da aber Jesus den Gedanken ihres Herzens erkannte, nahm er ein Kind und stellte es neben sich"* (Lk 9,47 LUT). Er wusste auch, was der Vater dachte: *„Jesus aber wusste, dass der Vater ihm Macht über alles gegeben hatte und dass er von Gott gekommen war und wieder zu Gott ging"* (Joh 13,3).

Wir müssen in unserem Leben dahin gelangen, dass uns kleine (oder sogar große) Enttäuschungen oder Störungen nicht mehr aus dem Konzept bringen, da wir ja den Sinn Christi haben. Wir müssen ihm so nahe sein, dass wir um Führung, Frieden, Gnade oder Weisheit bitten können. Das ist der Lebensstil eines Jüngers, wie wir ihn im Neuen Testament dargestellt sehen. Betrachte die folgenden Bibelstellen; lies sie einfach alle hintereinander:

Wenn es aber einem von euch an Weisheit fehlt, bitte er Gott darum, und sie wird ihm gegeben werden; denn Gott gibt allen gern und macht dem, der ihn bittet, keine Vorhaltungen. Doch soll der Betreffende seine Bitte in einer Haltung des Vertrauens vorbringen und nicht in der Haltung des Zweiflers; denn wer zweifelt, gleicht einer Meereswoge, die – vom Wind aufgepeitscht – einmal hierhin und dann wieder dorthin getrieben wird. Ein solcher Mensch soll nicht meinen, er werde vom Herrn etwas bekommen, denn er ist in seinem Innersten gespalten, und seine Unbeständigkeit kommt bei allem, was er unternimmt, zum Vorschein (Jak 1,5-8).

Ihr erhaltet nichts, weil ihr nicht bittet (Jak 4,2 REÜ).

Er hat in Christus seine Weisheit sichtbar werden lassen, eine Weisheit, die uns zugute kommt. Denn Christus ist unsere Gerechtigkeit, durch Christus gehören wir zu Gottes heiligem Volk, und durch Christus sind wir erlöst. „Wenn also" – um es mit den Worten der Schrift zu sagen – „jemand auf etwas stolz sein will, soll er auf den Herrn stolz sein" (1 Kor 1,30-31).

Denn „wer hat den Sinn des Herrn erkannt, dass er ihn unterweisen könnte?" Wir aber haben Christi Sinn (1 Kor 2,16 ELB).

Darum sage ich euch: Wenn ihr betet und um etwas bittet, dann glaubt, dass ihr es empfangen habt, und die Bitte wird euch erfüllt werden, was immer es auch sei (Mk 11,24).

Für die heutige Gemeinde ist es von größter Bedeutung, Leute zu finden, welche die Zeiten verstehen und wissen, was Leiter tun sollten.

Wenn du Gott um seine Hilfe bittest, mache es persönlich: „Herr, mir fehlt es an .... Du hast einen großen Vorrat davon, und er wurde mir durch Christus Jesus zur Verfügung gestellt." Sei präzise! Ruhe in der Gewissheit, dass er dich gehört hat! Warte geduldig und gläubig mit Offenheit und Empfangsbereitschaft!

Wir empfangen zu verschiedenen Zeiten auf unterschiedliche Weise: Es kann ein Eindruck in deinem Herzen aufsteigen und auf dem Bildschirm deines Verstandes erhellt werden. Oder ein Abschnitt der Schrift gewinnt deine Aufmerksamkeit und regt dich zum Handeln an. Du betest zum Beispiel: „Ah, gut, Herr. Du willst also, dass ich das Wort studiere, um mich als bewährter Mitarbeiter zu erweisen?[2] Meinst du, ich sollte mich in .... weiterbilden?“ Und er antwortet: „Mmh!“ (Dieses Gefühl der Übereinstimmung und Zustimmung ist auch eine Art von Wissen.)

Der Prozess ist übernatürlich nicht so leicht fassbar, aber er ist nicht allzu mystisch oder seltsam. Es ist einfach dein praktisches Leben mit dem Geist Christi. Und mit Übung kann es übernatürlich natürlich werden. Auch du kannst ein „Unterscheider“ von Gut und Böse sein.

Inneres Wissen und die Gaben des Geistes

In meinem Buch *Die Gaben des Heiligen Geistes freisetzen*[3] zeige ich die Geistesgaben auf, darunter die neun wichtigsten: die Gabe der Unterscheidung der Geister, das Wort der Weisheit, das Wort der Erkenntnis, die Gabe des Glaubens, die Gaben der Heilungen, das Wirken von Wundern, die Gabe der verschiedenen Arten der Zungenrede, die Gabe der Auslegung der Zungenrede, die Gabe der Prophetie (vgl. 1 Kor 12,8-10). Der sechste Sinn des inneren Wissens kann zur Unterstützung bei jeder der Gaben ins Spiel kommen, am offensichtlichsten natürlich beim Wort der Erkenntnis.

Ein Wort der Erkenntnis beantwortet die Fragen anderer Menschen, von denen du vielleicht nicht einmal etwas weißt. Bei einem Wort der Erkenntnis geht es nicht um dich (da du deine eigenen Fragen und viele der Antworten darauf bereits kennst). Solche Worte können bemerkenswert genau sein und Namen, Daten, Orte und andere überzeugende Details liefern, die nur Gott kennen kann. Sie kommen durch Sehen, Hören und andere Arten der Wahrnehmung – und durch deine Gedanken, durch ein inneres Wissen.

Zum Beispiel diente ich einmal in einem Hinterzimmer der *Anaheim Vineyard Church* einigen Menschen, als ein Mann zu

[2] Vgl. 2 Tim 2,15.

[3] Erschienen bei GloryWorld-Medien 2018.

seinem Termin hereinkam. Er trug kein Namensschild, und wir hatten vorher keine Informationen über ihn erhalten, aber ich sah den Namen „Steve" über seinem Kopf in der Luft stehen. Dann wusste ich einfach – ich weiß nicht wie, aber ich wusste es –, dass Steve nicht sein Name war. Wenn das passiert, kannst du bei der Person manchmal vorsichtig nach Informationen forschen und etwa Folgendes fragen: „Sagt dir der Name Steve etwas?" Aber diesmal war ich mir ziemlich sicher, dass ich im Geist nach der Antwort suchen sollte. Innerlich begann ich, Was-, Wann- und Wie-Fragen an den Heiligen Geist zu stellen. Ich fragte mich, ob irgendein Abschnitt aus dem Wort helfen könnte, die Dinge zu klären. Ich dachte über mögliche Probleme nach, mit denen er sich beschäftigen könnte. Dann stieg, einfach so, ein anderes Wissen in mir auf: *Ah. Steve ist sein geistlicher Leiter*. Und dann noch der Gedanke: *Wie lange muss er noch unter Steve bleiben?*

Also begann ich mit dem Mann ein Gespräch. „Ich sehe den Namen Steve über Ihrem Kopf geschrieben, aber Ihr Name ist nicht Steve. Ist das richtig?"

„Ja."

„Ich weiß, dass Sie aus dem Bundesstaat Ohio kommen und dass Sie mit einer Frage im Kopf hereingekommen sind. Steve ist Ihr Mentor, Ihr Leiter, und Sie wollen das gerne ändern. Sie fragen sich: ‚Wie lange muss ich noch unter Steve bleiben?'"

Seine Augen wurden groß. Er erzählte mir, dass er, kurz bevor er den Raum betreten hatte, genau diese Worte zu seinem Freund gesagt hatte: „Wie lange muss ich noch unter Steve bleiben?"

Dann sah ich ihn an und gab ihm die Antwort: „Sie sollten der Sache noch ein weiteres Jahr geben, und dann werden Sie es wissen; dann werden Sie freigesetzt, um Ihren eigenen Weg zu gehen." Ich fügte noch hinzu, ich hätte das Gefühl, jemand anderes würde ihm seinen eigenen Dienst geben, dass aber die Zeit noch nicht ganz gekommen sei. In der Zwischenzeit solle er treu unter Steve dienen.

Diese Art von Wissen erlebe ich nicht häufig. Aber ein etwas spektakuläres Zeugnis wie dieses hilft zu veranschaulichen, wie die Gabe des Wortes der Erkenntnis, gepaart mit den übernatürlichen Sinnen des Wissens, Fühlens und Sehens, aussieht.

Ebenso kann dieser Sinn des inneren Wissens andere Gaben unterstützen. In der Geschichte von Sabrina würde ich sagen, dass die Menschen durch die Gabe der Prophetie ermutigende Worte hörten, durch die sie erbaut wurden.

Auch die Gabe des Glaubens wird oft durch inneres Wissen empfangen. Die Gabe des Glaubens ist, als habe man einen Teil des Glaubens Gottes, eine übernatürliche Woge des Vertrauens in Gott. Oral Roberts sagte immer: „Ich weiß, dass ich weiß, dass ich weiß, dass ich weiß!" Dieses innere Wissen gibt dir ein tiefes „Bauchgefühl", das sich einfach nicht abschütteln lässt. Du hast vielleicht keine Worte dafür. Du hörst, siehst und riechst nichts. Du weißt es einfach. In ähnlicher Weise kann dieses innere Wissen dir helfen, die Gabe der Geisterunterscheidung zu nutzen. Du kannst dadurch bei jeder Manifestation, die du mit deinen anderen Sinnen beobachtest, die Motivation des dahinterstehenden Geistes wahrnehmen.

In göttlicher Intelligenz wandeln

Ich habe mit Patricia King ein Webinar über den Zugang zu göttlicher Intelligenz durchgeführt – Erkenntnisse, Offenbarungen, Lösungen und Strategien von Gott. Wir haben es auf unseren jeweiligen Lehrseiten veröffentlicht[4]. Vieles, was ich in dem Webinar mitteile, kommt aus meinem Studium des Lebens des Propheten Daniel.

Im ersten Kapitel des Buches Daniel, in dem es um den jungen Mann Daniel und seine Gefährten geht, lesen wir: *„Gott aber gab den vier jungen Männern Klugheit und Verstand, sodass sie alles begriffen und sich bald in jedem Wissensgebiet auskannten. Daniel besaß darüber hinaus die Fähigkeit, Träume und Visionen zu verstehen und zu deuten"* (Dan 1,17 GNB). Sie erhielten dieses Wissen und diese Intelligenz nicht, indem sie es sich erarbeiteten; sie hatten auch nicht studiert, um es zu erhalten. Sie hatten zwar eine Ausbildung in einem von dem babylonischen König ins Leben gerufenen „Führungsschulungsprogramm" erhalten, aber ihr außergewöhnliches Maß an Wissen und Intelligenz war ein reines Geschenk Gottes. Und nicht nur Daniel – welcher der bekannteste der vier Männer

[4] Siehe www.XPMedia.com und www.GodEncounters.com.

war – erhielt es. Gott gab es ihnen allen. Ihr Wissen und ihre Intelligenz ermöglichten den vier Verbannten aus Juda am Hof Nebukadnezars großen Erfolg.

Daniel verstand, woher seine Fähigkeiten kamen. Ein Engel, der Daniel später eine Prophezeiung überbrachte, bestätigte: *„Aber das Volk, das seinen Gott kennt, wird sich stark erweisen und entsprechend handeln"* (Dan 11,32). Zu dieser Zeit erhielt Daniel einen Einblick in die Zukunft und es wurde ihm gesagt, dass die Erkenntnis erst nach seinem Tod zunehmen würde: *„Du aber, Daniel, bewahr diese Botschaft sorgfältig auf! Schreib all diese Worte in ein Buch und versiegle es, bis das Ende der Zeit gekommen ist. Viele werden es erforschen und zu immer größerer Erkenntnis gelangen"* (Dan 12,4 HFA).

Ich dachte immer, der Vers beziehe sich nur auf eine Kategorie des Wissens. Ich dachte, es würde bedeuten, dass den Leuten schließlich die Gutenberg-Druckpresse sowie Enzyklopädien und das Internet zur Verfügung stehen würden. Natürlich bedeutet es dies auch, bis zu einem gewissen Grad. Es könnte aber auch mit dem zu tun haben, was Jesaja „den Geist der Erkenntnis" nannte, als er über die sieben „Geister" oder Eigenschaften Gottes schrieb, von denen Gott seinem Volk als Gnadengaben etwas zuteilt: *„Der Geist des HERRN wird auf ihm ruhen, der Geist der Weisheit und der Einsicht, der Geist des Rates und der Kraft, der Geist der Erkenntnis und der Ehrfurcht vor dem HERRN* (Jes 11,1-3 HFA). Was den Geist der Erkenntnis betrifft – um die Frage einmal undogmatisch zu behandeln: Könnte es sein, dass Wissen und Erkenntnis im Laufe der Zeit nicht nur immer mehr Menschen zugänglich werden, sondern dass auch das Offenbarungswissen zunimmt, insbesondere in diesen letzten Tagen?

Diese Art von Wissen füllt unsere Köpfe nicht einfach mit mehr Informationen. Vielmehr gibt es uns Glauben und Hoffnung: *„Wir aber gehören zum Tag und wollen daher nüchtern und zum Kampf bereit sein, gerüstet mit dem Brustpanzer des Glaubens und der Liebe und mit dem Helm der Hoffnung auf Rettung"* (1Thess 5,8). Als positive Erwartung des Guten hat Hoffnung mit unserem Sinn, unseren Gedanken zu tun. Hoffnung bietet Lösungen für unsere Fragen.

Erkenntnisse und göttliche Intelligenz ermöglichen es uns, in Hoffnung zu leben und Hoffnung zu schenken.

Wir müssen Botschafter der Hoffnung sein und der Welt in diesen letzten Tagen hoffnungsvolle Lösungen bringen. Wie ich es in meinem Buch *Finding Hope* formuliere: „Die Welt braucht dynamische Gläubige, die sich gegen gewaltige Hindernisse durchgesetzt haben und den Weg der Hoffnung zeigen können. Botschafter der Hoffnung sind von Hoffnung durchdrungen. Sie atmen Hoffnung, leben Hoffnung, zeigen Hoffnung und erleuchten ihren Einflussbereich mit Hoffnung."[5]

Ich möchte einer sein, der Zeiten und bestimmte Zeitpunkte erkennt, der in göttlicher Intelligenz wandelt und von Hoffnung geprägte Lösungen anbietet. Ich glaube, Gott lädt auch dich auf diese Reise ein. Ich möchte in meiner Generation ein „Sohn Issachars" sein und dazu beitragen, weitere Söhne und Töchter im Glauben hervorzubringen.

Inneres Wissen und göttliche Intelligenz ermöglichen es uns, in Hoffnung zu leben und Hoffnung zu geben.

Strecke dich nach dem Höheren aus

Wenn wir Gottes Stimme durch unsere Sinne immer klarer hören, besteht die Gefahr, dass wir in Stolz verfallen, der den Strom vom Himmel sofort zum Stillstand bringt. Wenn das geschieht, müssen wir die Gefühle und Gedanken auf einmal selbst erzeugen, die vorher aus dem Heiligen Geist hervorgesprudelt sind. Wir neigen dann dazu, das geistliche Prüfen und die geistliche Balance abzuschalten und uns auf uns selbst zu verlassen.

Das Heilmittel dafür ist einfach: Demut. Gestehe dir ein, dass du für Gott nur deshalb etwas Besonderes bist, weil er dich geschaffen hat und dich bedingungslos liebt, nicht wegen deiner unglaublichen Begabungen und erstaunlichen Erkenntnisse.

---

[5] James W. Goll, *Finding Hope* (Racine, WI: BroadStreet Publishing Group, 2015), 154.

Erinnere dich immer an die wichtigste und einfachste Wahrheit: Gott ist gut! Die ganze Zeit! Er schikaniert niemanden. Er steht nicht wie ein Zuchtmeister über dir. Wenn dich Schwierigkeiten angreifen, liegt es nicht daran, dass er dich bestrafen will. Er will dir immer einen deutlichen Weg zeigen.

Vergiss auch nicht, wie wichtig es ist, Ruhe und Frieden zu haben. Du kannst Gott nicht lange in hektischem Tempo dienen, und dein innerer Lärm wird seine ruhige Stimme übertönen. Innere Erkenntnisse werden nur dann an die Oberfläche gleiten, wenn du nicht um dich schlägst, weil du Angst hast, in deinen Umständen zu ertrinken. Gott ist viel größer als jedes Problem, mit dem du dich jemals auseinandersetzen müsstest, und er macht sich überhaupt keine Sorgen. Er hat keine verschwitzten Handflächen; er sitzt nicht im Himmel und ringt mit den Händen, weil er keine Lösungen hat. Ich sage es noch einmal: Die Offenbarungen des Himmels bringen Lösungen der Hoffnung für die Probleme der Erde.

Gott erwartet nicht, dass jeder vorne auf der Bühne steht oder eine Art umfangreichen Gebetsdienst hat. Selbst diejenigen, die in einem öffentlichen Dienst stehen, leben nicht jeden Augenblick auf dem Gipfel. Du magst eine Mutter mit sechs Kindern oder ein alleinerziehender Vater sein. Vielleicht hast du weder Zeit noch Geld, um zu weit entfernten Treffen oder Konferenzen zu gelangen. Das ist in Ordnung. Gott liebt es, wenn du Geschirr spülst. Er liebt es, wenn du Kuchen backst. Er liebt es, wenn du zur Arbeit fährst. Er liebt es, wenn du in deinem Sessel sitzt und denkst, dass du nichts tust, aber du bist zufrieden und hast deine Seele zur Ruhe gebracht. *„Denn das Reich Gottes ist ... Gerechtigkeit und Friede und Freude im Heiligen Geist“* (Röm 14,17 LUT). *„Und der Friede Gottes, der höher ist als alle Vernunft, wird eure Herzen und Sinne in Christus Jesus bewahren“* (Phil 4,7 LUT).

Denke immer daran, dass wir einem guten, guten Gott dienen, und er hat gute Gaben, um seinen Kindern zu helfen, damit sie in ihrem Unterscheidungsvermögen wachsen können, egal wo sie sind. Er möchte, dass du im Empfangen und Unterscheiden von Offenbarungen wächst. Das ist Teil deines Erbes und dein Geburtsrecht!

Gebet eines Herzens, das unterscheiden kann

Himmlischer Vater, in Jesu Namen übergebe ich dir mein Denken. Ich habe aus deinem Wort gelernt, dass ich nicht habe, weil ich dich nicht bitte. Deshalb gebe ich schnell meine Not zu und proklamiere deine sichere Versorgung. Ich bitte dich darum, dass deine göttlichen Gedanken und deine Weisheit in meinem Denken freigesetzt werden. Ich bitte um Zunahme deines Friedens, der alles Denken übersteigt, damit ich mich entspannt in diese neue Ebene des Wissens hineinfinden kann, die du mir zeigen willst.

Ich übergebe mein physisches und geistliches Denken dem Heiligen Geist und setze den Helm der Hoffnung auf. Ich möchte mit dem Leben Gottes überschäumen. Danke, dass du mir einen sechsten Sinn gegeben hast, eine Befähigung zu wissen, die meine eigene Fähigkeit weit übersteigt. Durch die Gnade Gottes glaube ich, dass ich wachsende Offenbarung von dir in meinem Herzen und meinem Verstand empfange. Um Jesu Christi willen, Amen.

TEIL 2

Offenbarung prüfen

Nicht jede Offenbarung kommt von Gott, und nicht einmal alles, was geistlich erscheint, stammt vom Heiligen Geist. Deshalb müssen wir nicht nur lernen, wie wir Offenbarung empfangen können, sondern auch, wie wir die wesentlichen Unterschiede zwischen der Stimme Gottes, der Stimme Satans und den Stimmen unserer eigenen Gedanken erkennen können. In den folgenden sechs Kapiteln wirst du lernen, das, was du wahrnimmst, zu bewerten und zu prüfen, damit du nicht getäuscht wirst.

In Kapitel 7 geht es um das „Prüfen der Geister". Die unsichtbare übernatürliche Realität um uns herum ist sowohl von Engeln als auch von Dämonen bevölkert, und den Menschen mangelt es ganz offensichtlich daran, den Unterschied zwischen guten und bösen Geistern feststellen zu können. In diesem Kapitel untermauere ich wesentliche grundlegende Punkte, z. B. wie man eine gottzentrierte Person wird und wie wichtig es ist, die Autoritäten zu ehren, die Gott dir zu deinem Schutz gegeben hat. Ich biete dir auch neun Schlüssel zur biblischen Prüfung von Offenbarungen an.

Kapitel 8 hilft dir, geistlicher Täuschung vorzubeugen, nach dem Motto „Gefahr erkannt, Gefahr gebannt". Ich wappne dich für den Kampf, indem ich dir sage, wovor du dich hüten musst. Ich erkläre, wie man die Identität böser Geister erkennen kann und wie du es ermöglichst, dass Gottes Licht den Feind bloßstellt.

Kapitel 9, über die Entlarvung dämonischer Einflüsse, befasst sich mit dem praktischen Prozess, diese Auswirkungen zu erkennen und Menschen vom Feind zu befreien. Ich habe meine Aufmerksamkeit dabei auf die häufigsten – und oft subtilsten – dämonischen Einflüsse konzentriert, darunter den religiösen Geist, den politischen Geist, den Geist der Furcht und Einschüchterung und den antichristlichen Geist.

Kapitel 10 zeigt dir, wie du die Fallen Satans vermeiden kannst. Zum Beispiel haben die meisten von uns schon mit dem Problem der Vortäuschung gerungen, indem wir eine Maske trugen und eine andere Persönlichkeit zu sein vorgaben, um die Anerkennung anderer zu erhalten. Das scheint sich zwar zu lohnen, aber Heuchelei ist eindeutig eine Falle, welche die geistliche Wahrnehmungsfähigkeit behindert. Auch andere satanische Fallen müssen aufgedeckt werden, um sie zu vermeiden, wie z. B. falsche Autorität und der Geist des Gekränktseins.

Kapitel 11 beschreibt, wie eine Kultur der Weisheit und des Glaubens in der Gemeinde sie zu einem sicheren Ort für alle machen kann. Der Sieg, der die Welt überwindet, ist unser Glaube, aber unser Glaube wird oft geprüft. Wir brauchen sichere Orte, wo der Glaube und die Unterscheidungsfähigkeit anderer uns in unserer eigenen unterstützen können. Indem wir die Kernwahrheiten, die wir predigen, praktizieren, können wir eine solche Kultur des Glaubens in unseren Gemeinden schaffen.

Das letzte Kapitel dreht sich um die herrlichste Offenbarung von allen – die Inkarnation. Indem Jesus uns befähigt, seine Offenbarung zu empfangen und seine Botschaften aus dem Chaos vieler konkurrierender Stimmen herauszufiltern, befähigt er uns auch, eine Offenbarung seiner Gegenwart in der Welt zu werden. Ein „inkarniertes Christsein" ist das stärkste Zeugnis von allen in dieser dunklen Welt. Indem wir Offenbarung von Gott empfangen und erkennen, leuchten wir als Licht Gottes in der Dunkelheit.

Kapitel 7

Die Geister prüfen: „Glaubt nicht jedem Geist."

Geliebte, glaubt nicht jedem Geist, sondern prüft die Geister, ob sie aus Gott sind! Denn viele falsche Propheten sind in die Welt hinausgegangen.

1. Johannes 4,1 (ELB)

In den ersten sechs Kapiteln dieses Buches ging es darum, dem Heiligen Geist deine Sinne zu übergeben, damit du besser Offenbarungen empfangen kannst. Wir haben auch das Thema angesprochen, die Vertrauenswürdigkeit dessen zu überprüfen, was du empfängst. Aber jetzt müssen wir „einen Kopfsprung machen". Wir müssen einen detaillierten Blick darauf werfen, wie du lernst – manchmal sofort – zu entscheiden, was mit den verschiedenen Formen von Offenbarungen, die du erhältst, zu tun ist. Denke daran, dass du durch die Praxis lernst, Gut und Böse zu unterscheiden, und diese Unterscheidung ist in den Tagen, in denen wir leben, von entscheidender Bedeutung.

Sei nicht naiv!

Nicht jede Offenbarung kommt von Gott, und nicht einmal alles, was geistlich erscheint, stammt vom Heiligen Geist. Wie die Bibelstellen in diesem Kapitel deutlich machen, ist es unerlässlich zu lernen, wie man *die Geister „prüft"*, um festzustellen, ob sie Gott oder dem Feind dienen. Wir dürfen nicht naiv sein! Die unsichtbare übernatürliche Realität um uns herum ist sowohl von Engeln als auch von Dämonen bevölkert, und die Menschen können oft nicht zwischen guten und bösen Geistern unterscheiden.

Nur unbedarfte Menschen werden alles glauben, was über ihren Bildschirm läuft. Satan lauert stets um die Ecke und schmiedet boshafte Pläne gegen Gottes Volk. Wir dürfen seine Absichten nicht einfach ignorieren (vgl. 1 Petr 5,8; 2 Kor 2,11). Besonders gern will er genau die Leute täuschen, die gerade versuchen zu lernen, wie man Offenbarung von Gott empfängt. Dem werden wir vorbeugen, okay?

Sei dir darüber im Klaren, dass du dem Feind nicht entkommst, indem du einfach so tust, als wäre er nicht da. Er ist da! Du wirst ihn hinter jeder Ecke finden! Während deines Lebens wirst du viel Bösem ausgesetzt sein, und wahrscheinlich musst du einiges darüber lernen. Aber du musst nicht darauf reinfallen! Um dem aus dem Weg zu gehen, musst du herausfinden, wie du den Unterschied zwischen dem Tun des Teufels, dem Wirken Gottes und allem dazwischen erkennen kannst.

Ich bin auf einige Leute gestoßen, die sich weigern, die Geister zu prüfen, und sagen: „Nun, ich will den Heiligen Geist nicht beleidigen." Wie bitte? Vermutlich denken sie, es würde Gott ärgern, wenn sie misstrauisch gegenüber dem handeln, was vielleicht von ihm stammt. Diese Art von Argumentation ist nicht wasserdicht. Schau dir einfach die Schrift an. Falsche Propheten gibt es, und Gott will, dass du sie zurückweist. Er möchte, dass du wachsam bist und die Geister prüfst. Dabei möchte er dir helfen, und deine Fehler machen ihm keine Sorgen. Er freut sich, wenn du bei deiner Unterscheidung richtig liegst und dich auf seine Führung und Weisheit stützt.

Andere lesen die obige Schrift über die Prüfung der Geister und werden eventuell etwas nervös, wenn es um den Umgang mit bösen Mächten geht. „Jeden Geist prüfen? Auf keinen Fall will ich mein Wohlergehen riskieren, indem ich die Dämonen Satans herausfordere. Bitte zwing mich nicht dazu!" Da kann ich nur die Worte zitieren, die Paulus an den etwas ängstlichen Timotheus schrieb: *„Denn Gott hat uns nicht einen Geist der Ängstlichkeit gegeben, sondern den Geist der Kraft, der Liebe und der Besonnenheit"* (2 Tim 1,7).

Wir haben keinen Geist der Einschüchterung oder der Sklaverei empfangen, sondern einen Geist des Mutes, der Wirksamkeit und der Liebe. Vertraue darauf, dass der Heilige Geist sich um dich kümmert, wenn du das Böse konfrontierst. Vertraue auf den Gott, der dich beschützen kann und der denjenigen befreien wird, der seinen Namen anruft (vgl. Joel 2,32).

Es ist nicht so, dass jedes falsche Wort direkt aus dem Mund des Teufels stammt. Einige davon sind eher wie Junk-E-Mails – nicht sehr wertvoll, aber auch nicht besonders schädlich. Auch hier braucht man Unterscheidungsvermögen, um festzustellen, ob ein Wort von Gott oder von Satan stammt oder vermischt mit menschlichen Gedanken ist. Du musst schließlich die Geister nicht alleine erkennen und prüfen; du hast immer den Heiligen Geist, der dir dabei hilft. Entspanne dich also und lass dir von ihm zeigen, was zu tun ist.

Wir haben keinen Geist der Einschüchterung oder der Sklaverei empfangen, sondern einen Geist des Mutes, der Wirksamkeit und der Liebe.

Die Grundlagen für geistliche Unterscheidung

Bevor wir zu den Details kommen, hier noch einige wesentliche Grundlagen. Das Wichtigste von allem: *Sei jemand, der auf Gott ausgerichtet ist.* Jage mehr Gott nach, als den Dämonen. Selbst wenn du einen Befreiungsdienst hast, solltest du nicht auf die Dämonen fokussiert sein, sondern vielmehr auf Gott.

Als jemand, der sich auf Gott ausrichtet, solltest du ihn von ganzem Herzen anbeten. Das sollte nicht nur deine natürliche Antwort auf seine Größe sein, sondern du kannst auch erwarten, dass du gereinigt und erneut mit seinem Geist erfüllt wirst, wenn du anbetest. Wenn du seine Majestät erhebst, wird seine Majestät dich besuchen! Preise ihn! Gieße ihm dein Herz aus! Beuge dich vor ihm! Tanze vor ihm! Genieße seine Gegenwart! Dann wird es viel einfacher sein, ihn zu erkennen und auch das zu unterscheiden, was nichts mit ihm zu tun hat.

Ein weiterer grundlegender Schlüssel zur geistlichen Unterscheidung hat mit den Autoritätspersonen in deinem Leben zu tun. Christen, die ihren Leitern im Namen der „richtigen Unterordnung“ blind folgen, sind anfällig für Täuschung. Frage dich einmal selbst: „Habe ich anderen die Macht gegeben, Entscheidungen an meiner Stelle zu treffen?“ Wenn ja, hast du dich bereits davon entfernt, direkte Leitung von Gott selbst zu erhalten und wirst wahrscheinlich irgendwann in Schwierigkeiten geraten.

Vertrauenswürdige Leiter weisen dich auf Gott hin, nicht auf sich selbst. Verantwortungsvolle Autoritätspersonen müssen dir nie das Gefühl geben, dass sie für dein Wohlbefinden unverzichtbar sind.

Allerdings stimmt es natürlich, dass wir uns laut der Schrift denen unterordnen sollen, die über uns gesetzt sind (vgl. z. B. Röm 13,1-2; Hebr 13,17; 1 Petr 2,13-14). Wie kannst du diese Anweisung mit dem, was ich davor gesagt habe, in Einklang bringen? Wir können eine bessere Vorstellung davon bekommen, wie die richtige Unterordnung unter Autorität aussieht, wenn wir die Art und Weise beachten, wie vertrauenswürdige Menschen in der Bibel sie uns vorgelebt haben. Daniel zum Beispiel ordnete sich allem unter, was von ihm als Exilant am Hof des Königs von Babylon erwartet wurde – es sei denn, es sollte den klaren Befehl Gottes überschreiten. Deshalb beugte er sich nicht vor einem falschen Gott, selbst wenn ihn das sein Leben gekostet hätte. Aber fast allem anderen, was von ihm verlangt wurde, ordnete er sich unter. Und wenn er einen königlichen Befehl ablehnte, tat er dies mit Respekt (vgl. z.B. Dan 1,6-16).

Jesus wusste, dass das römische Steuersystem ungerecht war, aber er zahlte trotzdem seine Steuern (vgl. Mt 17,24-27·). Auch Petrus und Johannes zeigten Respekt gegenüber den Autoritäten und gehorchten ihnen, es sei denn, dies hätte sie in den Ungehorsam gegenüber Gott geführt, wie wir an ihrer Antwort an den Sanhedrin[1] sehen:

Nachdem sie die Apostel wieder hereingerufen hatten, untersagten sie ihnen mit allem Nachdruck, jemals wieder öffentlich über Jesus zu sprechen oder unter Berufung auf seinen Namen als Lehrer aufzutreten. Aber Petrus und Johannes erwiderten: „Urteilt selbst, ob es vor Gott recht ist, euch mehr zu gehorchen als

[1] Der jüdische Hohe Rat – Anm.d.Übers.

ihm! Uns ist es auf jeden Fall unmöglich, nicht von dem zu reden, was wir gesehen und gehört haben“ (Apg 4,18-20).

Daniel, Jesus, Petrus und Johannes ehrten diejenigen, die in menschlicher Autorität über ihnen standen, aber in erster Linie ehrten sie Gott. Du kannst stets ehren, aber du musst nicht immer gehorchen. Wenn du dich zum Beispiel freiwillig einer Autoritätsperson wie einem Pastor unterstellt hast, bist du auch frei zu gehen, wenn du möchtest, und zwar entschlossen, aber respektvoll.

Wenn es dir schwerfällt, eine besonders unwürdige Autoritätsperson zu ehren, empfehle ich dir, für diese Person zu beten. Paulus schrieb: *„Vor allem anderen fordere ich euch auf, für alle Menschen zu beten. Bittet bei Gott für sie und dankt ihm. So sollt ihr für die Herrschenden und andere Menschen in führender Stellung beten, damit wir in Ruhe und Frieden so leben können, wie es Gott gefällt und anständig ist“* (1 Tim 2,1-2 NLB). Wir wissen, dass die meisten politischen und religiösen Führer zu Paulus’ Zeiten *ehrlose* Männer waren, und doch empfahl Paulus, sie zu ehren, indem man für sie beten solle. Solche Gebete haben den zusätzlichen Vorteil, dass sie auch unsere Herzen verändern.

Kraftquellen für die geistliche Unterscheidung

Wenn du die Grundlagen der Prüfung der Geister lernst, denke daran: *Es hat Kraft, Gottes Wort zu sprechen.* Probiere es einfach aus! Lies Schriftstellen laut vor! Sprich eine von Gottes Verheißungen nach. Du wirst sehen, wie die Dunkelheit durch das Licht aufgedeckt wird. Je mehr du das von Herzen tust, desto mehr Vollmacht wirst du hinter dieser geistlichen Praxis entdecken. Wir müssen im Auge behalten, dass wir Teil eines durch Sprechen aktivierten Königreichs sind!

Darüber hinaus *liegt Kraft in der Vergebung.* Wenn wir es versäumen, unserem Bruder von Herzen zu vergeben, werden wir nach den Lehren Jesu tatsächlich den „Peinigern“ ausgeliefert (vgl. Mt 18,23-35 LUT). Mit anderen Worten, wir werden von bösen Geistern und Gedanken gequält. Vergebung muss gleichzeitig vertikal und horizontal stattfinden. Ob wir nun Vergebung empfangen oder geben, wir ebnen den Weg für den König, damit er in Herrlichkeit kommen kann. Neben der Freiheit von der Belästigung durch böse Geister ist eine klarere Unterscheidungsfähigkeit ein wunderbares Nebenprodukt der Vergebung.

Am wichtigsten von allem ist, dass *Kraft im Kreuz liegt, im Namen und im Blut Jesu.* Dies geht mit meinem obigen Hinweis auf Anbetung einher. Wenn du Jesus anbetest und seinen Namen erhebst, preist du ihn schließlich für die Kraft seines vergossenen Blutes. Diese Wahrheit wurde während der Jesus-People-Bewegung in mein Herz eingebrannt, als ich Derek Prince sagen hörte: „Der Weg des Kreuzes führt nach Hause." So einfach. So vollkommen.

Als Jesus am Kreuz starb und sagte: *„Es ist vollbracht"* (Joh 19,30), meinte er nicht nur, dass er kurz vor dem Tod stand, sondern auch, dass sein Ziel, als Mensch auf die Erde zu kommen und so viel zu erleiden, erfüllt war. Er hatte das Unmögliche getan: Er hatte die Kluft zwischen der durch und durch sündigen Menschheit und der Reinheit des Himmels geschlossen. Er hatte Satan, Krankheit und Tod besiegt. Alles, was jeder einzelne von uns jemals brauchen könnte, erlangte er am Kreuz. Er war der Einzige, der tun konnte, was er tat. Sein Werk war vollkommen und vollendet, und durch ihn können wir die ganze Macht des Feindes besiegen (vgl. Luk 10,19). „Das Kreuz" – das sagt alles.

Es liegt Kraft im Sprechen von Gottes Wort, in der Vergebung sowie im Kreuz, im Namen und im Blut Jesu.

Prüfung der Geister – biblisch und notwendig

Eine Schriftstelle nach der anderen fordert uns auf, die Geister zu prüfen. Hier folgen zwei gute Beispiele:

> *Prophetische Rede verachtet nicht. Prüft aber alles und das Gute behaltet* (1 Thess 5,20-21 LUT).

> *Ihr Lieben, glaubt nicht einem jeden Geist, sondern prüft die Geister, ob sie von Gott sind; denn viele falsche Propheten sind hinausgegangen in die Welt. Daran erkennt ihr den Geist Gottes:*

Ein jeder Geist, der bekennt, dass Jesus Christus im Fleisch gekommen ist, der ist von Gott; und ein jeder Geist, der Jesus nicht bekennt, der ist nicht von Gott. Und das ist der Geist des Antichrists, von dem ihr gehört habt, dass er kommen werde, und er ist jetzt schon in der Welt (1 Joh 4,1-3 LUT).

Aus diesen Abschnitten kannst du ein paar sehr praktische Tipps lernen, wie du den Bösen aufstöbern kannst, und kannst auch erkennen, wie die Prüfung der Geister zu einem festen Bestandteil deines Lebensstils wird. Ein Aspekt der geistlichen Unterscheidung besteht im Erlernen der „Moment-für-Moment-Beurteilung“. Wachsam für die Möglichkeiten, überprüfst du deine Umgebung, bevor du festlegst, wie du vorgehen willst.

Ein anderer Teil deiner Übungen zur Geisterunterscheidung erfordert geduldige Beobachtung: Du musst die Art der Frucht beobachten, die im Laufe der Zeit wächst.[2] Gaben werden zu speziellen Zwecken verliehen, aber Frucht braucht Zeit, um sich zu entwickeln. Andere Prüfungen mögen zu sofortigen Ergebnissen führen, aber der „Fruchttest“ dauert etwas länger. Man kann die Qualität der Früchte erst bestimmen, wenn sie gewachsen und gereift sind. Es gibt also einen Anfangstest und später noch den Zeitpunkt, an dem du die Frucht prüfen kannst.

Neun biblische Prüfungen für Offenbarungen

Die folgenden Prüfungen von Offenbarungen, die auf der Autorität des Wortes Gottes basieren, funktionieren immer. Ich habe sie in vielen verschiedenen Städten, Nationen und Kulturen gelehrt, und ihre Wahrheiten sind allgemeingültig. Ich habe sie nummeriert, um dir zu helfen, dich später an sie zu erinnern und sie anzuwenden. Jede Offenbarung, ob groß oder klein, kann anhand dieser biblischen Aussagen geprüft werden:

---

[2] *„Wenn ein Baum gut ist, sind auch seine Früchte gut. Ist ein Baum jedoch schlecht, dann sind auch seine Früchte schlecht. An den Früchten erkennt man den Baum“* (Mt 12,33).

1. Die Offenbarung muss den Empfänger erbauen

Das Endergebnis jeder Offenbarung von Gott ist, dass sie das Volk Gottes erbaut, ermahnt und ermutigt. Alles andere ist fragwürdig. Paulus fasst es am besten zusammen:

> *Wer aber prophetisch redet, der redet zu Menschen zur Erbauung und zur Ermahnung und zur Tröstung ... Wie ist es nun, Brüder und Schwestern? Wenn ihr zusammenkommt, so hat ein jeder einen Psalm, er hat eine Lehre, er hat eine Offenbarung, er hat eine Zungenrede, er hat eine Auslegung. Lasst es alles geschehen zur Erbauung!* (1 Kor 14,3.26 LUT).

Beachte dabei, dass ein Wort zu Beginn manchmal negativ klingen kann, aber wenn wir geduldig sind, werden wir am Ende – mit wiederhergestellter Hoffnung und einer Verheißung – belohnt (vgl. z. B. Jer 1,5;10).

2. Die Offenbarung muss mit dem überlieferten Wort Gottes übereinstimmen.

Jede wahre Offenbarung stimmt sowohl mit dem Buchstaben als auch mit dem Geist der Schrift überein. Wenn der Heilige Geist in einer Offenbarung „Ja und Amen" sagt (vgl. 2 Kor 1,20), hat er dasselbe bereits in der Schrift getan. Der Geist Gottes widerspricht sich niemals selbst. Einer der subtilsten dämonischen Angriffe auf die Autorität des Wortes Gottes ist die weit verbreitete Vorstellung, dass es „so etwas wie eine absolute Autorität nicht gibt" (manche mögen auch sagen, dass „jede Autorität relativ ist"). Halte dich fern von einer liberalen „Wischiwaschi-Herangehensweise" an die Theologie und Autorität der Bibel.

> *Denn alles, was in der Schrift steht, ist von Gottes Geist eingegeben, und dementsprechend groß ist auch der Nutzen der Schrift: Sie unterrichtet in der Wahrheit, deckt Schuld auf, bringt auf den richtigen Weg und erzieht zu einem Leben nach Gottes Willen. So ist also der, der Gott gehört und ihm dient, mit Hilfe der Schrift allen Anforderungen gewachsen; er ist durch sie dafür ausgerüstet, alles zu tun, was gut und richtig ist* (2 Tim 3,16-17).

> *Bei der Treue Gottes, unser Wort an euch ist nicht Ja und Nein zugleich. Denn der Sohn Gottes, Jesus Christus, der unter euch durch uns gepredigt worden ist, durch mich und Silvanus und Timotheus, der war nicht Ja und Nein, sondern das Ja war in ihm. Denn auf alle Gottesverheißungen ist in ihm das Ja; darum sprechen wir auch durch ihn das Amen, Gott zur Ehre* (2 Kor 1,18-20 LUT).

3. Die Offenbarung muss Gott den Vater und Gott den Sohn verherrlichen.

Jesus sagte:

> *Der Geist der Wahrheit, wird ... euch in aller Wahrheit leiten. Denn er wird nicht aus sich selber reden; sondern was er hören wird, das wird er reden, und was zukünftig ist, wird er euch verkündigen. Er wird mich verherrlichen; denn von dem Meinen wird er's nehmen und euch verkündigen* (Joh 16,13-14 LUT).

Und in der Offenbarung lesen wir:

> *Denn im Zeugnis für Jesus äußert sich der Geist der Prophetie* (Offb 19,10 ZÜR).

4. Die Offenbarung wird durch ihre Frucht bestätigt.

Hier ist ein weiterer Hinweis darauf, die Frucht einer Offenbarung im Auge zu behalten:

> *Hütet euch vor den falschen Propheten! Sie kommen im Schafskleid zu euch, in Wirklichkeit aber sind sie reißende Wölfe. An ihren Früchten werdet ihr sie erkennen. Erntet man etwa Trauben von Dornbüschen oder Feigen von Disteln?* (Mt 7,15-16).

Ist die Frucht gut oder schlecht? Gute Früchte werden sich mit der Liste in Galater 5,22-23 decken, die wir bereits besprochen haben. *Die Frucht des Geistes besteht nämlich in lauter Güte und Gerechtigkeit und Wahrheit* (Eph 5,9 SLT). Wenn die Frucht allerdings mit den Versen davor (Gal 5,19-21) übereinstimmt, weißt du, dass an dieser „Offenbarung“ etwas faul ist. Von diesen Dingen solltest du dich fernhalten: Stolz, Überheblichkeit, Übertreibung, Unehrlichkeit, Habsucht, finanzielle Verantwortungslosigkeit, Zügellosigkeit, alle Formen von Unmoral (wie Ehebruch und Unzucht), Süchte oder vielleicht sogar Parteilichkeit. Dies sind faule Früchte und sie werden das Leben von Menschen vergiften. Du kannst sicher sein, dass jede vermeintliche Offenbarung, die zu solch verfaulten Früchten führt, aus einer anderen Quelle als dem Heiligen Geist stammt.

5. Voraussagende Offenbarungen erfüllen sich.

Dies ist ein einfacher Test, obwohl die Überprüfung einige Zeit in Anspruch nehmen kann:

> *Wenn du aber in deinem Herzen sagen würdest: Wie kann ich merken, welches Wort der HERR nicht geredet hat? – wenn der Prophet redet in dem Namen des HERRN und es wird nichts daraus und es tritt nicht ein, dann ist das ein Wort, das der HERR nicht geredet hat. Der Prophet hat's aus Vermessenheit geredet; darum scheue dich nicht vor ihm* (5 Mose 18,21-22 LUT).

Wenn eine Offenbarung eine Vorhersage über die Zukunft enthält und sie nicht eintrifft, kannst du sie als nicht von Gott stammend ignorieren. Es gibt einige mögliche Ausnahmen von dieser Richtlinie:

1. Gott hat der Menschheit einen freien Willen gegeben, seine Wege zu wählen.
2. Einige authentische Worte beinhalten gefährliche Folgen für die angesprochenen Menschen, falls sie nicht umkehren – aber die Umkehr geschieht.[3]
3. Die Erfüllung eines Wortes kann lange Zeit danach erfolgen.[4]

6. Die Offenbarung muss die Menschen zu Jesus führen.

Auch wenn ein Prophet hochbegabt ist und Wunder vollbringen kann, glaube ihm kein Wort, wenn seine Offenbarungen die Menschen nicht zu Jesus leiten. Jesus warnte vor falschen Propheten, die falsche Zeichen und Wunder hervorrufen:

---

[3] Die Stadt Nineveh ist ein Beispiel dafür. Vgl. das Buch Jona.
[4] Zum Beispiel messianische Prophezeiungen

Seht euch vor vor den falschen Propheten, die in Schafskleidern zu euch kommen, inwendig aber sind sie reißende Wölfe ... Und es werden sich viele falsche Propheten erheben und werden viele verführen ... Denn es werden falsche Christusse und falsche Propheten aufstehen und große Zeichen und Wunder tun, sodass sie, wenn es möglich wäre, auch die Auserwählten verführten (Mt 7,15; 24,11.24 LUT).[5]

7. Die Offenbarung muss den Geist der Adoption freisetzen.

Was ist *„der Geist der Adoption“?* Es ist die Gewissheit, ein Sohn oder eine Tochter Gottes zu sein, anstatt ein gefangener Sklave: *„Denn ihr habt nicht einen Geist der Knechtschaft empfangen, wieder zur Furcht, sondern einen Geist der Sohnschaft habt ihr empfangen*[6]*, in dem wir rufen: Abba, Vater!“* (Röm 8,15 ELB). Sklaven erleben Angst, Scham, Schuld und unerwünschte Kontrolle. Söhne und Töchter fühlen sich sicher; sie wissen, dass sie ihren Abba (Papa) jederzeit um Hilfe bitten können.

8. Die Offenbarung muss Leben hervorbringen.

Zusammen mit der Prüfung auf den Geist der Adoption sollten wir uns fragen, ob eine Offenbarung bei denen, die sie hören, Leben oder Tod hervorbringt? Der starre „Buchstabe des Gesetzes“ bringt nicht das vom Geist bestimmte Leben des neuen Bundes hervor, wie Paulus feststellte: *„Gott, der uns auch tüchtig gemacht hat zu Dienern des neuen Bundes, nicht des Buchstabens, sondern des Geistes. Denn der Buchstabe tötet, aber der Geist macht lebendig“* (2 Kor 3,6).

Frage dich selbst: Führt die Offenbarung bei denen, die sie hören, zum Leben oder zum Tod?

---

[5] Vgl. 5 Mose 13,1-5

[6] In der englischen Version der New American Standard Bible: „... *but you have received a spirit of adoption as sons ...* ” (übers.: ... aber ihr habt einen Geist der Adoption als Söhne empfangen...) – Anm.d.Übers.

9. Echte Offenbarung wird durch den Heiligen Geist bestätigt.

Dieser neunte Prüfpunkt ist der subjektivste von allen und muss in Verbindung mit den vorherigen Tests verwendet werden, um festzustellen, ob der Heilige Geist ein Wort als von Gott kommend bestätigt oder nicht. *„Die Salbung, die ihr von ihm empfangen habt, bleibt in euch, und ihr habt nicht nötig, dass euch jemand belehre, sondern wie seine Salbung euch über alles belehrt, so ist es auch wahr und keine Lüge. Und wie sie euch belehrt hat, so bleibt in ihm!“* (1 Joh 2,27 ELB).

Es ist notwendig, dass wir die Salbung des Heiligen Geistes schätzen, da er uns hilft, jede Prüfung anzuwenden. Wir können die Salbung des Geistes nicht als selbstverständlich betrachten, auch wenn wir jahrelange Erfahrung damit haben, mit Gott zu leben. Neben der allgemeinen Salbung, die wir erhalten, wenn der Heilige Geist in uns zum Leben erwacht, von der Jesus sagte, dass sie uns in alle Wahrheit führt (vgl. Joh 16,13), könnte deine spezifische Salbung für den Hirtendienst da sein und meine zur Lehre. Aber jeder von uns muss in dem Maß der Gnade wandeln, das er empfangen hat, und die Salbungen schätzen, die den anderen Gliedern des Leibes Christi gegeben worden sind. Wir müssen uns beim Prozess der geistlichen Unterscheidung aufeinander verlassen. Vergleiche dich nicht mit anderen, es sei denn, ihre Salbung macht dich hungrig nach mehr von Gott.

Prüfung der Geister in Aktion

Einmal diente ich mit Mahesh Chavda kurz nach dem Ende des Kommunismus in Osteuropa. Jeder, der an den Versammlungen teilnahm, war entweder ein Ungläubiger oder ein Neubekehrter. Nachdem Mahesh gepredigt und einen Altarruf ausgesprochen hatte, standen die Leute in einer Reihe zum Gebet an und er betete kurz für jeden Einzelnen. Ich folgte ihm und betete weiter für die Menschen, so wie ich mich geführt fühlte.

Mahesh betete für einen jungen Mann, der unter der Kraft des Heiligen Geistes zu Boden ging. Als ich zu dem Mann kam, lag er auf dem Boden, eingerollt wie ein Ball. Es fiel mir auf, dass seine Gliedmaßen kalt wurden, bis zu dem Punkt, dass er blaue Hände bekam. Sein Gesicht war verzerrt. Offensichtlich geschah etwas Unangenehmes und Dämonisches, aber ich hatte nicht das Gefühl, dass ich genug Klarheit hatte, um richtig zu beten. Ich beschloss, das zu tun, was ich „Leaning-in"[7] nenne: Ich betete, dass eine stärkere Salbung, Kraft und Gegenwart des Heiligen Geistes auf den jungen Mann kommen möge. Extreme Situationen erfordern extreme Maßnahmen, und ich wollte, dass er freigesetzt wird. Also sprach ich mit Autorität auch zu dem Hindernis, das diesen Mann gebunden hielt, und wies es an, sich zu identifizieren.

Obwohl der junge Mann kein Englisch sprach, öffnete er plötzlich seinen Mund und sagte in klarem, akzentfreiem Englisch: „Nimm das Buch heraus!"

Das was? Ich brauchte zwar keinen Übersetzer, um die Worte zu verstehen, aber ich wusste immer noch nicht, was er meinte. Der Körper des Mannes blieb verzerrt und zusammengerollt. Ich fühlte mich dazu veranlasst, ihn auf die Seite zu drehen, um zu sehen, ob ein Buch in seiner Tasche war, und tatsächlich fand ich ein Exemplar von Hitlers *Mein Kampf*. Nachdem ich es herausgenommen hatte, entspannte sich sein ganzer Körper, und er war offensichtlich erleichtert.

Wie sich herausstellte, war der Mann ein Student aus Ungarn, und er studierte Kommunismus an einer Universität in Sarajevo. Als ich das Buch herausnahm, verließen ihn die Dämonen offensichtlich und flohen komplett. Dann wurde der junge Mann sofort errettet und sogar im Heiligen Geist getauft. Er konnte nicht aufhören, auf Ungarisch (für mich ins Englische übersetzt) zu sagen: „Dein Gott Jesus! Mein Gott Jesus!"

Wie du siehst, machte es das Empfangen von geistlicher Erkenntnis in der Situation möglich, das unbekannte Hindernis für Freiheit und Erlösung loszuwerden. Ich erhielt nur genügend Informationen, um das zu tun, was nötig war. Ich fand nie heraus, wer die bösen Geister waren, noch wie sie dazu gekommen waren, den jungen Mann zu kontrollieren. Es gab keinen wirklichen Dialog zwischen mir und ihm – dafür war keine Zeit in dieser Situation und angesichts der Sprachbarriere. Ich wusste, dass das Hindernis für seine Freiheit in einem Buch bestand, das er besaß, und dass es etwas mit

[7] In etwa: „Fokussiert sein" – Anm. d. Übers.

einem antichristlichen Geist zu tun hatte. Es war zu einer Kollision von Kräften gekommen, und mein Teil war es, in der Kraft der Gabe des Zungengebets zu beten, die Gabe des Glaubens anzuwenden und im Namen Jesu die Freiheit zu verkünden. So ist es oft, obwohl du, wie du im nächsten Beispiel sehen wirst, manchmal in der Lage bist, den bösen Geist zu identifizieren und mehr über seine Verbindung mit diesem Menschen herauszufinden.

In diesem zweiten Beispiel diente ich einem Mann seelsorgerlich und mit Gebet im privaten Rahmen. Er erzählte mir, er sei, wie er anfangs dachte, früher mit einer wunderbaren Frau verheiratet gewesen, die ihn aber dann für einen anderen Mann verlassen habe. Es ergab für ihn keinen Sinn, und es hatte ihm das Herz gebrochen. Er war ein hingegebener Christ, dem es scheinbar sehr gut ging, aber diese Ereignisse hatten ihn mit Scham und Verdammnis erfüllt. Jetzt hatte er eine andere Frau getroffen, aber sein Gefühl des Versagens hielt ihn davon ab, sich verbindlich für sie zu entscheiden. Etwas hinderte ihn, und in unseren Gebeten versuchten wir, dies herauszufinden.

Dieser Mann konnte nicht glauben, dass Gott ihm eine zweite Chance geben würde. Er wusste, dass er nichts Falsches getan hatte (außer sich in der ersten Situation täuschen und betrügen zu lassen), aber er konnte nicht aufhören, sich ernüchtert, bekümmert und beschämt zu fühlen. Wir probierten im Gebet mehrere verschiedene Ansätze aus, aber sie funktionierten alle nicht. So begann ich, leise Lobpreislieder zu singen und den Namen Jesu zu preisen.

Plötzlich wusste ich in meinem „inneren Wisser", dass der Geist Isebels beteiligt war. Dabei handelt es sich um ein dämonisches Wesen, das nach der berüchtigten und bösen Königin Isebel benannt ist, der Frau Ahabs (vgl. 1 Kön 16,31; 18,13-19; 19,1-18.21; 2 Kön 9,6-10.30-37; Offb 2,20). Ich wusste auch in meinem „inneren Wissen", dass dieser dämonische Geist diesen Mann manipuliert und getäuscht hatte. (Zwar haben Geister kein Geschlecht, aber der Isebel-Geist ist oft mit starken Frauen verbunden, die schwache Männer manipulieren, so wie Isebel es mit Ahab tat.[8]) Der böse Geist hatte diesen jungen Mann zunächst in eine falsche Beziehung gelockt,

[8] Siehe mein Buch *Deliverance from Darkness* (Grand Rapids, MI: Chosen Books, 2010).

und als er sich jetzt einer neuen Beziehung innerhalb biblischer Grenzen näherte, war er innerlich völlig gebunden.

Ohne etwas laut auszusprechen, sprach ich den Geist in meinen Gedanken an. Ein Geräusch wie ein Güterzug ertönte aus diesem gutaussehenden jungen Mann. Es handelte sich um den dämonischen Geist bzw. dämonische Geister mit der Natur Isebels. Er wurde freigesetzt. Die Frucht der geistlichen Unterscheidung war Freiheit – und schließlich eine gesunde, gute Ehe. Der Mann war nun in der Lage weiterzugehen, und zu gegebener Zeit war es mir eine Ehre, seine Trauung durchzuführen.

Nimm schnell Witterung auf

Jesaja, der Prophet, der Jesu Dienst als Messias (Gesalbter) voraussah, erklärte, dass der Geist des Herrn *„ihm ein schnelles Verständnis* [wörtlich: eine schnelle Witterung] in der *Furcht des Herrn geben* würde*"* (Jes 11,3 KJV[9]). In der Schrift steht der unabhängig vom Sehen wirkende Geruchssinn manchmal für die geistliche Unterscheidung durch den Heiligen Geist.

Das wäre zum Beispiel vergleichbar mit der Fähigkeit, feststellen zu können, dass etwas, das wie ein Schaf aussieht, in Wirklichkeit ein Wolf im Schafspelz ist. Das menschliche Auge erkennt vielleicht nicht sofort etwas Ungewöhnliches. Aber die Nase eines Schäferhundes – die viel schärfer als die menschliche Nase des Hirten ist – „wittert schnell" und kann wegen des Wolfs Alarm schlagen.

Diejenigen, denen Gott die Fürsorge für seine Schafe anvertraut, müssen durch den Heiligen Geist ebenfalls göttliche „Schäferhunde" sein. Sie müssen eine schnelle Witterung haben und nicht aufgrund ihres Sehvermögens, ihres Gehörs oder der Überlegungen ihres natürlichen Verstandes urteilen, sondern vielmehr die falschen Propheten „erschnüffeln", die als Wölfe im Schafspelz unter das Volk gekommen sind.

---

[9] Wörtlich aus der britischen *King James Version* übersetzt. Originaltext des Autors: … that the Spirit of the Lord would *„make him of quick understanding* [literally, „quick of scent"] *in the fear of the Lord"* (Isaiah 11:3 kjv). Von den deutschsprachigen Bibelübersetzungen kommt die Zürcher Bibel dem am nächsten: *… er wird die Furcht des HERRN atmen …* – Anm. d. Übers.

Tatsächlich hat der Schäferhund, der es versäumt zu bellen, wenn sich ein Wolf nähert, in seiner Verantwortung gegenüber der Herde versagt. So wie Gott über die Wächter Israels (die geistlichen Führer) unter dem alten Bund sagte: *„Sie alle sind stumme Hunde"* (Jes 56,10). Infolge ihres Scheiterns wurde Gottes Volk zur leichten Beute seiner Feinde. Dies geschah nicht nur im alten Israel, sondern auch in jeder Generation bis heute. Was uns anbetrifft, müssen auch wir alle lernen, schnell Witterung aufzunehmen. Dein kleiner Teil von Gottes Herde braucht es, dass du wachsam und vorbereitet bist.

Einiges über die Wichtigkeit des schnellen Witterns lernte ich von dem bekannten Bibellehrer Derek Prince, der ein Pionier im Dienst der Befreiung, im Brechen von Flüchen und dergleichen war. In seinem Buch *They Shall Expel Demons* (dt. „Sie werden Dämonen austreiben") behandelt Derek Prince das Thema der Merkmale dämonischer Aktivität: „Wir sehen sie normalerweise nicht, aber wir erkennen ihre Anwesenheit durch bestimmte charakteristische Handlungen." Er listet dann ihre typischsten Aktivitäten auf und sagt, dass Dämonen verführen, belästigen, foltern, zwingen, versklaven, Abhängigkeiten verursachen, schänden, täuschen und den physischen Körper angreifen.[10]

Ich habe von diesem „Staatsmann des Glaubens" enorm viel gelernt, einschließlich der Wichtigkeit, zu erkennen, wann und wo man die Wölfe im Schafspelz konfrontiert. Einige Schlachten sind meine Verantwortung, andere sind deine, wieder andere gehören jemand anderem. Einige müssen vor Ort geschlagen werden, andere an einem anderen Tag, wieder andere überhaupt nicht. (Manchmal versucht der Feind, dich in einen gefährlichen und unnötigen Konflikt zu locken.) Mein Buch *Deliverance from Darkness* geht detaillierter auf all das ein.

So müssen wir unser ganzes Leben lang lernen, schnell Witterung aufzunehmen – mit Genauigkeit und Sorgfalt. In Christus Jesus sind wir Überwinder. Aber nur unter der Bedingung, dass wir ihm bewusst und treu folgen, wohin er uns führt.

---

[10] Derek Prince, *They Shall Expel Demons* (Grand Rapids, MI: Chosen Books, 1998), 165-166.

Strecke dich nach dem Höheren aus

Beim Prüfen der Geister geht es um alle drei Aspekte der Unterscheidung – Offenbarung, Interpretation und Anwendung –, obwohl für jeden Aspekt ein anderer geistlicher Filter angewendet werden muss. Ich kann z. B. eine Offenbarung genau aufgreifen, dann aber falsch interpretieren. Oder ich erhalte eine Offenbarung und interpretiere sie richtig, stecke dann aber bei der Anwendung fest und weiß nicht, was ich mit diesen Informationen anfangen soll.

Nehmen wir zum Beispiel an, ich bekomme eine Offenbarung über eine politische Situation, die einen sensiblen Bereich meines eigenen Lebens tangiert. Wenn ich zum Beispiel ein Problem mit Bitterkeit habe, wird die Offenbarung durch meine bittere Meinung verdorben und für das Reich Gottes wertlos gemacht. Ich muss mir der Einflüsse bewusst sein, die auf meine Gedanken und Gebete und vor allem auf meine Art der Kommunikation einwirken können. Wenn ich die Geister um mich herum prüfe, muss ich meinen eigenen Geist einbeziehen und mich ständig mit dem Heiligen Geist beraten, um zu erfahren, was zu tun ist.

Deshalb sagt uns Römer 12, wir sollten unser ganzes Leben Gott als wohlgefälligen Akt der Anbetung darbringen, damit wir prüfen können, *„was der Wille Gottes ist, nämlich das Gute, Wohlgefällige und Vollkommene“* (vgl. Röm 12,1-2 LUT). Gott wird uns helfen, unsere Vorurteile zu erkennen, ob sie nun persönlich, geografisch, kulturell, konfessionell oder was auch immer sind. Wenn wir uns ihm hingeben, wird er uns immer mehr reinigen. Wir werden weniger und weniger mit dem Gott dieser Welt gemeinsam haben, und unser eigener innerer Filter wird effektiver werden. Mit anderen Worten, unsere fortschreitende Heiligung ist für unsere Prüfung der Geister ebenso wichtig, wie dass wir begabt sind oder uns bestimmte Methoden aneignen.

Denke immer daran, dass jeder von uns lernen soll, die Geister zu prüfen; es ist Teil des christlichen Lebens!

Das Prüfen der Geister beschäftigt sich mit allen drei Aspekten der Unterscheidung: Offenbarung, Interpretation und Anwendung.

Gebet eines Herzens, das unterscheiden kann

Gnädiger Vater, ich danke dir für deine große Liebe. Ich möchte darin verwurzelt und gegründet sein. Ich erkläre, dass ich mehr auf deine Fähigkeit vertraue, mich zu führen und zu beschützen, als auf die Macht des Teufels, mich zu täuschen. Darüber hinaus erkläre ich, dass ich keinen Geist der Furcht empfangen habe, sondern einen Geist der Kraft, der Liebe und der Besonnenheit.

Ich will dein Wort ehren, indem ich alles in seinem Licht untersuche und an dem Guten festhalte. Ich will auch diejenigen ehren, welche in Autorität über mir stehen, und bitte dich darum, dass du mein eigenes Unterscheidungsvermögen durch den Heiligen Geist schärfst.

Halte meinen Schritt fest auf deinem Weg und meine Augen klar durch dein Licht. Ohne dich bin ich hilfloser als ein Kind. Mit dir bin ich siegreich über jeden feindlichen Angriff. Ich bete dies im Namen deines Sohnes Jesus. Amen.

Kapitel 8

Der Geist der Täuschung: Verführerisch und manipulativ

Der Geist aber sagt deutlich, dass in den letzten Zeiten einige von dem Glauben abfallen werden und verführerischen Geistern und Lehren von Dämonen anhängen.

1.Timotheus 4,1 (LUT)

„Gefahr erkannt, Gefahr gebannt.“ Dieses alte Sprichwort drückt eine biblische Wahrheit aus: Die geistliche Unterscheidungsfähigkeit lässt uns die subtilen Täuschungen des Feindes erkennen, damit wir ihnen nicht zum Opfer fallen. Ebenso macht sie uns Mut, da wir durch sie wissen, womit wir es zu tun haben und was wir tun sollen.

Die obige Schriftstelle beginnt mit dem Satz: *„Der Geist aber sagt deutlich ...“* Der Heilige Geist ist derjenige, der uns vorwarnt, in diesem Fall in Bezug auf die Tatsache, dass einige Menschen ihren Glauben an Jesus aufgeben werden, weil verführerische Verlockungen durch Stimmen, dic ihrc Aufmerksamkeit manipulieren, sie davon wegziehen. Ihr Leben mit dem Herrn erscheint ihnen zu mühsam und anstrengend, und sie werden anfangen, nach etwas „Erfüllenderem“ zu suchen.

Die genannten *„letzten Zeiten“* sind bereits seit Jahrhunderten im Gange, und die Warnung gilt auch noch für uns heute. Diese Worte wurden nicht für Ungläubige geschrieben, sondern für vollwertige Glieder der Gemeinde, und sie decken die Tatsache auf, dass es selbst in einer gemeindlichen Umgebung leicht ist, auf die glatten Lügen des Feindes hereinzufallen.

Trotzdem schreibt die Warnung des Geistes in 1. Timotheus 4 diejenigen, die von Glauben abgefallen sind, nicht ab. Sie sagt nicht aus, dass sie nicht wiederhergestellt werden können (vgl. Vers 6.) Es geht hier nicht um den großen Glaubensabfall der Endzeit. Die Warnung geht – abhängig von der Reaktion derjenigen, die sie befolgen – mit Hoffnung einher. Wir alle brauchen dieses Wort der Warnung, denn selbst wenn wir nie selbst abfallen, werden wir wahrscheinlich jemanden kennen, der es tut, und wir müssen vielleicht in der Lage sein zu erkennen, was vor sich geht, damit wir dieser Person helfen können.

Die geistliche Unterscheidungsfähigkeit warnt uns, damit wir nicht den subtilen Täuschungen des Feindes zum Opfer fallen.

Namen enthüllen das Wesen

Die Warnung des Geistes wird für uns effektiver sein, wenn wir die spezifischen Eigenschaften der wahrscheinlichen Täuschungen verstehen, und der beste Weg dahin ist, die Namen der beteiligten bösen Geister zu kennen. Wie Francis Frangipane sagt: „Im geistlichen Bereich entspricht der *Name* eines Wesens immer seiner *Natur*."[1]

Die Natur eines geistlichen Wesens kann entweder positiv oder negativ sein, wie wir in den verschiedenen Schriftstellen in diesem Abschnitt sehen werden. Als Erstes haben wir hier ein paar Beispiele von Namen, die Gottes Wesen offenbaren:

> *Den Ort nannte er: „Der HERR versorgt." Noch heute sagt man darum: „Auf dem Berg des HERRN ist vorgesorgt."* (1 Mose 22,14 HFA).

[1] Francis Frangipane, *Discerning of Spirits (*Cedar Rapids, IA: Arrow Publications, 1994), 18, Betonung durch den Autor

Da sprach Gott zu Mose: „Ich bin, der ich bin." Dann sprach er: So sollst du zu den Söhnen Israel sagen: Der „Ich bin" hat mich zu euch gesandt (2 Mose 3,14).

Wir kennen Gott durch viele zusammengesetzte Namen, die überall in der Schrift zu finden sind, wie z. B. *Jahwe Rapha* (der Herr, der heilt), *Jahwe Jireh* (der Herr, der versorgt), *Jahwe Nissi* (der Herr, unser Banner) und *Jahwe Zidkenu* (der Herr, unsere Gerechtigkeit), ganz zu schweigen von den Titeln *König der Könige*, *Alpha und Omega*, *das Wort* und viele, viele mehr. Jeder Name hebt einen wichtigen Aspekt seiner Natur hervor und ermöglicht uns so, ihn zu erkennen, ihm zu vertrauen und aus Glauben zu leben.

Nach dem gleichen Prinzip können wir die Natur und Motive dämonischer oder unreiner Geister besser verstehen, wenn wir sie benennen können, und so ihren speziellen bösen Täuschungen effektiver widerstehen. Sogar der Begriff „unreiner" Geist beschreibt die Natur dämonischer Wesen. Er wird in der Schrift einerseits allgemein verwendet, wie in Sacharja 13,2: *„Und auch die Propheten und den Geist der Unreinheit werde ich aus dem Land wegschaffen"* und andererseits speziell, wie in folgendem Wort: *„Als Jesus sah, dass die Leute zusammenliefen, drohte er dem unreinen Geist und sagte: Ich befehle dir, du stummer und tauber Geist: Verlass ihn und kehr nicht mehr in ihn zurück!* (REÜ).[2]

Im Bericht über die Befreiung des Geraseners von seinen Dämonen in Markus 5,6-9 offenbart der Name „Legion" die Natur der dämonischen Kraft, mit der er es zu tun hatte: *„...denn wir sind viele."*

Ein weiteres eindeutiges Beispiel stammt aus dem letzten Buch der Bibel: *„Sie hatten über sich einen König, den Engel des Abgrunds; sein Name heißt auf Hebräisch Abaddon, und auf Griechisch hat er den Namen Apollyon"* (Offb 9,11 LUT). Auf Deutsch lautet die Übersetzung von *Abaddon* „Zerstörung" und *Apollyon* bedeutet „Zerstörer". Wie Jesus vom Bösen sagte: *„Der Dieb kommt nur, um zu stehlen und zu schlachten und zu verderben"* (Joh 10,10 ELB).

---

[2] Vgl. auch Mt 12,43-45; Mk 1,23-26; 3,30; 5,2-8; 7,25-30; Lk 8,27-35; 9,42; 11,24-26; Offb 18,2.

Ein großer Teil der geistlichen Unterscheidung besteht darin, die Natur dessen zu verstehen, was man erkannt hat, und Namen helfen uns dabei, dieses Wissen zu erfassen.

Auf dem Schwebebalken gehen

Nachfolger Jesu Christi müssen ständig ihr geistliches Gleichgewicht wahren, indem sie ihn im Auge behalten. In dem Moment, in dem wir unsere Aufmerksamkeit auf die Seite richten, wanken unsere Schritte. Wenn wir versuchen, irgendetwas oder irgendjemand anderem als Gott zu folgen, können wir komplett vom schmalen Weg abkommen, und es erfordert einige Anstrengungen, wieder dorthin zurückzukehren, wo wir hingehören.

So können wir nur dann geradlinig vorangehen, wenn wir unsere Aufmerksamkeit auf Christus richten und dem Lamm Schritt für Schritt folgen, so wie es uns führt: „*... diese sind es, die dem Lamm folgen, wohin es auch geht*" (Offb 14,4 ELB). Auf seine persönliche Einladung hin sind wir Nachfolger Christi und nicht mehr Nachfolger des Teufels:

> *Und er* [Jesus] *spricht zu ihnen* [Petrus und Andreas]: *Kommt, mir nach! Und ich werde euch zu Menschenfischern machen. Sie aber verließen sogleich die Netze und folgten ihm nach ... und er rief* [Jakobus und Johannes]. *Sie aber verließen sogleich das Boot und ihren Vater und folgten ihm nach* (Mt 4,19-20; 21-22 ELB).

> *Und als Jesus von dort wegging, sah er einen Menschen am Zoll sitzen, der hieß Matthäus; und er sprach zu ihm: Folge mir! Und er stand auf und folgte ihm* (Mt 9,9 LUT).

> *Und eine große Menge folgte ihm, und er [Jesus] heilte sie alle ... Und als das Volk das hörte, folgte es ihm zu Fuß aus den Städten* (Mt 12,15; 14,13 LUT).

Bitte schließe dich mir an in der Absicht, dem Lamm zu folgen, wohin es uns auch führen mag, und unsere Augen von Ablenkungen abzuwenden, die uns in die Irre führen würden.

Hinterlistige Geister lauern in den Schatten

Selbst wenn wir dem Herrn treu folgen, lauern hinterlistige unreine Geister immer im Schatten und suchen nach einem Weg, um uns davon abzuhalten, ihm zu folgen. Wir müssen immer auf der Hut sein. Wir können auf den Heiligen Geist zählen, der uns hilft, die Gegenwart feindlicher Geister zu erkennen. Das strahlende Licht des Himmels leuchtet nicht nur wie ein Leuchtfeuer, das uns führt, sondern zeigt auch, was sich in der Dunkelheit verbirgt. Durch dieses Licht können wir sowohl hinterlistige Geister erkennen als auch ihren Manipulationen entgehen, wenn wir dem einen wahren Gott folgen.

Wir können in der gesamten Bibel Hinweise auf Gottes Licht finden. Hier sind einige Beispiele aus dem Neuen Testament:

> *Die Nacht ist vorgerückt, der Tag ist nahe herbeigekommen. So lasst uns ablegen die Werke der Finsternis und anlegen die Waffen des Lichts* (Röm 13,12 LUT).

> *Denn ihr alle seid Kinder des Lichtes und Kinder des Tages. Wir sind nicht von der Nacht noch von der Finsternis* (1 Thess 5,5 LUT).

> *Lasst euch nicht irreführen, meine geliebten Brüder und Schwestern: Jede gute Gabe und jedes vollkommene Geschenk kommt von oben herab, vom Vater der Gestirne, bei dem es keine Veränderung oder Verfinsterung gibt* (Jak 1,16-17 REÜ).

Die hinterlistigen Geister, die in den dunklen Schatten lauern, zielen darauf ab, das Volk Gottes vom richtigen Weg abzulenken. Ihre Unterstellungen sind trügerisch, manipulativ, verführerisch und verlockend. Dämonen locken Menschen aus einer Position der Stabilität in die Instabilität, um sie in ihrem Netz von Lügen gefangen zu nehmen. Lasst uns daher bei unserem Bestreben, das Wirken böser Geister zu erkennen und zu zerstören, immer *„im Licht wandeln, wie er* [Jesus] *im Licht ist"* (1 Joh 1,7), und *„die Rüstung des Lichts anlegen"*.

Wir können auf den Heiligen Geist zählen, der uns hilft, die Gegenwart feindlicher Geister zu erkennen.

Auf welche Art täuschen uns böse Geister?

Zum Aufdecken der Wirkungsweise dämonischer Geister und der Widerstand dagegen gehört auch das Erkennen der verschiedenen Taktiken des Feindes. Welche Methoden benutzen böse Geister, um zu täuschen? Sie arbeiten in verschiedenen Situationen auf unterschiedliche Weise und lassen uns Fehler machen, die ihnen große Vorteile verschaffen, indem sie eine Reihe von Strategien verwenden, wie die folgenden:

Durch Übertreibung – Wahrheit verhüllt in Lüge

Ein Großteil der Verführungskraft der Lügen des Feindes kommt daher, dass sie einen wahren Kern enthalten. „Du bist traurig, nicht wahr?", flüstert er dir vielleicht zu. „Du wirst nie über das hinwegkommen, was dein Bruder dir angetan hat. Es wirkt sich wirklich auf deine Persönlichkeit aus. Warum nicht etwas dagegen unternehmen? Warum nicht mit ihm abrechnen, hm?"

Es ist zwar richtig, dass dein Bruder dir etwas Schlimmes angetan hat, und es ist wahr, dass du traurig bist. Aber der Rest ist eine Übertreibung und der Beginn einer Anschuldigung. Bald ertönt eine vermeintliche Wahrheit in deinem Kopf und du verlierst die echte Wahrheit (Jesus) aus den Augen. Die Einflüsterung provoziert in dir den Wunsch, Vergeltung zu üben. Vielleicht hast du den Tag als treuer Nachfolger Gottes begonnen, aber nun endet er im Chaos.

Paulus war aufgebracht über die Gemeindeglieder in Galatien, weil sie auf diesen Trick des Teufels, bei dem die Wahrheit mit der Lüge vermischt ist, hereingefallen sind. Er schrieb: *„Ihr unverständigen Leute von Galatien, wer hat euch behext? Ist euch Jesus Christus nicht vor Augen gestellt worden als Gekreuzigter? ... Seid ihr so unverständig, dass ihr, was ihr im Geist begonnen habt, nun im Fleisch vollenden wollt?"* (Gal 3,1; 3 ZÜR). Um nicht auf die gleiche Weise getäuscht zu werden, müssen wir dem Rat des Paulus folgen: *„... so zerstören wir überspitzte Gedankengebäude und jede*

Höhe, die sich gegen die Erkenntnis Gottes erhebt, und nehmen jeden Gedanken gefangen unter den Gehorsam Christi" (2 Kor 10,5 ELB).

Indem eine besondere Offenbarung über das Wort Gottes gestellt wird

Oh, oh. Dies ist eine knifflige Angelegenheit für Menschen, die eifrig daran interessiert sind, die Offenbarungen Gottes zu erkennen. Wenn sie nicht aufpassen, beginnen sie, das neueste prophetische Wort wichtiger zu nehmen als das geschriebene Wort Gottes.

„Das wurde ihm von einem Engel offenbart, also muss es vertrauenswürdig sein!"

„Die Bibel kann nicht alles abdecken; deshalb sendet Gott so eine ganz besondere Offenbarung."

„Geh mir aus dem Weg! Persönliche Erfahrungen lügen nicht!"

Natürlich glaube ich, dass Gott seinem Volk besondere Offenbarungen sendet, aber wir sollten sie nie und nimmer höher achten als die Schrift. Auch wenn ich selbst eine Reihe von Engelbesuchen und übernatürlichen, fast unbeschreiblichen Erfahrungen gehabt habe, möchte ich jederzeit offen für Korrektur bleiben, und ich komme stets auf die einfache und klare Grundbotschaft der Schrift zurück. Die Extras sind eben nur ein Extra. Mein Glück, und vor allem meine Erlösung, hängen nicht von ihnen ab. Mit Gottes Hilfe werde ich diese Warnungen von Paulus an die Gläubigen unter seiner Aufsicht immer ernst nehmen:

> *Niemand soll euch den Siegespreis aberkennen, keiner, der sich gefällt in Demut und Engelverehrung und dem, was er als Eingeweihter geschaut hat. Ohne Grund bläht er sich auf in seinem auf das Irdische beschränkten Sinn und hält sich nicht an das Haupt, von dem aus der ganze Leib, durch Sehnen und Bänder gestützt und zusammengehalten, in göttlichem Wachstum wächst* (Kol 2:18-19 ZÜR).

> *Ich wundere mich sehr über euch. Gott hat euch doch in seiner Gnade das neue Leben durch Jesus Christus geschenkt, und ihr kehrt ihm so schnell wieder den Rücken. Ihr meint, einen anderen Weg zur Rettung gefunden zu haben? Doch es gibt keinen anderen! Es gibt nur gewisse Leute, die unter euch Verwirrung stiften,*

indem sie die Botschaft von Christus ins Gegenteil verkehren wollen. Wer euch aber einen anderen Weg zum Heil zeigen will als die rettende Botschaft, die wir euch verkündet haben, den wird Gottes Urteil treffen – auch wenn wir selbst das tun würden oder gar ein Engel vom Himmel. Ich sage es noch einmal: Wer euch eine andere Botschaft verkündet, als ihr angenommen habt, den soll Gottes Urteil treffen! (Gal 1,6-9 HFA).

Die Menschen fallen allzu leicht auf den Reiz einer aufregenden neuen Botschaft oder ihren Boten herein, oder sie sagen: „Oh, prima, da ich Gott selbst für mich hören kann, muss ich nicht so viel Aufmerksamkeit auf Gottes Wort und auf die Wahrheit richten, die ich bereits kenne, denn jetzt kann ich einfach zuhören, und er wird mich leiten." Sie können diesen Ansatz vielleicht sogar mit einem Beweistext wie diesem untermauern: *„Und wenn ihr zur Rechten oder wenn ihr zur Linken abbiegt, werden deine Ohren ein Wort hinter dir her hören: Dies ist der Weg, den geht!"* (Jes 30,21). Aber denk daran, dass der Heilige Geist niemals dem Wort Gottes widerspricht und dass wir sowohl das geschriebene Wort als auch die besondere Offenbarung brauchen. Darüber hinaus müssen wir, um unterscheiden zu können, die ganze Offenbarung Gottes in der Schrift betrachten und dürfen uns nicht nur auf einzeln herausgegriffene Teile fokussieren.

Manchmal werden wir anfälliger für Täuschungen, wenn wir über etwas verzweifelt sind. Wir mögen uns zum Beispiel so sehr Heilung oder eine Art Wunder für uns selbst oder für jemand anderen wünschen, dass wir uns an ein „Wort" klammern, das wir gehört haben, das aber nicht von Gott stammt. Auf diese Weise werden unsere emotionalen Schwachstellen zu Eintrittspunkten für die verlockenden, betrügerischen Botschaften des Feindes.

Damit begeben wir uns auf die schiefe Ebene. Eine sanft klingende Täuschung kann zu schlimmeren führen. Wie sonst landen Leute in Sekten oder geraten ernsthaft aus dem Gleichgewicht? Auch hierbei müssen wir lernen, unsere Erfahrungen, Emotionen und jede besondere Offenbarung an der Autorität des geschriebenen Wortes Gottes zu messen, um unser geistliches Gleichgewicht zu erhalten.

Um unterscheiden zu können, müssen wir die ganze Offenbarung Gottes in der Schrift betrachten und dürfen uns nicht nur auf einzeln herausgegriffene Teile fokussieren.

Durch stolze Selbstdarstellung

Eine andere Art, wie der Teufel Menschen gerne täuscht, ist, indem er sie davon überzeugt, dass sie besser sind als andere. Auch wenn die Bibel klar sagt: *„Wir wollen die Versammlung der Gemeinde nicht verlassen"* (Hebr 10,25 ZÜR), können solche Menschen zu der Überzeugung gelangen, dass sie zu groß (zu überlegen, zu wichtig, zu gebildet und über jeder Kritik stehend) sind, um in einer „gewöhnlichen" Gemeinde mit „gewöhnlichen" Christen zusammenzuarbeiten. Sie denken, verbindliche Beziehungen seien unter ihrer Würde und heben ihre eigene Begabung oder Erfahrungsebene hervor.

Oder sie setzten auf einen Trend im Leib Christi, es mag sogar eine echte Bewegung des Geistes sein, und sind stolz darauf, Teil davon zu sein. Schließlich können sie zu dem werden, was ich „geparkte Autos" nenne: sie stecken in der Sackgasse einer gestrigen Bewegung Gottes fest. Sie sind weder mit dem Heiligen Geist vorangekommen, noch haben sie mit der Liebe Gottes andere erreicht.

Die einzigen Heilmittel sind Demut und Verbindlichkeit. Ich habe diesen Prozess schon erlebt, als ich Teil der Gemeinschaft der *Kansas City Prophets* war. Wir wurden aller möglichen abweichenden Praktiken bezichtigt. Ich glaube nicht, dass wir das Gefühl hatten, wir seien etwas Besonderes, aber einige der Menschen, die uns folgten, machten uns dazu. Und 1990 entstand deshalb eine internationale Kontroverse, die im Kernland Amerikas begann. Ruhm kann so berauschend und potenziell gefährlich sein. Aber da ich genau wusste, was hinter den Kulissen geschah, war ich offen gesagt sehr beeindruckt von der Art und Weise, wie Mike Bickle, der Hauptleiter der *Kansas City Fellowship*, mit den Anschuldigungen umging. Immer wieder reagierte er mit Demut, räumte Fehler ein und versuchte, die Dinge in Ordnung zu bringen. Auf lange Sicht öffnete dies den Weg für viele gesunde Korrekturen und bewirkte innerhalb der prophetischen Entwicklung in Kansas City und andernorts ein

Reifen in Weisheit. *„Gott widersteht den Hochmütigen, den Demütigen aber gibt er Gnade"* (Jak 4,6 ELB, Spr 3,34 zitierend).

Durch Heldenverehrung

Eine weitere subtile Täuschung des Feindes ist die Heldenverehrung. Da kommt ein Prediger mit einer goldenen Zunge daher, und die Segnungen fallen ihm nur so zu. Bald hat er einen Dienst, ein Programm im Fernsehen oder Radio und eine neue Garderobe. Wenn er auf Rednertour geht, strömen die Leute herbei, um ihn zu hören und, wenn sie nah genug herankommen, Selfies mit ihm zu machen.

Um genau diese Menschen mache ich mir Sorgen, da die Heldenverehrung die Gefahr birgt, die Anbetung dem vorzuenthalten, dem sie gehört, Gott selbst. Und dies führt die Menschen von der Wahrheit weg. Dies passierte bei einigen Anhängern von William Branham, dem erfolgreichen Heilungsevangelisten vor dem Zweiten Weltkrieg. Er war von Gott wirklich sehr begabt und wurde wunderbar in der detaillierten Gabe des Wortes der Erkenntnis gebraucht und so viel mehr. Aber leider erhoben ihn einige seiner Anhänger in die Position eines „Elia" und sagten, dieser sei als „Vorläufer" vor dem zweiten Kommen Jesu zurückgekehrt.

Bitte höre mir genau zu. Dieser Mann war von Gott berufen und gesalbt. Aber einige Leute erklärten ihn zu jemandem, der er nicht war. Noch heute versammelt sich ein Überrest an einem bestimmten Tag des Jahres an seinem Grab, in der Hoffnung, er werde zurückkehren. Dies zeigt, wie Ehre und Respekt von Menschen für eine Person verzerrt werden kann und sich am Ende zu einer gefährlichen kultischen Heldenverehrung entwickelt.

Wir haben in der Kirchengeschichte zu viel davon erlebt. Pass also auf, wenn du jemanden siehst, der zu viel Aufmerksamkeit auf sich selbst oder auf seine Gaben und Erfahrungen lenkt; übe deine geistliche Unterscheidungsfähigkeit aus, wenn du siehst, dass Menschen beginnen, einen Leiter oder Sprecher zu verehren. Solche Dinge können und werden wieder passieren. Es gibt nichts Neues unter der Sonne.

Der Geist Gottes hat allerdings unmissverständlich vorausgesagt, dass am Ende der Zeit manche vom Glauben abfallen werden. Sie werden sich irreführenden Geistern zuwenden und auf Lehren hören, die von dämonischen Mächten eingegeben sind und von scheinheiligen Lügnern propagiert werden, deren Gewissen so abgestumpft ist, als wäre es mit einem glühenden Eisen ausgebrannt worden (1 Tim 4,1-2).

Die Heldenverehrung birgt die Gefahr, die Anbetung dem vorzuenthalten, dem sie gehört, Gott selbst. Und dies führt die Menschen von der Wahrheit weg.

Die Wahrheit wird dich frei machen

Der Theologe Dr. Michael Brown ermutigt uns in seinem Buch *Let No One Deceive You*[3], uns vor Täuschung zu schützen:

> Gemäß dem Neuen Testament ist die Möglichkeit der Täuschung sehr real. Aber das bedeutet nicht, dass jeder getäuscht werden muss! Wir können in Jesus sicher bewahrt werden. Der Herr kann uns an einen weiten Ort bringen, wo wir fest verwurzelt und sicher sein können, und genau aus diesem Grund sagt uns die Bibel oft: „Lass dich nicht täuschen."[4]

Geliebte, lasst uns lernen, in Demut und Dankbarkeit zu wandeln und den Frieden Christi in unseren Herzen herrschen zu lassen (vgl. Kol 3,15). Lasst uns in verbindlichen Beziehungen leben. Lasst uns das Wort Gottes ehren. Lasst uns die Wahrheit erkennen, denn die Wahrheit wird uns frei machen! (vgl. Joh 8,31-32).

---

[3] Übers.: Lass dich von niemandem täuschen

[4] Michael Brown, *Let No One Deceive You* (Shippensburg, PA: Destiny Image, 1997), 61.

Strecke dich nach dem Höheren aus

Paulus schrieb: „*Und das ist meine Bitte an Gott: dass er eure Liebe, verbunden mit der rechten Erkenntnis und dem nötigen Einfühlungsvermögen, immer größer werden lässt*" (Phil 1,9). Der ehrwürdigste Gebrauch unserer geistlichen Unterscheidungsgabe ist, ihr zu erlauben, die Liebe anzuzünden, die Gott in unsere Herzen ausgießt. Dann werden wir in einem Geist wandeln, welcher der Selbstverherrlichung und dem Stolz entgegensteht.

Gott gibt uns die Gnade, in seiner Liebe zu leben: „*Denn [in Christus] ist Gottes Gnade sichtbar geworden – die Gnade, die allen Menschen Rettung bringt. Sie erzieht uns dazu, uns von aller Gottlosigkeit und von den Begierden dieser Welt abzuwenden und, solange wir noch hier auf der Erde sind, verantwortungsbewusst zu handeln, uns nach Gottes Willen zu richten und so zu leben, dass Gott geehrt wird*" (Tit 2,11-12). Du kannst deinen Platz in dieser Gnade wiederfinden, wenn du von ihr abgekommen bist, aber nur, wenn du deinen Anspruch aufgibst, allein zu wissen, was richtig ist. „*Dabei ist es doch Christus, in dem die ganze Fülle von Gottes Wesen in leiblicher Gestalt wohnt. Und ihr habt an dieser Fülle teil, weil ihr mit Christus verbunden seid – mit ihm, der das Oberhaupt aller Mächte und Gewalten ist*" (Kol 2,9-10).

Ich möchte ein Mensch sein, der durch Gnade gut anfängt und auch durch Gnade in wahrer Liebe, Erkenntnis und Unterscheidungsvermögen gut endet. Du nicht auch?

Gebet eines Herzens, das unterscheiden kann

Gnädiger Vater, ich bete im mächtigen Namen Jesu und danke dir für das Licht deines Wortes. Ich gestehe meine völlige Abhängigkeit von dir ein. Beleuchte mich mit deinem Licht. Wenn es in meinem Leben irgendeine Form der Täuschung gibt, bitte ich deinen Geist, Überführung, Offenbarung, Unterscheidung und Freiheit zu bewirken. Hilf mir, dass ich gut aufnehmen kann, was du sagst, und dass ich deine Gnade an meine Familie und Freunde weitergebe.

Ich sage mich von jeglichen Verbindungen mit jeder Form der Dunkelheit los und bringe mich mit deinen Wegen in Einklang. Schütze mich vor weiterer Täuschung. Hilf mir, die verführerischen Lügen des Feindes zu durchschauen und gewähre mir Weisheit in der Anwendung deiner Wahrheit. Ich bitte dich, dass du über alles hinaus, was ich jemals erbitten oder mir vorstellen könnte, an mir wirkst, und dass du alles in meinem Leben zum Guten wendest.

Mit einem Herzen voller Anbetung verherrliche ich deinen großen Namen. Ich freue mich über deine wunderbare, vollständige Erlösung. Amen.

Kapitel 9

Dämonische Einflüsse entlarven: Die Gefangenen freisetzen

Er [Jesus] stand auf, um [aus der Schrift] vorzulesen, und man reichte ihm die Buchrolle des Propheten Jesaja. Er rollte sie auf und las die Stelle, an der es heißt: „Der Geist des Herrn ruht auf mir, denn der Herr hat mich gesalbt. Er hat mich gesandt mit dem Auftrag, den Armen gute Botschaft zu bringen, den Gefangenen zu verkünden, dass sie frei sein sollen, und den Blinden, dass sie sehen werden, den Unterdrückten die Freiheit zu bringen, und ein Jahr der Gnade des Herrn auszurufen." Jesus rollte die Buchrolle zusammen, gab sie dem Synagogendiener zurück und setzte sich. Alle in der Synagoge sahen ihn gespannt an.

Lukas 4,16-20

Es war keine Überraschung, als Jesus am Sabbat in der Synagoge seiner Heimatstadt aufstand, um den obige Abschnitt des Propheten Jesaja zu lesen – aber niemand hatte erwartet, dass er es persönlich machen würde: *„Der Geist des Herrn ruht auf mir..."*

Jesaja hatte über einen Messias prophezeit, der in ferner Zukunft kommen sollte. Nun stand Jesus hier, und im Grunde verkündete er der sprachlosen Gemeinde: „Ich bin dieser Messias." Falls die Leute es noch nicht ganz verstanden haben sollten, fügte er hinzu: *„Heute ist diese Schrift vor euren Ohren erfüllt"* (Lk 4,21 ELB).

Mit Jesajas Worten machte er seine messianische Aufgabenbeschreibung öffentlich. Die Leute der Stadt haben sich wohl gefragt, wovon er sprach. Was meinte er damit, dass die Gefangenen frei sein sollen, die Blinden sehen werden und die Unterdrückten Freiheit erfahren sollen? Welche Art Knechtschaft wollte er zerbrechen? Dass *„die Blinden sehen werden"* klang nach mehr als nur körperlicher Heilung für blinde Leute. War das auch eine Art politische Aussage? Und außerdem, war dieser Kerl nicht einfach nur Jesus, der Sohn Josefs, des Zimmermanns vor Ort?

Für die Menschen ergab das alles keinen Sinn.

Geistliche Unterscheidung und Befreiung

Heute können wir uns besser vorstellen, was Jesus meinte, weil die meisten von uns die Freiheit von der Knechtschaft, von der er sprach, erlebt haben. Wir haben erkannt, dass wir einst Sklaven der Sünde und Satans waren, aber jetzt von emotionaler, mentaler und geistlicher Unterdrückung freigesetzt sind. Indem wir Jesu Erlösungsangebot angenommen haben, sind wir von der Bürde unseres unerretteten, gefangenen Zustandes befreit worden.

Allerdings scheinen wir auf einen endlosen Strom von Hindernissen zu stoßen, der dem entgegensteht, dass wir in völliger persönlicher Freiheit wandeln können. Wir brauchen Jesu fortwährenden Dienst der Freiheit in diesem *„Jahr der Gnade des Herrn",* wie Jesaja es ausdrückt. Die Prophezeiung verkündet den Gefangenen die Freilassung und den Blinden die Wiederherstellung ihres Sehvermögens, doch allzu oft tasten wir wie Blinde umher, während wir versuchen, den Weg der Erlösung zu gehen. Wir brauchen neue Augen der Erkenntnis und Unterscheidung, um die Art und den Grad unserer vergangenen Knechtschaft und deren anhaltende Auswirkungen überhaupt erkennen zu können.

Darüber hinaus können wir nur mit gottgegebener Wahrnehmungsfähigkeit die guten und bösen Einflüsse, die uns umgeben, voneinander unterscheiden. Wir stoßen öfter auf das, was ich „dämonische Einflüsse" nenne, als auf identifizierbare Dämonen, die bestimmte Aufträge gegen uns haben. Wenn zum Beispiel jemand sagt: „Es gibt einen zornigen Geist in der Nation", bezieht er sich auf einen überall vorhandenen zornigen Einfluss, der nicht mit einem einfachen Gebet um Befreiung ausgetrieben werden kann. Ein zorniger Geist manifestiert sich in den dämonisch beeinflussten Worten und Taten der Menschen. Dieser Einfluss ist eine geistliche Kraft, die den Weg der Liebe Gottes verdreht, verdirbt und verschmutzt. Er ist wie ein Spinnennetz, in dem die Menschen gefangen sind. In dieser Gefangenschaft winden sie sich, und ihr Handeln ist stark davon beeinflusst.

Wir Christen können oft nicht erkennen, was wirklich vor sich geht. Wir verteilen auf menschlicher Ebene die Schuld nach rechts und links, ohne die dämonischen Einflüsse um uns herum aufzudecken. Vielleicht sind wir ja selbst Teil des Problems. Doch da der Geist Jesu Christi in uns lebt, haben wir sowohl eine Verantwortung, dämonische Einflüsse anzusprechen, als auch die Fähigkeit, dies zu tun. Jesus will auch heute noch Gefangene befreien, genau dort, wo du wohnst.

Ich erinnere mich an etwas, das Mike Bickle vor Jahren sagte, als er und ich zusammen in Kansas City dienten. Schon damals war er ein Leiter. Er war ein Fürbitter und Erweckungsprediger, ein starker Lehrer des Wortes, ein Mann mit hohen Standards. Aber er fasste seinen Lebensinhalt zusammen, ohne sich auf diese Weise zu definieren. Er sagte, dass Gott ihn berufen habe, „ein Anbeter Gottes und ein Befreier von Menschen zu sein, in dieser Reihenfolge“. Er war zuerst ein Anbeter Gottes und dann ein Befreier von Menschen. So möchte ich auch sein. Und auch du bist dazu eingeladen.

„Ein Anbeter Gottes und ein Befreier von Menschen“ – wir können das eine nicht ohne das andere haben, und beide Aspekte sollen voll in uns aktiviert werden. Während wir Gott anbeten und uns ihm hingeben, begegnet er uns mit Freiheit. Wenn wir den Heiligen Geist bitten, sein Licht auf die Hindernisse zu werfen, die uns davon abhalten, seine Offenbarung zu empfangen, zu verstehen und danach zu handeln, dann erhört er unsere Gebete und setzt uns frei. Und wenn wir dann im neuen Geist der Freiheit leben, sind wir auch in der Lage, das weiterzugeben, was wir empfangen haben.

Wir sollen Anbeter Gottes und Befreier von Menschen sein.

Dämonische Einflüsse unterscheiden

Betrachten wir nun einige der wichtigsten dämonischen Einflüsse, die heute in der Welt wirken, und wie man ihnen entgegensteuern kann.

Der religiöse Geist

Eines der größten Hindernisse, denen du auf deinem christlichen Weg begegnen wirst, ist „der religiöse Geist". Es wurden ganze Bücher über die unterschiedlichen Verhaltensmuster geschrieben, die den religiösen Geist kennzeichnen, und ich werde sie hier nur streifen können.

Rick Joyner, Gründer von *Morning Star Ministries*, definiert einen religiösen Geist als „einen Dämon, der die Kraft des Heiligen Geistes in unserem Leben durch religiöse Aktivitäten ersetzen möchte."[1] Religiöse Geister versuchen, den freien Fluss des Heiligen Geistes im Leben der Gläubigen zu stören. Sie können schwer zu erkennen sein, gerade weil sie religiös sind; sie sind fromm, ja sogar übergeistlich. Ihr Einfluss kann das Leben und die Gemeinde eines Menschen durchdringen, wie Hefe einen Teigklumpen durchdringt. Deshalb sagte Jesus: *„Hütet euch vor dem Sauerteig der Pharisäer und Sadduzäer"* (Mt 16,6).

In neutestamentlicher Zeit waren die Pharisäer und Sadduzäer die professionellen religiösen Eiferer. Die Pharisäer waren die Wachhunde religiöser Reinheit. Sie bestraften jeden jüdischen Menschen, der auch nur im Geringsten dagegen verstieß und propagierten die perfektionistische Ausführung ihrer strengen Interpretation der Bestimmungen des mosaischen Gesetzes. Die Pharisäer und Sadduzäer waren sich in den Details dessen, was wahre Religion ausmachte, nicht einig, und sie konkurrierten eifrig miteinander. *„Den Schein der Frömmigkeit wahren sie, verleugnen aber deren Kraft"* (2 Tim 3,5 REÜ).

Generell fördert der religiöse Geist einen auf Werken basierenden oder leistungsorientierten Lebensstil. Die Hauptbotschaft lautet: „Du bist nicht gut genug, gib dir mehr Mühe!" Obwohl das Kreuz Jesu die leistungsorientierte Religion zur Vergangenheit gemacht hat,

[1] Rick Joyner, *Overcoming Evil in the Last Days* (Shippensburg, PA: Destiny Image, 2003), 130.

hält der religiöse Geist sie gerne am Leben, damit die Menschen sich unter einer dreifachen Last aus Schuld, Angst und Stolz abrackern müssen. Jeder Mensch auf Erden sucht zu Recht nach einem Gefühl der Annahme, aber der religiöse Geist hält die endgültige Annahme – nämlich die durch Gott – gerade so eben außerhalb der Reichweite.

Der religiöse Geist ist heute im Leib Christi aktiv; leider sind viele Gemeinden und Dienste davon geprägt. In einem solchen Umfeld besteht Nachfolge darin, eine Liste von Geboten und Verboten zu meistern, oft zusammen mit einem ungesunden, sich gegenseitigen Übertrumpfen: Wie viele Bücher der Bibel hast du gelesen? Hast du dir mehr Verse gemerkt als der durchschnittliche Mensch? Liest du die „richtige" Bibelversion? Wurdest du richtig getauft? Wie reich ist dein Gebetsleben? Fastest du regelmäßig? Gibst du den Zehnten? Und so weiter.

Das bedeutet natürlich nicht, dass die meisten dieser Aktivitäten keine gute Sache wären; das sind sie. Es ist der *Geist* hinter der Gesinnung und den Forderungen, der verdreht ist. Du und ich, wir müssen uns nicht mit Pluspunkten bei Gott einschleimen. Jesus verteilt keine Noten. Durch seinen Tod und seine Auferstehung hat Jesus Christus unsere Annahme durch den Vater ein für allemal gesichert, wenn wir unseren Glauben auf ihn setzen.

Wenn wir jedoch in einer vom religiösen Geist geprägten Umgebung leben, ist es für uns schwer zu erkennen, dass wir unter einem dämonischen Einfluss stehen. Ich weiß aber, dass Gott uns davon befreien kann (vgl. Phil 1,6). Ich erinnere mich an etwas, das mein ältester Sohn einmal sagte, als er aus Kalifornien zu einem Besuch nach Hause kam. Er war eine Weile von zu Hause weg gewesen. Die Familie saß um den Tisch, wir unterhielten uns und hatten Spaß miteinander. Plötzlich sagte er: „Papa? Ich mag diese Version von viel lieber als die alte. Wann wurdest du von diesem religiösen Geist befreit?"

Der religiöse Geist veranlasst die Menschen, sich unter einer dreifachen Last von Schuld, Angst und Stolz abzurackern.

Wow! Ich hatte nichts bewusst getan; ich wusste nicht einmal, dass ich mich anders verhielt. Aber ich hatte intensiv an einer neuen Ausgießung des Heiligen Geistes teilgenommen. Je mehr ich vom Geist gesättigt wurde, desto mehr fielen offensichtlich meine alten Fesseln ab. Ein Teil meiner Verklemmtheit hatte mit meinem Hintergrund und meiner Erziehung zu tun, und ein Teil rührte von dem her, was mir als erwachsener Gläubiger beigebracht worden war. Aber die mächtige Gegenwart des Heiligen Geistes hatte sich gegenüber dem religiösen Geist durchgesetzt. Ich war definitiv flexibler als vorher und hatte weniger Angst vor Versagen und Ablehnung. Natürlich war ich auch fröhlicher und lustiger, und es machte mehr Spaß, mit mir zusammen zu sein.

Es ist immer einfacher, den religiösen Geist in anderen zu erkennen und sie zu verurteilen, als bei uns selbst. So schnell ich darin auch sein mag, einen religiösen Geist wahrzunehmen, der mir in einer anderen Person begegnet, bin ich doch nicht so schnell, den gleichen Geist zu erkennen, wenn ich in den Spiegel schaue. Der Seher und Prophet Bob Jones lehrte, man könne erkennen, wann eine Person sich übermäßig religiös verhalte, indem man nach fünf verräterischen Einstellungen sucht: Gesetzlichkeit, Kritik, Wortgefechte, Rechthaberei und Richten. Wenden wir diese Maßnahme also auf uns selbst an und ziehen uns den Balken aus dem eigenen Auge, anstatt auf die Splitter in den Augen anderer hinzuweisen (vgl. z. B. Mt 7,4-5).

Um es zu wiederholen: Schuldgefühle, Angst und Stolz sind die Kennzeichen des religiösen Geistes. Ein stolzes Verhalten kaschiert oft die ängstliche und unsichere Seele einer Person, wenn sie versucht, den Anforderungen gerecht zu werden. Doch die Suche nach Sicherheit in sich selbst erhält nur die Angst aufrecht, da eine selbstzentrierte Sicherheit ein wirklich schlechter Ersatz für die gottzentrierte Sicherheit ist.

Viele unsichere Menschen werden zu Perfektionisten. Sie können sich nicht ausruhen; es ist, als wären sie in einem Hamsterrad gefangen. Ich weiß nicht, wie es dir geht, aber ich will mich aus diesem Rattenrennen heraushalten. Ich weiß, Gott möchte, dass ich nach Exzellenz strebe, aber ich weiß auch, dass ich es nicht in meiner eigenen Kraft tun kann. Ich brauche Gottes Gnade, um dort zu leuchten, wo ich schwach bin. Das wird mehr Einfluss auf das Königreich haben, als mein Perfektionismus es je hätte, und es kann auch für andere Menschen zur Befreiung führen. Wie Paulus schrieb: *„Doch der Herr hat zu mir gesagt: „Meine Gnade ist alles, was du brauchst, denn meine Kraft kommt gerade in der Schwachheit zur vollen Auswirkung." Daher will ich nun mit größter Freude und mehr als alles andere meine Schwachheiten rühmen, weil dann die Kraft von Christus in mir wohnt"* (2 Kor 12,9).

Der politische Geist

Der religiöse Geist ist oft mit dem politischen Geist verbunden. Diese Koalition tritt in jedem Zeitalter und in jeder Kultur auf. Wir können es bei den Pharisäern sehen, die sich mit politischen Kräften zusammenschlossen, um ihre Ziele zu erreichen, Jesus zu diskreditieren und zu beseitigen. Schau, was gleich zu Beginn des Dienstes Jesu geschah: *„Die Pharisäer jedoch fassten, sobald sie die Synagoge verlassen hatten, zusammen mit den Anhängern des Herodes den Plan, Jesus zu beseitigen"* (Mk 3,6). Drei Jahre später, als Jesus verhaftet und in Gewahrsam genommen wurde, wurde er zwischen den religiösen und politischen Führern hin und her gereicht.

Jesus verstand, was geschah, aber er widersetzte sich nicht und entschied sich, das Böse scheinbar siegen zu lassen, weil es um Gottes höhere Ziele für die Erlösung der Welt ging. *„Jesus gab ihm* [Herodes] *nicht eine einzige Antwort. Die führenden Priester und die Schriftgelehrten standen dabei und brachten schwere Beschuldigungen gegen ihn vor. Auch Herodes und seine Soldaten hatten für Jesus nur Verachtung übrig. Sie trieben ihren Spott mit ihm ..."* (Lk 23,9-11). Die Jünger Jesu verstanden nicht, was vor sich ging; ihnen erschien die Situation wie eine Katastrophe und sie erkannten nicht, welche dämonischen Kräfte im Spiel waren. Wenn ein politischer Geist das Sagen hat, kann man seine verborgenen Pläne nicht mit den natürlichen Sinnen erkennen. Sie müssen geistlich erkannt werden.

In seinem wegweisenden Buch *The Political Spirit* (dt. „Der politische Geist") gibt Faisal Malick eine der besten Zusammenfassungen, die ich über das Ziel und die Funktionsweise eines solchen dämonischen Wesens gelesen habe:

> Der politische Geist wurde speziell dazu beauftragt, zu verhindern, dass die Regierung des Königreichs Gottes auf der Erde aufgerichtet wird, indem er unaufrichtige Regierungen und korrupte politische Praktiken einführt. Es ist der Geist hinter dem Gerangel um Posten und Positionen, das wir in den irdischen Regierungen und hinter den Spaltungen in der Kirche sehen.[2]

Der politische Geist ist ein unsichtbarer dämonischer Drahtzieher, der Strategien entwickelt, um Gottes Pläne zu durchkreuzen. Um seine korrupten Ziele zu erreichen, geht er Allianzen mit religiösen Geistern und Institutionen ein, die vom Mammon unterstützt werden. Der politische Geist wird immer versuchen, Leiter und Gruppen von Menschen zu bestechen, zu korrumpieren, zu manipulieren und zu dominieren. Er zieht die Menschen in seinen Bann und fordert unter dem Druck von Angst, Scham und Kontrolle, dass sich alle anpassen. Auch hier spielt die Religion eine große Rolle.

Neben den Umständen der Verhaftung und Kreuzigung Jesu sehen wir in der Geschichte zahlreiche Beispiele für die Koalition zwischen politischem Geist und religiösem Geist: die Kreuzzüge zum Beispiel oder die vielen Religionskriege und Scharmützel, die im Laufe der Jahrhunderte geführt wurden. Ohne große Schwierigkeiten können wir heute die gleichen Einflüsse auf vielen Konfliktebenen erkennen, von Kriegen der politischen Rhetorik bis hin zu terroristischen Aktivitäten.

Gerade in diesen Zeiten der „sozialen Medien“ müssen wir wachsam für den Einfluss des politischen Geistes um uns herum sein. Wir müssen fleißig daran arbeiten, unseren Fokus auf Gott zu richten und nicht auf die beunruhigenden und spaltenden aktuellen Themen, die sich um uns herum entwickeln, damit wir nicht auf sie reagieren, indem wir uns dem schädlichen Gefecht anschließen, anstatt Teil der Lösung zu sein. Wir sollten zwar unserer bürgerlichen Verantwortung nachkommen und einen klaren Kopf behalten, wenn wir an Wahlen teilnehmen oder uns politisch betätigen, doch ist es das Beste, zu beten und in Fürbitte zu gehen, um die Macht des dämonischen politischen Geistes zu brechen, der zu Spaltungen,

[2] Faisal Malick, *The Political Spirit* (Shippensburg, PA: Destiny Image, 2008), 13.

Feindseligkeit und Streit führt. *„Denn unser Kampf richtet sich nicht gegen [Wesen von] Fleisch und Blut, sondern gegen die Mächte und Gewalten der Finsternis, die über die Erde herrschen, gegen das Heer der Geister in der unsichtbaren Welt, die hinter allem Bösen stehen"* (Eph 6,12).

Der Geist der Furcht und der Einschüchterung

Ein weiteres dämonisches Hindernis fällt unter die Kategorie Angst und Einschüchterung. Es ist das direkte Gegenteil des Geistes, den Gott uns gibt: *„Denn Gott hat uns nicht gegeben den Geist der Furcht, sondern der Kraft und der Liebe und der Besonnenheit"* (2 Tim 1,7 LUT).

Angst ist eine dämonische Spezialität. Mit Furcht und Einschüchterung hält Satan Menschen gefangen und kontrolliert sie unter Androhung von schrecklichen Folgen. Zum Beispiel kann der Geist der Furcht und Einschüchterung einen Pastor bedrohen und sagen: „Pass nur auf! Wenn du über die Wahrheit sprichst, wird dir das Predigen verboten. Du wirst exkommuniziert werden." Er beeinflusst die Menschen dazu, sich auf einem sicheren, aber niedrigen Level zu bewegen und der Meinung der Menge zu folgen. Manchmal lockt er Menschen in sexuelle oder finanzielle Sünden, um sie als Versager zu brandmarken und sie mit Scham und Schuld zu erfüllen.

Der Geist der Furcht und Einschüchterung arbeitet eng mit dem religiösen Geist und dem politischen Geist zusammen. Gemeinsam würdigen diese bösen Geister die Menschen herab und beschäftigen sie mit ihren eigenen Unzulänglichkeiten, damit sie sich nicht auf die Liebe Gottes, die Befähigung des Heiligen Geistes und das, was Jesus für sie am Kreuz getan hat, konzentrieren.

Teuflische Kräfte treiben dich mit wütenden Peitschen an – wohingegen Jesus, der gute Hirte, dich *führt*. Jesus behält seine Aggressionen den dämonischen Feinden vor, die er um unseretwillen bekämpft. Mit Gott an unserer Seite werden wir die Sieger sein, so wie die Männer Israels unter Josua:

> *Und es geschah, als sie diese Könige zu Josua herausgebracht hatten, da rief Josua alle Männer von Israel zusammen und sagte zu den Anführern der Kriegsleute, die mit ihm zogen: Tretet heran,*

setzt eure Füße auf die Nacken dieser Könige! Da traten sie heran und setzten ihre Füße auf ihre Nacken. Und Josua sagte zu ihnen: Fürchtet euch nicht und erschreckt nicht, seid stark und mutig! Denn genauso wird der HERR mit allen euren Feinden verfahren, gegen die ihr kämpft (Jos 10,24-25).

Böse Geister beschäftigen die Menschen mit ihren Unzulänglichkeiten, damit sie sich nicht auf die Liebe Gottes, die Befähigung des Heiligen Geistes und das, was Jesus für sie am Kreuz getan hat, konzentrieren.

Angst lähmt, aber der Glaube wird dich zum Sieg und zur Freiheit vorantreiben. Dieser Sieg ist von Dauer. Meine verstorbene Frau hat es bewiesen. Sie war immer ein wunderbarer Mensch, allerdings hatte sie sich früher gescheut zu sprechen und die Initiative zu ergreifen. Dann machte sie eine kraftvolle Erfahrung, die sie in eine lange Zeit der Intimität mit Gott führte. Dabei wurde sie von Geistern der Furcht und Ablehnung und der Menschengefälligkeit befreit.

Sie blühte auf und wurde die Person, die sie in Wirklichkeit war. Anstatt für alles nach Zustimmung zu suchen, begann sie mutig, eine Baseballmütze mit dem Schirm nach hinten zu tragen, auf der die Worte „No More Fear“ standen. Auf der Unterseite des Schirms stand: „Lass deine Ängste deinen Träumen nicht im Weg stehen.“

Der Geist des Antichristen

Der Geist des Antichristen ist in der Tat heute in der Welt aktiv und nimmt Einfluss, während wir uns auf den letzten Tag des Herrn zubewegen:

Kinder, es ist die letzte Stunde! Und wie ihr gehört habt, dass der Antichrist kommt, sind jetzt viele Widersacher Christi aufgetreten; daran erkennen wir, dass es die letzte Stunde ist. Sie sind von uns ausgegangen, aber sie waren nicht von uns. Denn wenn sie von uns gewesen wären, so wären sie ja bei uns geblieben; aber es sollte offenbar werden, dass sie nicht alle von uns sind (1 Joh 2,18-19).

Lass dich nicht durch den Namen dieses speziellen dämonischen Hindernisses verwirren. Der „Geist des Antichristen" bezieht sich kollektiv auf alle bösen Geister, die sich Christus widersetzen, indem sie versuchen, ihn zu ersetzen. Diese Geister weigern sich, die Tatsache anzuerkennen, dass Jesus der Gesalbte Gottes ist, und leisten falschen Salbungen Vorschub, damit Menschen sich als etwas Besseres sehen und die Anbetung und Hingabe von Jesus Christus weg auf sich lenken.

Der Geist des Antichristen wirkt parallel zu den anderen dämonischen Einflüssen und versucht, das Reich Gottes zu schwächen. Aber es gibt einen einfachen biblischen Test, der uns hilft, den Geist des Antichristen zu entlarven:

> *An Folgendem könnt ihr erkennen, ob jemand sich zu Recht auf Gottes Geist beruft: Wer sich zu Jesus Christus als zu dem bekennt, der ein Mensch von Fleisch und Blut geworden ist, hat den Geist, der von Gott kommt. Wer sich nicht zu Jesus bekennt, hat nicht den Geist, der von Gott kommt. Aus ihm spricht vielmehr der Geist des Antichrists. Ihr habt ja gehört, dass dieser [Lügengeist] in die Welt kommen wird, und inzwischen ist er bereits da* (1 Joh 4,2-3).

Die falsche Salbung des Geistes des Antichristen will die Leute überzeugen und überreden, um sie zu täuschen. Eine solche Lüge wurde bisher fast noch nie öffentlich aufgedeckt. Es geschah jedoch im Falle der *Worldwide Church of God of California*[3]. Unter der Herrschaft des Gründers Herbert W. Armstrong verbreitete dieser Kult seinen Einfluss und löste im zwanzigsten Jahrhundert jahrzehntelang Kontroversen aus. Reißerische Ankündigungen und abwegige Lehren ersetzten eine solide Jüngerschaft. Aber als Armstrong 1986 starb, überraschte sein nominierter Nachfolger, Joseph W. Tkach, alle damit, dass er eine revolutionäre Umkehrung der Lehre anstieß, die schließlich zur Aufnahme der Denomination in die *National Association of Evangelical*[4] führte. Viele ihrer Immobilienbestände, die einen beachtlichen Wert hatten, wurden verkauft, darunter das

---

[3] Übers.: Weltweite Kirche Gottes von Kalifornien
[4] Übers.: Nationale Vereinigung der Evangelikalen

Ambassador Auditorium in Pasadena, das sich heute im Besitz der *HRock Church* befindet, die von meinem Freund Ché Ahn und seinem Sohn Gabe Ahn geleitet wird.

Ebenso müssen wir als Menschen mit Gottes Unterscheidungsfähigkeit, die die Dinge Gottes mit Leidenschaft verfolgen, wachsam für unbiblische Behauptungen und falsche Salbungen sein und alles immer wieder anhand des Wortes Gottes und der Herrschaft Jesu überprüfen.

Strecke dich nach dem Höheren aus

Die Fähigkeit, trügerische dämonische Einflüsse zu erkennen, ist nur der Anfang. Was tust du aber mit dem, was du erkannt hast? Solltest du die Dinge öffentlich machen? Und wie kannst du selbst der Anziehungskraft des Bösen widerstehen und gleichzeitig dazu beitragen, andere vor der Täuschung zu bewahren? In die andere Richtung rennen?

In seinem Buch *Geistlicher Kampf auf drei Ebenen* unterteilt Francis Frangipane die geistliche Kampfführung in drei Hauptfronten: deinen eigenen Verstand, die Gemeinde und die Himmelswelt. Erst wenn du einen dämonischen Einfluss in deinem eigenen Leben erkannt und in der Macht Jesu Christi besiegt hast, kannst du zum nächsten Schlachtfeld oder Autoritätsbereich vordringen: deine Ortsgemeinde und vielleicht einen größeren Bereich des Leibes Christi. Schließlich magst du dir genügend Autorität erwerben, um weltweit effektiv deinen Teil des Kampfes an der Front zu führen.

Frangipane schreibt über das, was es bedeutet, „dem Lamm gerne zu folgen, wohin es auch geht“[5], etwas, das unweigerlich darauf hinweist, dass man sich in einem den dämonischen Wesenheiten entgegengesetzten Geist bewegen soll. Er schreibt auch:

> Der Geist des Antichristen ist ein Weltbeherrscher (Eph 6,12). Man kann ihn nicht einfach wie irgendeinen Dämon austreiben. Die Christen vor Ort, deren Gedanken von der Ermutigung und Liebe Christi erfüllt sind, können den endgültigen Sieg über diese

---

[5] Francis Frangipane, *Geistlicher Kampf auf drei Ebenen,* Asaph 1999, 54.

„Gewalten" erringen, indem sie sie zurückdrängen. Wenn wir zum genauen Gegenteil des Antichrists werden, können wir sehen, wie der Leib Christi geheilt und der Geist des Antichrists unter unseren Füßen zertreten wird.[6]

Du kannst in diesem „entgegengesetzten Geist" wandeln, um alle dämonischen Einflüsse zu bekämpfen, einschließlich des religiösen Geistes, des politischen Geistes, des Geistes der Furcht und Einschüchterung und des Geistes des Antichristen. Manchmal ist es jedoch schwer, nicht ins Stolpern zu geraten. Um fortwährend im entgegengesetzten Geist zu wandeln, brauchst du möglicherweise verschiedene Arten der Unterstützung (einschließlich der konkreten Befreiung vom Einfluss bestimmter böser Geister) sowie biblische Seelsorge. Da der Wandel im entgegengesetzten Geist auch bedeutet, eng mit dem Geist Jesu unterwegs zu sein, kannst du dich darauf verlassen, dass er dir den Weg zeigt. Während du auf diesem Weg voranschreitest, werden die dämonischen Geister dieser Welt immer weniger mit dir gemeinsam haben, so sehr, dass du schließlich wie Jesus sagen kannst: *„... der Fürst der Welt kommt; und in mir hat er gar nichts"* (Joh 14,30).

Möge der Heilige Geist jedem von uns Licht schenken. Mögen wir nicht richtend den Finger ausstrecken und sagen: „Oh, dieser dämonische Geist wirkt in unserer Gemeindeleitung" oder: „Ich sehe einen territorialen Geist über unserer Stadt", bis wir den Heiligen Geist in unserem eigenen Leben das Haus haben reinigen lassen, damit wir eine klare geistliche Unterscheidung ausüben können. Möge der Geist uns in ein so tiefes Verständnis der Wege Gottes bringen, dass wir mit dem religiösen Geist, dem politischen Geist, dem Geist der Furcht und Einschüchterung und dem Geist des Antichristen nichts mehr gemeinsam haben. Der Herr selbst ist unsere Zuflucht vor allen diesen dämonischen Einflüssen:

Denn der HERR ist deine Zuversicht, der Höchste ist deine Zuflucht. Es wird dir kein Übel begegnen, und keine Plage wird sich deinem Hause nahen ... „Er liebt mich, darum will ich ihn erretten; er kennt meinen Namen, darum will ich ihn schützen.

[6] Ebd., 101/102.

Er ruft mich an, darum will ich ihn erhören; ich bin bei ihm in der Not, ich will ihn herausreißen und zu Ehren bringen" (Ps 91,9-10.14-15 LUT).

Gebet eines Herzens, das unterscheiden kann

Himmlischer Vater, im Namen Jesu bete ich dich an und setze dich durch meinen Lobpreis auf den Thron meines Herzens. Gemäß deinem Wort kam Jesus, um die Gefangenen zu befreien und „das Jahr der Gnade des Herrn" auszurufen. Als Botschafter Christi glaube ich, dass der Heilige Geist mich gesalbt hat, um ein Anbeter Gottes und ein Befreier von Menschen zu sein. Noch einmal gebe ich mich dir hin, mit allem, was ich bin und was ich zu sein hoffe. Salbe mich mit einem höheren Maß an Unterscheidungsfähigkeit, damit ich die Motivation des Geistes hinter einer Aktivität erkennen kann. Durch die Gnade Gottes glaube ich, dass deine Offenbarungsweisen in meinem Leben zunehmen. Um deines Königreichs willen. Amen.

Kapitel 10

Sich von Satans Fallen fernhalten: Weisheit zur Vermeidung häufiger Fallstricke

Denn solche sind falsche Apostel, betrügerische Arbeiter, die sich als Apostel des Christus verkleiden. Und das ist nicht verwunderlich, denn der Satan selbst verkleidet sich als ein Engel des Lichts. Es ist also nichts Besonderes, wenn auch seine Diener sich verkleiden als Diener der Gerechtigkeit; aber ihr Ende wird ihren Werken entsprechend sein.

2. Korinther 11,13-15 (SLT)

Meine verstorbene Frau Michal Ann diente einmal bei einer Frauenkonferenz in Frankreich. Um einen wichtigen Punkt deutlich zu machen, bat sie die Frauen, am nächsten Morgen *ohne* Make-up zu kommen. Dies war in Frankreich eine besonders gewichtige Übung, einem Land voll schöner Frauen, die ihre Kosmetik lieben. Michal Ann wollte, dass sie die Tatsache begreifen, dass jede von ihnen schön ist für Jesus, ihren Geliebten, unabhängig von ihrer äußeren Erscheinung.

Es funktionierte. Der einfache Akt, ungeschminkt zum öffentlichen Gottesdienst und in der Gemeinschaft zu erscheinen, war für eine ganze Reihe von Frauen wie eine Befreiung. Als sie wieder nach Hause gingen, fühlten sie sich geliebt und befreit. Die meisten von ihnen trugen am nächsten Tag wieder ihr Make-up, aber in ihrem Inneren waren sie für immer verändert. Sie hatten entdeckt, dass sie auch ohne die „Schönheitsmasken", die sie normalerweise trugen, für Gott völlig ansehnlich und sogar begehrenswert waren.

Ich bin keine Frau, aber ich kann mir vorstellen, dass diese Frauen sich nach diesem Tag sauberer und authentischer gefühlt haben. Mit einer einfachen Handlung hatten sie sich selbst neu definiert und waren aus einer der üblichen Fallen geklettert, die Satan dem Volk Gottes stellt und die sich alle auf die falschen Fassaden zu beziehen scheinen, welche unser menschlicher Stolz aufgerichtet hat.

Häufige satanische Fallstricke

Wie wir wissen, hat Satan in Konkurrenz zum Reich Gottes sein eigenes böses geistliches Königreich errichtet. Er regiert über gefallene Engel und dämonische Geister und stiftet sie an zu versuchen, in unseren Gedanken und Herzen Fuß zu fassen. Hier sind einige häufige satanische Fallstricke, die wir erkennen und vermeiden müssen:

Verkleidungen und Maskenpartys

In dem Abschnitt aus dem 2. Korintherbrief am Anfang dieses Kapitels wird das Wort *verkleiden* dreimal auf verschiedene Weise verwendet. Andere Übersetzungen verwenden den Begriff *„Maskerade"* oder ähnliche Begriffe. Darüber hinaus benutzte Paulus die Worte *„falsch"* und *„betrügerisch"*. Ich glaube, er wollte uns damit etwas klar zu machen. Er warnte uns vor solchen Menschen in der Gemeinde, die Ansehen erlangen wollen und behaupten, gesalbter und aufrichtiger zu sein, als sie wirklich sind, die sich als Männer und Frauen der Stärke und Integrität ausgeben, aber nichts davon sind, wenn man einmal an ihrer Oberfläche kratzt.

Falschheit und Täuschung sind Teil des gefallenen menschlichen Zustandes. Jahrhunderte vor Paulus' Zeit sprach Gott das gleiche Thema durch den Propheten Jesaja an:

> *Und der Herr hat gesprochen: Weil dieses Volk mit seinem Mund sich naht und mit seinen Lippen mich ehrt, aber sein Herz fern von mir hält und ihre Furcht vor mir nur angelerntes Menschengebot*

ist; darum, siehe, will ich weiterhin wunderbar mit diesem Volk handeln, wunderbar und wundersam. Und die Weisheit seiner Weisen wird verloren gehen und der Verstand seiner Verständigen sich verbergen. Wehe denen, die ihren Plan tief verbergen vor dem HERRN und deren Werke im Finstern geschehen, und die sagen: Wer sieht uns, und wer erkennt uns? (Jes 29,13-15).

Gläubige, die hinter einer falschen Fassade zu leben beginnen, verlieren bald ihre Unterscheidungsfähigkeit. Es geschieht mit der Verschiebung ihrer Grenzen zwischen Wahrheit und Irrtum. Sobald jemand sieht, dass es ihm gelungen ist, andere zu täuschen – und es fühlt sich das erste Mal oft so gut an –, beginnen sich die Grenzen ihres Gewissens zu verschieben. Wahrheit wird zu einer relativen Sache. Sie erdenken sich einen Weg zu noch mehr Täuschung, ohne zu erkennen, was sie tun.

Gott ist Licht und die Quelle des Lichts – und Satan tarnt sich als Engel des Lichts. Satan ist der Ur-Nachahmer. Er präsentiert eine gefälschte und verzerrte Version von Gottes Wahrheit und versucht uns, dasselbe zu tun. Der Feind täuscht hohe Motive vor, während er gleichzeitig schlechte Manieren an den Tag legt. Kurz gesagt, er veranstaltet eine große Maskenparty.

Heuchelei scheint belohnt zu werden – mit Verehrung durch andere Menschen, Positionen und Macht. Aber sobald jemand eine Verkleidung anlegt und vorgibt, jemand anderes zu sein, fasst der Stolz Fuß und wird sogar zu Arroganz oder Hybris. Es mag für andere Menschen nicht immer deutlich sein. Möglicherweise, weil so viele von uns zwei Gesichter haben, erscheint es uns normal; wir denken uns nichts dabei, wenn jemand in der Öffentlichkeit anders als im Privaten handelt. Wir akzeptieren die Heuchelei in uns selbst und in anderen.

Gläubige, die hinter einer falschen Fassade zu leben beginnen, verlieren bald ihre Unterscheidungsfähigkeit. Es geschieht mit der Verschiebung ihrer Grenzen zwischen Wahrheit und Irrtum.

Das Wort *Heuchler* kommt aus dem Griechischen und bedeutet „Schauspieler“, aber unser Leben in Christus soll in keiner Weise eine Aufführung sein. Stattdessen ist es ein Leben, in dem wir unsere Masken abnehmen und uns liebevoll und demütig verhalten.

Der einzige Weg, wie wir Gutes von Bösem und Licht von Dunkel unterscheiden können, ist, unser Rollenspiel abzulegen und mit der echten Wahrheit und Lichtquelle so sehr im Einklang zu sein, dass wir als Folge davon sehen, hören, fühlen, schmecken, riechen und den Unterschied erkennen zu können. Gottes Licht deckt die Dunkelheit auf. Wenn wir in einer engen Beziehung mit dem Heiligen Geist leben, hilft er uns, Verkleidungen in uns selbst und anderen aufzuspüren, und zeigt uns, wie wir davon befreit werden können. Er wird uns befähigen, das wahre Licht von der falschen Version zu unterscheiden.

Der Geist des Leviatan (Stolz)

Wir haben in diesem Buch bereits in mehreren Zusammenhängen über Stolz gesprochen, aber betrachten wir ihn noch aus einer weiteren Perspektive. Die *„gewundene Schlange“* Leviatan (Jes 27,1) ist gekommen, um den widerlichen Stolz des Feindes darzustellen. Bei Leviatan geht es um verdrehte Kommunikation. Der Geist des Leviatan arbeitet mit dem politischen Geist, dem religiösen Geist, dem antichristlichen Geist und anderen Geistern zusammen, um die Wahrheit zu verdrehen und sie für leicht beeinflussbare Heilige schmackhaft zu machen. Stolz kann auch die Kommunikation stören, indem er die Zuhörer daran hindert zu verstehen, was jemand zu sagen versucht. Darüber hinaus löst Stolz ein Gekränkt-Sein aus und erzeugt Angst und Überreaktion. Der stolze Leviatan ist in der Tat ein gewaltiger Gegner:

> *Ziehst du den Leviatan mit der Angel herbei, fasst du seine Zunge mit dem Seil? Ziehst du ihm einen Ring durch die Nase, bohrst einen Haken durch seine Kiefer? Wird er dich lang um Gnade bitten und freundlich reden mit dir? Wird er einen Bund mit dir schließen, dass er für immer dein Sklave wird? Spielst du mit ihm wie mit einem Vogel und bindest ihn für deine Mädchen an? Feilschen die Jagdgenossen um ihn, verteilen sie ihn unter die Händler? Spickst du seine Haut mit Spießen, mit Harpunen seinen Kopf? Leg nur deine Hand an ihn und denk an den Kampf!*

Du tust es sicher nicht wieder. Die Hoffnung, ihn zu fangen, wird immer enttäuscht. Schon sein Anblick bringt dich zu Fall. Niemand ist so tollkühn, dass er ihn weckt! Und wer ist es, der vor mir bestehen kann? (Hiob 41,1-10 NeÜ).

An dem Tag wird Jahwe durch sein hartes, großes, starkes Schwert abrechnen mit dem Leviatan, der flüchtigen gewundenen Schlange, dem Ungeheuer im Meer (Jes 27,1 NeÜ).

Die genaue Lehre über den Leviatan ist auf der Rückseite des Arbeitsbuches zu dem Buch *Leviathan Exposed*[1] von meinem Freund und stellvertretenden Leiter der *XP-Ministries*, Robert Hotchkin, zusammengefasst:

> Leviatan ist ein hochrangiger dämonischer Geist, der subtil hinter den Kulissen arbeitet, um die Kommunikation zu verdrehen und zu pervertieren, mit dem Ziel, Beziehungen und Verbindungen zu zerstören. Er will deine Bestimmung zum Scheitern bringen und jeden Bereich deines Lebens infiltrieren, indem er Chaos, Verwirrung, Verwüstung und Zerstörung schafft.[2]

Wie die Schrift uns sagt, kommt Stolz immer vor dem Fall: *„Vor dem Verderben kommt Stolz, und Hochmut vor dem Fall"* (Spr 16,18). Doch manchmal scheint es lange zu dauern, bis es zum Fall kommt. Wie tötet der Herr den Drachen namens Stolz in uns? Der beste Weg ist, in diesem Prozess mit ihm zusammenzuarbeiten und ihm zu erlauben, unsere Herzen zu durchsuchen, damit ein Fall verhindert werden kann und wir einen klaren Geist vor ihm zurückgewinnen (vgl. Ps 139,23-24).

Lasst uns mit Gott zusammenarbeiten,
um den Drachen namens Stolz in uns zu töten,
indem wir ihm erlauben, unsere Herzen zu durchsuchen,
sodass wir einen klaren Geist vor ihm zurückgewinnen.

---

[1] Übers.: Den Leviatan entlarven

[2] Robert Hotchkin, *Leviathan Exposed Study Guide* (Maricopa, AZ: XP Publishing, 2016), Rückseite.

Wenn ich mich Gott zum Beispiel bewusst nähere, beginnt ein Scheinwerferlicht in die trüben Tiefen meiner Seele zu scheinen. Ist das eine Schlange, die ich da vorbeischleichen sehe? Will ich, dass sie bleibt? Wie kann ich aufhören, ihr Unterschlupf zu geben und sie zu füttern? Wie kann ich noch mehr von Gottes Licht erhalten, um ihre schlüpfrigen Pläne zu enthüllen? Ich bete: „Sende dein Licht und deine Gnade, Herr! Ich demütige mich vor dir. Hilfe! Ich kann mir nicht selbst helfen." *„Er gibt aber desto größere Gnade. Deshalb spricht er: ‚Gott widersteht den Hochmütigen, den Demütigen aber gibt er Gnade.'"* (Jak 4,6 ELB).

Der Leviatan und seine Sippschaft mögen an einem anderen Tag zurückkehren, um mich erneut zu einem stolzen, verdrehten Denken zu verführen, aber ich kann freigesetzt werden, indem ich Gott in schlichter Demut anrufe und wiederum den klaren Rat der Schrift befolge: *„Alle aber umkleidet euch mit Demut im Umgang miteinander! Denn ‚Gott widersteht den Hochmütigen, den Demütigen aber gibt er Gnade'"* (1 Petr 5,5 ELB). Gott erweist den Demütigen immer gnadenvolle Gunst. Dies ist das Gegenteil von der Furcht und Einschüchterung, die vom Geist des Stolzes ausgehen.

Falsche Autorität

Falsche Autorität ist eine weitere häufige Falle des Satans. Mit einem Wort, falsche Autorität ist Zauberei. „Zauberei ist gefälschte geistliche Autorität; sie benutzt einen anderen Geist als den Heiligen Geist, um andere zu beherrschen, zu manipulieren oder zu kontrollieren."[3]

Es scheint einfach zu sein, etwas so Dunkles und Böses wie „Zauberei" zu erkennen, aber das ist nicht immer der Fall. Unsere Unterscheidungsfähigkeit kann wanken angesichts dessen, was Lester Sumrall als die siebenstufige Entwicklung des dämonischen Einflusses identifiziert hat: Regression, Unterdrückung, Verdrängung, Depression, dämonische Belastung, Zwangsvorstellungen und Besessenheit.[4] Wie die Menschen von Thyatira[5] tolerieren wir manipulative

---

[3] Joyner, *Overcoming Evil*, 75.

[4] Vgl. z. B. Lester Sumrall, *Exorzismus* (Green Forest AR: Green Leaf Press, 1994), 173-192.

Führer, die im Geiste Isebels und ihres Mannes Ahab agieren.[6] Dann verlieren wir die Hoffnung und fallen in Depressionen und Unterdrückung, was unsere Unterscheidungsfähigkeit weiter eintrübt und uns unwirksam macht, das Böse zu bekämpfen. Der kontrollierende Geist quält uns immer wieder, schwächt uns und lässt uns in Entmutigung, Verwirrung, Orientierungslosigkeit, Blindheit, Verzweiflung und Niederlage zurückweichen.

Wir mögen aus unserer Gemeinde oder einer anderen Situation unrechtmäßiger Herrschaft fliehen, doch lindert das leider oft nicht unseren Schmerz. Einsam und verbittert sagen wir, dass wir Autoritätspersonen nicht mehr vertrauen können, weil sie dies oder jenes getan haben. Oder wir bleiben physisch präsent und pflegen eine passive „Ich-halte-lieber-den-Mund"-Politik. Oder wir werden zu Unruhestiftern. Immer noch von der ungerechten Herrschaft verfolgt, verlieren wir die Unterscheidungsfähigkeit und wissen nicht, was wir dagegen tun sollen.

Ich kann dir garantieren, dass sich der Geist der Zauberei (Manipulation und Kontrolle) nicht dafür entschuldigen wird, unser Leben so unangenehm gemacht zu haben. Wenn wir uns in einer solchen Situation befinden, sollten wir uns hüten, etwas übel zu nehmen (ein Thema, das ich im nächsten Abschnitt näher erläutern werde) oder mit dem Ankläger der Brüder gemeinsame Sache zu machen. Der einzige Weg, sich von der Unterdrückung zu befreien, ist, den Beteiligten völlig zu vergeben – ohne an irgendeinem Groll festzuhalten –, alle Feinde zu segnen und sich dafür zu entscheiden, Gott inmitten des Schlamassels anzubeten.

---

[5] *„Schreibe an den Engel der Gemeinde in Thyatira: Der Sohn Gottes, dessen Augen wie Feuerflammen lodern und dessen Füße wie Golderz glänzen, lässt [der Gemeinde] sagen: Ich weiß, wie du lebst und was du tust; ich kenne deine Liebe, deinen Glauben, deine Hilfsbereitschaft und deine Ausdauer. Ich weiß auch, dass du heute sogar noch mehr tust als früher. Doch einen Vorwurf muss ich dir machen: Du lässt diese Isebel, die behauptet, eine Prophetin zu sein, ungehindert gewähren. Und dabei verführt sie mit ihrer Lehre meine Diener zu sexueller Zügellosigkeit und zum Essen von Opferfleisch, das den Götzen geweiht wurde"* (Offb 2,18-20).

[6] *„Es hat in der Tat keinen wie Ahab gegeben, der sich so verkauft hätte, um zu tun, was in den Augen des HERRN böse ist. Ihn hatte seine Frau Isebel verführt"* (1 Kön 21,25).

Ja, ich muss vielleicht in eine neue Gemeinde wechseln. Aber ich werde meinen festen Halt nicht wiedererlangen, wenn ich einen Alleingang mache und sage: „Es gibt nur mich und Jesus." Ich brauche den Leib Christi, auch mit seinen Risiken geistlicher und emotionaler Gefahren, und der Leib Christi braucht mich und meine Familie.

Auch kann ich nicht alles alleine in Ordnung bringen, da der Kampf zwischen wahrer und falscher Autorität zu groß für mich ist. Letztendlich wird Gott siegen. Auch in diesem Fall muss ich mich gezielt mit ihm verbünden und es ihm überlassen, die bösen Kräfte herauszufordern: *„Ich wünsche, dass ihr auch in Zukunft voller Weisheit beim Guten bleibt und euch nicht vom Bösen beeinflussen lasst. Denn Gott, von dem aller Friede kommt, wird bei euch den Satan bald endgültig besiegen und euch über ihn triumphieren lassen"* (Röm 16,19-20 HFA).

Der Geist des Gekränkt-Seins

Das griechische Wort für „Kränkung" stammt von dem Wort *skandalon*, das sich ursprünglich auf den Auslöser einer Falle bezog, an dem der Köder befestigt war. Logischerweise ist alles, was uns kränkt, tatsächlich eine Falle, auf die wir achten müssen. Kränkungen stauen sich auf und werden zu Auseinandersetzungen. Und wir bemerken die Falle meistens nicht früh genug, um sie zu vermeiden, obwohl wir lernen können, klarer zu unterscheiden, um aufmerksamer unterwegs zu sein.

Wie mein Freund John Bevere in seinem Buch *The Bait of Satan* (dt. „Der Köder Satans") betonte: „Einer seiner trügerischsten und hinterlistigsten Köderarten ist etwas, das bereits jedem Christen begegnet ist – Kränkung. Die Kränkung an sich ist noch nicht tödlich – falls sie in der Falle bleibt. Doch wenn wir den Köder an uns nehmen und essen und in unserem Herzen davon zehren, sind wir gekränkt."[7] Lasst uns den Köder nicht schlucken!

Menschen, die streitsüchtig oder feindlich sind, sind in die Falle getappt und wurden darin gefangen. Noch schlimmer ist, dass die Kränkung sie und ihr Verhalten gegenüber anderen kontrolliert und

---

[7] John Bevere, *The Bait of Satan* (Lake Mary, FL: Charisma House, 1994, 2014), 1.

sie vielleicht nicht einmal die Tatsache erkennen, dass sie gefangen gehalten werden, um den Willen des Teufels zu tun. Jesus sagte: *„Es ist unvermeidlich, dass Ärgernisse kommen. Aber wehe dem, durch den sie kommen!“* (Lukas 17,1 REÜ). Paulus riet:

> *Wer Gott dienen will, soll sich nicht herumstreiten, sondern allen Menschen freundlich begegnen, andere geduldig im Glauben unterweisen und bereit sein, auch Böses zu ertragen. Er soll versuchen, alle, die sich der rettenden Botschaft widersetzen, mit Güte auf den richtigen Weg zu bringen. Denn vielleicht führt Gott sie ja zur Einsicht, dass sie umkehren und die Wahrheit erkennen. Dann können sie wieder aus der Falle des Teufels befreit werden, in der sie gefangen waren, sodass sie sich von ihm für seine Zwecke missbrauchen ließen* (2 Tim 2,24-26 HFA).

Gekränkte Menschen lassen sich in zwei Hauptkategorien einteilen: Erstens diejenigen, die wirklich ungerecht behandelt wurden, und zweitens diejenigen, die von ganzem Herzen glauben, dass ihnen Unrecht getan wurde, weil sie aufgrund von „Vermutungen, äußerem Anschein und Hörensagen“ geurteilt haben.[8] So oder so besteht die einzig wirksame Flucht aus der Falle nicht in noch mehr Aufregung oder Diskussionen, sondern wiederum in Vergebung – völliger Vergebung.

Deshalb bete ich fast jeden Tag das Vaterunser, und wenn ich zu der Zeile komme: „Vergib uns unsere Schuld, wie auch wir vergeben unseren Schuldigern“, denke ich an meine derzeitigen Beziehungen. Selbst wenn ich in einer Auseinandersetzung mit jemandem zu 90 Prozent Recht hatte, was ist mit den 10 Prozent, wo ich schief lag? Und wenn meine Worte zutreffend waren, hätte ich nicht auf andere Weise antworten können, sodass die andere Seite meine Antwort aus meiner Liebe heraus empfangen hätte, anstatt als barsches Urteil oder scharfe Korrektur?

Dieser Ansatz hilft mir, mir meine Reaktionen auf alles genau zu sortieren, von großen Machtkämpfen bis hin zu lästigen Facebook-Posts. Vergebung wirkt Wunder, um mich wieder auszurichten. Dann kann ich den Feind überwinden, Gottes Stimme wieder deutlich

[8] Dieser Abschnitt wurde von *The Bait of Satan*, 6-7, inspiriert.

hören und in der Fülle seines Willens wandeln. Und dann kommt Römer 8,28 ins Spiel: *„Eines aber wissen wir: Alles trägt zum Besten derer bei, die Gott lieben; sie sind ja in Übereinstimmung mit seinem Plan berufen."*

John Bevere und seine Frau Lisa kamen als Überwinder aus einer schweren Kränkung heraus. Sie entfernten sich physisch erfolgreich von den schädlichen Einflüssen, die ihre Ehe und ihren Dienst hätten zerstören können, aber am wichtigsten ist, dass sie allen Schuldigen völlig vergeben haben. Sie lernten, dass ein Leben in Vergebung den Feind seiner „Landebahnen" in unserer Seele beraubt. Sie entdeckten, dass sie sich über jedes Maß an Verrat und schäbiger Behandlung erheben konnten. Vergebung kann demütigend und sogar schwach erscheinen, ist aber ein wirksames Gegenmittel gegen die dämonischen Gifte, die uns sonst auf die Ebene des Feindes herabziehen würden.

Der Plan des Feindes gegen den Plan Gottes

Satans Ziel ist, den Sohn Gottes seines Platzes beim Vater und der Ehre, die ihm von den Menschen der Erde gebührt, zu berauben. Er will so viel Kontrolle wie möglich über das Weltsystem erlangen, damit er selbst universell angebetet wird. So war es bereits bei Luzifer, ganz am Anfang, und sein Ziel und seine Taktik sind auch heute noch dieselben.

Wenn wir uns umsehen und unsere persönlichen Kämpfe in diesem Licht bewerten, können wir sehen, warum der geistliche Kampf immer weitergeht. Hinter den Kulissen geht es um die Position Jesu, da sich alle wahren geistlichen Kämpfe letztlich auf die Bedeutung des Sohnes Gottes konzentrieren. Wir sollten uns fragen: Ist Jesus der zentrale Mittelpunkt meines Herzens und Lebens? Erkenne ich die Versuche böser Mächte, Jesus daraus zu verdrängen? Ist Jesus der Herr über diese Person oder diese Gruppe oder diesen Ort – oder wurde seine Herrschaft von Satan untergraben und zu Unrecht übernommen? Sind wir als Volk Gottes in die Fallen geraten, die der Feind immer wieder stellt? Wie können wir den Weg nach vorne erkennen und einen klaren Fokus behalten?

Gottes Ziel ist es, die letzte große Seelenernte der Erde einzuholen und die Braut Christi als Geschenk für seinen Sohn vorzubereiten. Christus hat uns, als seinen Nachfolgern, die Autorität gegeben, den Sieg von Golgatha geltend zu machen. Dazu gehört es, Satans dämonische Aktivitäten auf der Erde einzudämmen, bis Gottes Ziele und Pläne der Gnade erfüllt sind (vgl. Mt 16,19; 18,18), und die Werke der Finsternis durch die Demonstration der Werke Christi zu verdrängen (vgl. z.B. Mt 10,1; 7-8).

Alle wahren geistlichen Kämpfe konzentrieren sich letztlich auf die Vorrangstellung des Sohnes Gottes.

Wir können diese uns übertragenen Aufgaben erfüllen, weil Jesus am Ende seines Lebens auf der Erde seine Autorität auf seine Nachfolger übertragen hat. Er beauftragte sie und sagte,

> *Gott hat mir unbeschränkte Vollmacht im Himmel und auf der Erde gegeben. Darum geht nun zu allen Völkern der Welt und macht die Menschen zu meinen Jüngern und Jüngerinnen! Tauft sie im Namen des Vaters und des Sohnes und des Heiligen Geistes, und lehrt sie, alles zu befolgen, was ich euch aufgetragen habe. Und das sollt ihr wissen: Ich bin immer bei euch, jeden Tag, bis zum Ende der Welt* (Mt 28,18-20 GNB).

Weil Jesus das Lösegeld für unsere Seelen bezahlt hat (vgl. z. B. Röm 5,8; 6,23; Gal 3,13-14), gehen wir jetzt als seine Botschafter hinaus (vgl. z.B. Mt 28,19-20), und verbreiten die Offenbarung, dass der, der in uns ist, größer ist als der, der in der Welt ist (vgl. 1 Joh 4,4; Eph 1,17-22; 4,8-9). Wir ordnen uns gerne und demütig Gott unter, und selbst unsere Unterordnung ist eine Form des geistlichen Kampfes: *„Ordnet euch daher Gott unter! Und dem Teufel widersteht, dann wird er von euch ablassen und fliehen“* (Jak 4,7).

Meine jüngste Tochter hatte ein Erlebnis, das diesen Punkt gut veranschaulicht. Mit achtzehn Jahren erhielt sie ein Teilstipendium für das *New York Conservatory of Dramatic Arts*[9] in New York City.

[9] Eine private Fachschule zur Ausbildung von Schauspielern – Anm.d.Übers.

Schließlich wurde ihr in einer ihrer Kurse ein Drehbuch vorgestellt, das eine Menge unflätige Ausdrücke enthielt. Sie war sich nicht sicher, ob sie dabei mitwirken sollte; sie spürte, dass es ihre Integrität beeinträchtigen und dazu führen würde, dass sie sich von der Reinheit ihres Weges mit Christus entfernte. Sie bat mich deswegen um Rat, und ich hatte auch kein gutes Gefühl bei der Sache. Aber ich habe ihr nicht verboten, die Aufgabe anzunehmen. Sie war eine junge Erwachsene, und ich wusste, dass sie sich selbst entscheiden musste, was sie tun sollte. Ich sagte ihr so etwas wie: „Wenn du deine Grenze einmal verschiebst, wird es viel einfacher sein, es wieder zu tun. Sei also weise bei dem Gedanken, deine Grenze zum ersten Mal zu verschieben."

Dann gab Gott interessanterweise einem ihrer Brüder, der ihr sehr nahestand, als sie Kinder waren, einen Traum, und er warnte sie am Telefon, keine unkluge Entscheidung zu treffen, die ihren Weg mit dem Herrn beeinträchtigen würde. Mit meiner Mahnung zur Vorsicht und der Warnung ihres Bruders als Rückenstärkung, ging sie zu ihrem Professor und sagte ihm, dass sie durchaus bereit war, die Rolle zu übernehmen, allerdings nicht die Ausdrucksweise darin zu verwenden, da dies ihr Gewissen verletzen würde. Sie machte den Mund auf, obwohl sie damit riskierte, eine schlechte Note zu bekommen bzw. getadelt oder geächtet zu werden.

Erstaunlicherweise hörte der Dozent ihr zu und respektierte ihre Haltung. Tatsächlich eröffnete er sogar die nächste Stunde, indem er Rachels Einspruch zur Sprache brachte. Er sagte: „Rachel teilte mir mit, dass es ihr Gewissen verletzen würde, in diesem Drehbuch zu fluchen. Gibt es hier noch jemanden, der genauso denkt und dem Drehbuch so nicht wirklich folgen will?" Einige andere hoben die Hände. Er erlaubte diesen Studenten, eine alternative Terminologie zu verwenden, und das Problem wurde gelöst.

Rachel hatte eine der Fallen des Feindes vermieden. Sie begann nicht damit, ihre Grenzen der Rechtschaffenheit zu verschieben. Und dafür wurde sie tatsächlich respektiert. Sie blieb Gott untergeordnet. Sie widersetzte sich dem Teufel. Und er floh!

Strecke dich nach dem Höheren aus

Demut, ein Leben nach dem Vorbild Christi, ist unser Ziel. Nur wenn wir tiefer gehen, werden wir in der Lage sein, die höheren Dimensionen des Reiches Gottes zu erreichen. Mit einem demütigen Herzen können wir zugeben, dass wir gemischte Motive haben und mehr als einmal auf die Täuschungen des Feindes hereingefallen sind. Unsere Maskeraden und Verkleidungen mögen die Menschen um uns herum für eine Weile täuschen, aber vor Gott, der uns bereits durch und durch kennt, sind sie nutzlos. Da es nicht möglich ist, sich vor ihm zu verstecken, können wir uns ihm auch gleich hingeben. Schließlich liebt er uns mehr als wir uns selbst. Er wird die verwirrtesten Situationen entwirren. Er sieht immer bereits von Beginn an das Ende.

Es ist eine Tatsache: Gott benutzt nur demütige Männer und Frauen. Menschen, die auf sich selbst vertrauen, werden bald das Ende ihrer Stärke erreichen. Der einzige Weg, sich mit Adlerflügeln zu erheben (vgl. Jes 40,31), ist, alles Gott zu übergeben, der unsere Stärke, unser Lied (vgl. 2 Mose 15,2) und unser Vater ist. Er will nicht, dass wir uns aus seinem Königreich ausschließen, weshalb er uns helfen wird, die Fingerabdrücke Satans an Stellen in unseren Herzen aufzudecken, von denen wir nicht einmal wussten, dass er sie berühren konnte.

Gebet eines Herzens, das unterscheiden kann

Mein Vater im Himmel, möge dein Name geheiligt werden, egal, wohin ich als dein Botschafter gehe. Ich bitte um eine Weisheit, die „mein Alter übertrifft", damit ich die Fallgruben des Feindes meiden kann. Danke, dass du seine bösen Pläne meiner wachsenden Unterscheidungsfähigkeit preisgibst. Ich lege meine Masken ab und ruhe in deiner Gegenwart. Durchsuche mein Herz und setze jede verborgene Absicht deinem strahlenden Licht aus. Ich erlaube dir, mich in allem zu überführen, worin ich mit Satan einen Kompromiss eingegangen bin. Ich lege meine Vergangenheit, Gegenwart und Zukunft in deine Hände, Herr, und ich bete um ein höheres Maß an Unterscheidungsfähigkeit in meinem Leben,

Tag und Nacht. Hilf mir, deine Autorität im Königreich auszuüben und alle Hindernisse, die den Weg nach vorne blockieren, zu beseitigen. Ich preise deinen Namen, Jesus, und ich danke dir. Amen.

Kapitel 11

Einen sicheren Ort schaffen: Eine Kultur der Weisheit und des Glaubens pflegen

Darum gleicht jeder, der meine Worte hört und danach handelt, einem klugen Mann, der sein Haus auf felsigen Grund baut.

Matthäus 7,24

Bei unserem Bestreben, unseren Weg durch die Probleme, mit denen wir täglich konfrontiert werden, ausfindig zu machen, kann es sich manchmal anfühlen, als würden wir durch ein Labyrinth wandern und häufig gegen Mauern stoßen oder in Sackgassen landen. In meinem Lernprozess, meine persönliche Unterscheidungsfähigkeit zu entwickeln, bin ich mit meinem Kopf unweigerlich schon gegen viele Mauern gestoßen. Dennoch sind wir in diesem Prozess nicht allein. Wir können Teil einer Gemeinschaft von Gläubigen sein, die uns hilft, uns sicher durch das Labyrinth und ins Licht der Wahrheit und Unterscheidungsfähigkeit zu bewegen.

Schon früh im Leben lernte ich etwas über Labyrinthe. Ich möchte dir eine ziemlich bizarre Geschichte über meine jugendliche Wissbegierde erzählen, die ich noch nie öffentlich mitgeteilt habe, die jedoch die Möglichkeiten und Herausforderungen veranschaulicht, wenn man eine Kultur der Weisheit und des Glaubens als geistlich „sicheren Ort“ schaffen möchte.

Lektionen aus meiner Jugend

In der Highschool war Biologie eines meiner Lieblingsfächer, und ich nahm an vielen verschiedenen wissenschaftlichen Experimenten teil. Meine Fantasie wurde durch die Abenteuer von Jacques Cousteau angeregt, und ich war begeistert von der Idee, sichere Wohnungen im Meer zu bauen, in denen die Menschen bequem leben könnten. Ich glaubte, dass der Ozean die letzte verfügbare Ressource war, um eine explodierende Weltbevölkerung zu versorgen. Deshalb versuchte ich im Alter von sechzehn Jahren als Beitrag für die Naturwissenschaftsausstellung meiner Highschool einen Prototypen zu entwickeln – ein versiegeltes, wasserdichtes Glashaus, in dem mein Goldhamster für einen längeren Zeitraum leben konnte, umgeben von Wasser und den Fischen meines Aquariums.

Es dauerte Wochen, bis ich diesen sicheren Ort gebaut hatte. Nachdem ich die Ressourcen in der Schulbibliothek erschöpft hatte, machte ich bei der Bibliothek meines Bundesstaates eine Anfrage nach Büchern über Zukunftsvisionen und Überlebenskunst. Mein Vater half mir, das Glas für meine Kreation zu schneiden, und ich untersuchte jede Form von wasserdichtem Klebstoff, die es gab. Ich fand sogar eine Möglichkeit, Luft durch einen Schlauch hineinzupumpen, und natürlich organisierte ich die Wasser- und Nahrungsversorgung.

Um meinen Hamster Henry in das Unterwasserhaus zu bringen, ersann ich ein komplexes Labyrinth, das er durchlaufen musste und an dessen Ende eine Futterbelohnung wartete. Dieser Vorabtest vor dem großen Eintauchen sollte einundzwanzig Tage dauern. Sobald er das Labyrinth gemeistert hätte und sein einzigartiges Haus unter Wasser erreichen würde, wollte ich die Auswirkungen eines langfristigen Unterwasserlebens testen. Ich war mir sicher, dass ich einen bedeutenden Durchbruch erzielen würde! Einige Leute dachten vielleicht, ich sei ein seltsames Kind, aber ich betrachtete mich als weitsichtigen Entwickler von sicherem Wohnen für die kommenden Generationen.

Allerdings lief es nicht so, wie ich es geplant hatte. Nach einundzwanzig Tagen, in denen er sich unter vielen Kopfstößen durch mein Labyrinth arbeitete, fand Henry sich in seinem neuen, experimentellen Unterschlupf unter Wasser wieder. Es gefiel ihm dort aber nicht. Anscheinend hatte ich ein paar Details nicht berücksichtigt, wie den Umgang mit Hamsterkot. Einige andere kleinere Probleme tauchten auf, wie z. B. die Luftzu- und abfuhr. Ich denke, es war am dritten Tag meiner geplanten sieben Tage, als ich beschloss, dass ich Henry aus seinem unsicheren Haus retten musste. Ich holte ihn aus dem Glasbehälter und wollte ihn wieder durch das Labyrinth laufen lassen, aber diesmal hatte er keine Lust mehr auf meine Schikane. Ich glaube, er dachte: *Noch 21 Tage in einem Labyrinth? Vergiss es!* Henry zeigte Anzeichen von Verwirrung, fiel einfach um und gab den Geist auf!

So viel zu meinem Versuch, den ersten Platz auf der Wissenschaftsausstellung zu gewinnen! Meine Karriere im Meistern der letzten Grenzen des Unterwasserlebens war offiziell beendet.

Einen wirklich sicheren Ort schaffen

Das ist ein merkwürdiges Beispiel, nicht wahr? Aber vielleicht hat mir dieses jugendliche Experiment in den folgenden Jahren gute Dienste geleistet. Es brannte den Wunsch in mir ein, nach der Weisheit zu suchen, mit der ein wahrhaftig sicheres Haus gebaut werden könnte. Mein Anliegen wurde ein viel umfassenderes; der Bau eines sicheren Hauses für den Leib Christi, ein Ort, der uns nicht nur vor den tödlichen Angriffen des Feindes schützen könnte, sondern an dem selbst unsere unvollkommenen Anfänge und Misserfolge verwandelt werden könnten, ein Ort, der den Glauben, wieder aufzustehen und es erneut zu versuchen, feiern würde.

Ich glaube immer noch an diesen „palastartigen" Ort, den man Kirche oder Gemeinde nennt, wo die Liebe das letzte Wort hat, ein Ort, der den Glauben, wieder aufzustehen und es erneut zu versuchen, feiert.

Ich bin wohl bis heute ein Träumer geblieben. Ich träume davon, dass der Leib Christi ein Ort ist, an dem Geburten chaotisch sein können, aber an dem Babys krabbeln, stehen und laufen lernen; ein Ort, an dem Jugendliche aus ihren Fehlern lernen und die Mitglieder

der Gemeinschaft sich zusammenfinden können, um sich gegenseitig anzufeuern.

Ja, ich glaube immer noch an diesen „palastartigen" Ort namens Kirche oder Gemeinde, wo die Liebe das letzte Wort hat; und im Laufe der Jahre habe ich einige Punkte entdeckt, die notwendig sind, um einen geistlich sicheren Ort zu bauen. Die folgenden Elemente scheinen die grundlegenden zu sein:

1. Authentischer Glaube
2. Göttliche Grundwerte
3. In der Autorität Christi leben
4. In Gemeinschaft leben
5. Kraftvolle Proklamationen

Um jede dieser Komponenten zu integrieren, müssen wir Weisheit von oben (vgl. Jak 3,17) empfangen – und weitergeben –, die über unser Alter hinausgeht.

1. Authentischer Glaube

Auf Jesus schauen, in Gott bleiben

Wie entwickeln wir einen authentischen Glauben? Indem wir *„unseren Blick auf Jesus richten, den Wegbereiter des Glaubens, der uns ans Ziel vorausgegangen ist"* (Hebr 12,2), wird unser Glaube wahrer und stärker. Selbst unsere schlimmsten Misserfolge werden zu Siegen, wenn wir ihnen mit festem Glauben begegnen.

Der Glaube ermöglicht uns unsere Verbindung zu Gott. Wie wir in diesem Buch bereits gelernt haben, hängt unsere Fähigkeit, den Unterschied zwischen Gut und Böse zu erkennen, davon ab, wie lebendig diese Verbindung ist. Von Zeit zu Zeit, oft unabsichtlich, entfernen wir uns von Gott, weil wir von verführerischen Botschaften angelockt werden, die seinem Wort, seinem Willen und seinen Wegen widersprechen. Wir erkennen zunächst nicht, dass diese Worte von Satan, dem Feind unserer Seele stammen, weil sie so überzeugend oder anziehend klingen. Irgendwie vergessen wir wesentliche Elemente unseres Glaubens – wie die Tatsache, dass Gott gut ist und er uns liebt. Aber wenn wir die Grenzen überschreiten, die wir früher respektiert haben, verlassen wir auch Gottes sichere Weiden.

Von Bill Johnsons Dienst in der *Bethel Church* in Redding (Kalifornien) habe ich außergewöhnliche Weisheit gewonnen. In seinem Buch *God is Good*, sagt Bill treffend: „Der Glaube, dass Gott gut ist, ist absolut notwendig, um im Dienst des Evangeliums wirksam zu werden. Unsere Ausdauer darin, Jesus gut und beständig zu repräsentieren, hängt von dieser einen Sache ab. Gott ist absolute Güte."[1]

Wenn wir solche wesentlichen Elemente unseres Glaubens aus den Augen verlieren, flattert unser Glaube im Wind wie die lose Takelage auf einem Segelboot, und wir wissen nicht, wie wir ihn schnell wieder sichern können. Diese Situation müsste nicht so häufig vorkommen, wie es der Fall ist – wenn wir wirklich sichere Orte hätten, an denen der Glaube und die Unterscheidungsfähigkeit anderer unseren eigenen Glauben und unsere Unterscheidung stützen können, falls sie schwach sind. Wenn wir im Rahmen einer gesunden Gemeinschaft im Leib Christi leben, können wir uns schnell neu orientieren. Und wir können das Gelernte nutzen, um anderen ebenso zu helfen, wie uns geholfen wurde.

Ich spreche von einem Ort, an dem die Leute dir nicht nur gute Ratschläge geben können, obwohl gute Ratschläge an einem sicheren Ort verfügbar sein sollten. Vielmehr zeichnet sich ein sicherer Ort durch gegenseitigen Schutz aus – Menschen, die aufeinander achten und sich intensiv umeinander kümmern. Gläubige Menschen schaffen eine Kultur des sicheren Ortes, wenn sie gemeinsam die Realität des Reiches Gottes ausleben: Sie verweisen einander auf den Herrn und erinnern sich gegenseitig daran, wie der Glaube funktioniert. Sie schützen sich vor der geistlichen Wüste der Welt im Allgemeinen. Sie tauschen Erkenntnisse und Erfahrungen aus den Kämpfen des wirklichen Lebens aus. Sie beten und proklamieren die Wahrheit, die direkt aus dem Wort Gottes kommt. Und anstatt beim ersten Anzeichen zwischenmenschlicher Spannungen auseinanderzulaufen (und sich die „Scheidungskultur" der Welt um sie herum zum Vorbild zu nehmen), halten sie zusammen, vergeben einander und finden Lösungen. Es gibt keinen einzigen Rockstar oder Einzelgänger unter ihnen.

[1] Bill Johnson, *God is Good* (Shippensburg, PA: Destiny Image, 2016), 164.

Klingt das für dich nach etwas Fremdem? Oder bist du in deiner Gemeinde oder Familie mit so einem sicheren Ort gesegnet? Es ist meine Überzeugung, dass wir als Teil des Leibes Christi ohne einen solchen Ort nicht gedeihen und wachsen können. Wenn wir versuchen, allein für Gott zu leben, sind wir wie törichte Lämmer, die am Rande der Herde grasen und eine leichte Beute für den Feind werden, den Löwen, der herumstreift und *„sucht, wen er verschlingen kann"* (1 Petr 5,8 ELB). Die Stimme des Hirten ist schwerer zu erkennen, je weiter man von der sicheren Weide weggeht.

Die Schaffung einer Glaubenskultur ist sowohl ein Ziel als auch ein Lebensstil. Oben habe ich Bill Johnson von der *Bethel Church* zitiert. Die *Bethel Church* und Hunderte anderer Gemeinden pflegen sehr bewusst eine alternative Kultur des Glaubens und der gegenseitigen Ehre, die auch dadurch gestärkt wird, dass man sehr stark das Hören der Stimme Gottes erwartet. Es ist ansteckend.

Da Gott der absolut sicherste Ort für jeden von uns ist und sein Geist sowohl in jedem von uns als auch im Leib Christi als Ganzem wohnt, brauchen wir in der Gemeinde einander wirklich. Lasst uns gemeinsam einen authentischen Glauben aufbauen, indem wir als Erstes unser Vertrauen auf den Gott bekräftigen, der uns erlaubt, *„im Schutz des Höchsten"* zu wohnen:

> *Wer im Schutz des Höchsten wohnt, der ruht im Schatten des Allmächtigen. Ich sage zum HERRN: Du meine Zuflucht und meine Burg, mein Gott, auf den ich vertraue* (Ps 91,1-2 REÜ).

Wenn wir die wesentlichen Elemente unseres Glaubens aus den Augen verlieren, flattert unser Glaube im Wind wie die lose Takelage auf einem Segelboot.

Der Furcht entgegenwirken

Eine weitere Möglichkeit, einen authentischen Glauben zu pflegen, besteht darin, dass wir unsere Furcht durch das Vertrauen auf Gottes Kraft und Versorgung ersetzen. Jesus warnte, dass in den kommenden schwierigen Zeiten die Herzen vieler Menschen an der Furcht scheitern würden (vgl. Lk 21,26). Furcht ist das Gegenteil von

Glauben. Deshalb ist die Weiterentwicklung des Glaubens der einzige Weg, um der Furcht zu begegnen, die in Zeiten der Not in uns aufkommt. Dieser Glaube muss jedoch fest in Jesu Sieg am Kreuz verwurzelt und gegründet sein. Ein solcher Glaube kann nicht stures Auswendiglernen von Fakten erzeugt, von einem Elternteil geerbt oder im Internet gekauft werden. Der Glaube ist etwas Lebendiges, und er muss täglich gepflegt werden.

Zusammen mit anderen Gläubigen können wir daran arbeiten, eine Kultur des Glaubens inmitten einer sehr realen Kultur der Furcht zu schaffen. Die Mächte des Bösen bleiben ständig auf der ganzen Erde aktiv, unabhängig davon, ob der Durchschnittsmensch ihre Strategien gerade wahrnehmen kann oder nicht. Die in der Welt so verbreitete Angst, ist Beweis genug, dass dämonische Bosheit nicht tot ist. Die Menschen leiden unter der Dunkelheit, obwohl der gekreuzigte Jesus Satan ein für alle Mal unter seine Füße gebracht hat, als er von den Toten auferstand. Menschen außerhalb des Leibes Christi können die Geborgenheit eines sicheren Ortes nicht finden, obwohl sie alle Anstrengungen dazu unternehmen. Es kommt ihnen nicht in den Sinn, dass die Gemeinde das bereithält, was sie suchen. Sie kennen einfach nicht die ganze Geschichte.

Als Jesus am Kreuz seinen letzten Atemzug tat, sagte er: *„Es ist vollbracht"* (Joh 19,30) und als er später seinen Geist sandte, um in den Herzen seiner Nachfolger zu wohnen, schuf er für uns nicht nur den besten sondern auch den einzig wirklich sicheren Ort. Bis heute spricht er zu den Gläubigen, was er bereits durch den Propheten Haggai gesagt hat: *„Mein Geist bleibt in eurer Mitte; fürchtet euch nicht!"* (Hag 2,5 REÜ). Wir müssen erkennen, dass es unser Glaube ist, den wir mit anderen teilen, der dem Sieg von Golgatha Geltung verschafft. Gemeinsam arbeiten und beten wir dafür, dass Gottes Reich auf die Erde kommt, so wie es im Himmel ist. Wir lernen, in menschlichen Angelegenheiten seine Hand zu erkennen und mit ihm zusammenzuarbeiten, um Satan auszuschalten.

Eines herrlichen Tages wird Jesus zurückkehren, um seine Königsherrschaft auf Erden vollständig aufzurichten. Was du darüber denkst, beeinflusst maßgeblich deinen Glauben; dementsprechend bestimmt es die Art und Weise, wie du lebst, wie wir im nächsten Abschnitt untersuchen werden.

2. Göttliche Grundwerte

Grundwerte erzeugen einen Lebensstil

Schon vor mehr als vierzig Jahren, als ich noch ein junger Pastor war, sprach der Herr bereits über meine Grundwerte mit mir, und was ich damals gelernt habe, ist hängengeblieben. Damals dachte ich nicht vierzig oder fünfzig oder hundert Jahre in die Zukunft; ich dachte nur an die kommende Woche und meine nächste Sonntagspredigt. Doch aus heiterem Himmel fiel mir dieser Satz ein, und ich wusste, dass er von Gott kam: *Deine Sicht der Endzeit wird deinen Lebensstil bestimmen.*

Der Herr gab mir nicht vor, was meine Sicht der Endzeit sein sollte. Er wies nur darauf hin, dass meine alltäglichen Entscheidungen, zusammengenommen, meinen Lebensstil prägen würden. Unweigerlich würden diese Entscheidungen auf meinem Glauben beruhen. Wie würden meine Grundwerte wohl von dem beeinflusst, was ich über die Wiederkunft Christi dachte? Wie interpretierte ich dadurch die Schriften? Sah ich mich als einen, der Gottes Königreich auf die Erde bringen würde? Was könnte mein Beitrag zu diesem Ziel sein? Welche Art von Ausbildung sollte ich mir in diesem Zusammenhang aneignen?

Im Laufe der Zeit haben sich meine Weltsicht und meine Herangehensweise an alles im Leben auf diese vier biblischen Grundwerte eingespielt:

1. Gott ist gut, die ganze Zeit.
2. Bei Gott ist nichts unmöglich.
3. Alles, was erreicht werden musste, wurde auf Golgatha bereits vollendet.
4. Als Botschafter Christi tragen wir seine delegierte, königliche Autorität.

Inzwischen sind vierzig Jahre vergangen, und es hat sich herausgestellt, dass ich mein Leben dafür hingegeben habe, dass ein Volk heranwächst, das so vom Heiligen Geist erfüllt ist, dass das von ihm ausgehende Licht die Dunkelheit vertreiben kann. Ich habe mich bemüht, Gottes Reich zu verstehen und, wie die Söhne Issachars, die

Zeiten zu erkennen, um Menschen lehren zu können, wie man weise lebt (vgl. 1 Chr 12,33). Ich war vielleicht nicht in jeder Hinsicht erfolgreich, aber ich möchte es so gut wie möglich zum Abschluss bringen. Ich möchte in einer authentischen Kultur der Weisheit und des Glaubens leben und diese verbreiten, bis zu dem Tag, an dem Gott mich nach Hause ruft.

Grundwerte prägen Einstellungen und Erwartungen

Unser Feind möchte uns von den Zielen Gottes ablenken, indem er gottlose Überzeugungen in unsere Gedanken einschleust, aber der Geist hilft uns, diese negativen Festungen aufzudecken, und mit seiner Hilfe können wir sie durch positive Einstellungen und Anwendungen ersetzen.[2] Wenn ich zum Beispiel feststelle, dass ich von der Furcht geplagt werde, Gott habe zwar den anderen Gutes gegeben, aber mich ausgelassen, rufe ich mir die Wahrheit ins Gedächtnis, dass Gott immer gut ist. Ich lasse meine Einstellungen und Erwartungen durch meine biblischen Grundwerte prägen. Sonst betrachte ich meine Erinnerungen an vergangene Erfahrungen, meine gegenwärtigen Schwierigkeiten und meine ungewisse Zukunft durch eine dunkle Linse, und mein Glaube wird schwinden.

Ich halte diese Wahrheit fest: Wir kämpfen nicht auf einen Sieg *hin* – wir kämpfen *vom* Sieg *her*. Jesus hat den Kampf bereits gewonnen. Er hat die Welt überwunden. Wenn also das Böse über mich hereinbricht und ich versucht bin zu verzweifeln, kann ich erkennen, wie der Feind sich verzweifelt darum bemüht, mich davon zu überzeugen, der Sieg Jesu sei nicht wahr.

Ich lerne auch, die demütigenden Umstände anzunehmen, in denen ich mich befinde. Ich habe eine neue Einstellung zur Demut angenommen. Die Welt sagt mir, ich solle mächtig, fähig, stark und anerkannt sein – und gleichzeitig eine Front der falschen Bescheidenheit aufrechterhalten, damit mich niemand kritisiert. Aber Jesus sagt mir, dass der Weg zu *seiner* Art von Erfolg durch echte Demut

---

[2] Auch hier kommt die biblische Untermauerung aus 2. Korinther 10,5: *„Mit diesen Waffen bringen wir [eigenmächtige] Gedankengebäude zum Einsturz und reißen allen [menschlichen] Hochmut nieder, der sich gegen die [wahre] Gotteserkenntnis auflehnt. Das ganze [selbstherrliche] Denken nehmen wir gefangen, damit es Christus gehorsam wird.“*

geebnet wird. Die Erfahrung hat mich gelehrt, dass falsche Demut meine wahre Bestimmung leugnet, während echte Demut mich in sie hineinführt. Wir sollten uns dessen rühmen, was Christus bereits vollbracht hat, nicht unserer menschlichen Fähigkeit, seine irdische Herrschaft und Regierung herbeizuführen.

Der einzige Weg, wie du und ich auf dieser Erde Gutes tun und helfen können, Gottes Reich herbeizuführen, ist, sein Licht durch unser zerbrochenes, demütiges Selbst leuchten zu lassen. Wenn wir eine messianische Prophezeiung wie die folgende von Jesaja lesen, können wir das vollendete Ergebnis von Gottes Plan erkennen:

> *Der Geist GOTTES, des Herrn, ruht auf mir. Denn der HERR hat mich gesalbt; er hat mich gesandt, um den Armen frohe Botschaft zu bringen, um die zu heilen, die gebrochenen Herzens sind, um den Gefangenen Freilassung auszurufen und den Gefesselten Befreiung, um ein Gnadenjahr des HERRN auszurufen, einen Tag der Vergeltung für unseren Gott, um alle Trauernden zu trösten, den Trauernden Zions Schmuck zu geben anstelle von Asche, Freudenöl statt Trauer, ein Gewand des Ruhms statt eines verzagten Geistes* (Jes 61,1-3).

Jesus, der Messias, ist das Licht der Welt. Wir sollen nicht nur auf ihn blicken und seine Herrlichkeit widerspiegeln, sondern seine Herrlichkeit soll sich aus uns ergießen. Wir leugnen die Dunkelheit nicht, aber wir leugnen ihre Endgültigkeit. Wie Jesaja 60,1 ermutigt, stehen wir auf und lassen sein Licht durch uns strahlen. *„Ihnen* [dem Volk des Herrn] *wollte er zu erkennen geben, welch wunderbaren Reichtum für die nichtjüdischen Völker dieses Geheimnis umschließt. Und wie lautet dieses Geheimnis? ‚Christus in euch – die Hoffnung auf Gottes Herrlichkeit!'"* (Kol 1,27).

Lasst uns bestrebt sein, eine gesunde „Königreichskultur" zu schaffen, in der alle Gläubigen zusammen ihr Licht scheinen lassen und so das Reich der Finsternis überwältigen, einschließlich aller religiösen und politischen Geister, aller Geister des Stolzes, des antichristlichen Geistes und aller anderen Dinge, die der Feind uns in den Weg legen will.

Lasst uns bestrebt sein, eine gesunde Königreichskultur zu schaffen, in der alle Gläubigen zusammen ihr Licht scheinen lassen und so das Reich der Finsternis überwältigen.

3. In der Autorität Christi leben

In der Autorität Christi zu leben, ist ein weiteres wichtiges Element eines geistlich sicheren Ortes. Als Gott Adam und Eva erschuf, sagte er ihnen, sie sollten über alle Dinge auf der Erde herrschen und sie sich untertan machen (vgl. 1 Mose 1,26.28). Mit anderen Worten, er gab ihnen die Autorität, als seine Verwalter zu handeln. Das bedeutete nicht, dass ihnen alles als Eigentum übertragen wurde. Gott besaß immer noch alles, und er tut es immer noch. *„Die Erde ist des HERRN und was darinnen ist, der Erdkreis und die darauf wohnen"* (Ps 24,1 LUT).

Doch wie wir wissen, beschlossen Adam und Eva, dem klaren Befehl Gottes nicht zu gehorchen, und ihr Ungehorsam führte zu einer ernsthaften Trennung zwischen ihnen und Gott (vgl. 1 Mose 2,17; 3,6-11.22-23). Schlimmer noch, ihre Entscheidung war ein *willentlicher Gehorsam gegenüber Satan.* Nun waren sie – und ihre Nachkommen – seine Sklaven.[3] Somit wurde die Autorität, die Gott ihnen gegeben hatte, dem Feind übergeben.

Nicht das Eigentum, nur die Autorität, vergiss das nicht! Das ist der Grund, warum sich Satan so ausdrückte, als er Jesus in der Wüste versuchte: *„Dir will ich alle diese Macht[4] und ihre Herrlichkeit geben; denn mir ist sie übergeben, und wem immer ich will, gebe ich sie"* (Luk 4,6 ELB). Satan ist der *„Fürst der Macht der Luft"* (vgl. Eph 2,2 ELB), und ihm wurde vorübergehend das Recht gegeben, in der Erdatmosphäre zu handeln.

---

[3] *Wisst ihr nicht, dass, wem ihr euch zur Verfügung stellt als Sklaven zum Gehorsam, ihr dessen Sklaven seid, dem ihr gehorcht? Entweder Sklaven der Sünde zum Tod oder Sklaven des Gehorsams zur Gerechtigkeit?* (Röm 6,16 ELB).

[4] Das griechische Wort *exousia* bedeutet u.a. sowohl Macht als auch Autorität (vgl. Elberfelder Studienbibel mit Sprachschlüssel, NT Nr. 1831) – Anm.d.Übers.

Die Autorität wurde jedoch auf Jesus zurückübertragen, als er den Lösegeldpreis für die sündige Menschheit bezahlte – das Leben eines sündlosen Menschen für alle Sünder. Mit seinem eigenen Leben erwarb er die Autorität zurück. Deshalb sagte Jesus zu seinen Jüngern kurz vor seiner Himmelfahrt: *„Mir ist alle Macht im Himmel und auf der Erde gegeben"* (Mt 28,18). Jesus triumphierte über Satan, entwaffnete die Mächte des Bösen und gewann die Autorität zurück, die durch Adams Sünde der Finsternis übergeben worden war. Jesus ist der Herr von allem!

> *Der Sohn ist das Ebenbild des unsichtbaren Gottes, der Erstgeborene, der über der gesamten Schöpfung steht. Denn durch ihn wurde alles erschaffen, was im Himmel und auf der Erde ist, das Sichtbare und das Unsichtbare, Könige und Herrscher, Mächte und Gewalten. Das ganze Universum wurde durch ihn geschaffen und hat in ihm sein Ziel. Er war vor allem anderen da, und alles besteht durch ihn. Und er ist das Haupt der Gemeinde, das Haupt seines Leibes. Er ist der Anfang [der neuen Schöpfung], der Erste, der von den Toten auferstand, denn [nach Gottes Plan] soll er in allem den ersten Platz einnehmen. Ja, Gott hat beschlossen, mit der ganzen Fülle seines Wesens in ihm zu wohnen und durch ihn das ganze Universum mit sich zu versöhnen. Dadurch, dass Christus am Kreuz sein Blut vergoss, hat Gott Frieden geschaffen. Die Versöhnung durch Christus umfasst alles, was auf der Erde, und alles, was im Himmel ist* (Kol 1,15-20).

Was hat Jesus mit der Autorität gemacht, die er wiedererlangt hat? Fast sofort gab er sie der Menschheit wieder zurück – an seine Nachfolger, diejenigen, in denen sein Geist wohnen würde (vgl. z.B. Joh 20,20-22; Apg 1,8; Lk 24,47). Dies ist die geistliche Realität, in der wir leben; und unser geistliches Wahrnehmen bzw. Unterscheiden und unsere Entscheidungen sollten zunehmend damit übereinstimmen. Paulus betete folgendes Gebet für die Gläubigen in Ephesus, und wir können es für uns selbst beten, damit wir diese geistliche Wirklichkeit besser verstehen können:

> *Er öffne euch die Augen des Herzens, damit ihr erkennt, was für eine Hoffnung Gott euch gegeben hat, als er euch berief, was für*

ein reiches und wunderbares Erbe er für die bereithält, die zu seinem heiligen Volk gehören, und mit was für einer überwältigend großen Kraft er unter uns, den Glaubenden, am Werk ist. Es ist dieselbe gewaltige Stärke, mit der er am Werk war, als er Christus von den Toten auferweckte und ihm in der himmlischen Welt den Ehrenplatz an seiner rechten Seite gab. Damit steht Christus jetzt hoch über allen Mächten und Gewalten, hoch über allem, was Autorität besitzt und Einfluss ausübt; er herrscht über alles, was Rang und Namen hat – nicht nur in dieser Welt, sondern auch in der zukünftigen. Ja, Gott hat ihm alles unter die Füße gelegt, und er hat ihn, den Herrscher über das ganze Universum, zum Haupt der Gemeinde gemacht. Sie ist sein Leib, und er lebt in ihr mit seiner ganzen Fülle – er, der alles und alle [mit seiner Gegenwart] erfüllt (Eph 1,18-23).

Bewaffnet mit der Autorität, die von dem Namen Jesu kommt, sollen wir jetzt in die Welt hinausgehen, um Jünger zu machen (vgl. Jesu Missionsauftrag in Matthäus 28,19-20). Überall, wo wir hingehen, geht auch Jesu Geist hin. Und größer ist der, der in uns ist, als der, der in der Welt ist! (vgl. 1 Joh 4,4).

Vergiss nicht, wenn wir in der Autorität des Wortes Gottes wandeln, wandeln wir in Sicherheit. Wir müssen ein solides Verständnis der biblischen Prinzipien erlangen, damit wir weise unterscheiden und entscheiden können, und helfen, die so wichtige Kultur der Weisheit und des Glaubens zu schaffen und zu erhalten.

4. In Gemeinschaft leben

Wir haben bereits angefangen zu erkennen, dass das Leben in Gemeinschaft mit anderen Gläubigen ein wesentlicher Aspekt eines geistlich sicheren Ortes ist, wo wir gemeinsam wachsen und den Dienst Jesu auf Erden fortsetzen. Der Leib Christi ist Gottes „Bauwerk“ und immer noch im Werden, aber nützlich für ihn:

Es ist also Gottes Werk, an dem wir miteinander arbeiten, und ihr seid Gottes Ackerfeld; ihr seid Gottes Bauwerk. Weil Gott mich in seiner Gnade dazu befähigt hat, habe ich als ein kluger und

> *umsichtiger Bauleiter das Fundament gelegt; andere bauen jetzt darauf weiter. Aber jeder soll sich sorgfältig überlegen, wie er die Arbeit fortführt* (1 Kor 3,9-10).

Wir werden *„miterbaut"* als Wohnstätte für den Geist Gottes: *„Durch ihn werdet auch ihr zu einer Wohnung Gottes im Geist miterbaut"* (Eph 2,22 REÜ). Und das bedeutet, dass wir gemeinsam als Menschen des Glaubens aufgebaut werden, die in einer Kultur des Glaubens wirken:

> *Wie ihr nun angenommen habt den Herrn Christus Jesus, so lebt auch in ihm, verwurzelt und gegründet in ihm und fest im Glauben, wie ihr gelehrt worden seid, und voller Dankbarkeit* (Kol 2,6-7 LUT).

Gemeinsam, als Leib Christi, sind wir bevollmächtigt, die Werke Jesu in der heutigen Welt zu tun, einschließlich Zeichen und Wunder und die Austreibung von Dämonen (vgl. Mk 16,17; Jak 4,7 u. v. a. neutestamentliche Abschnitte). Keine böse Macht kann uns überwältigen – wenn wir in Liebe und Glauben zusammenleben (vgl. Pred 4,12).

Ich muss dabei wieder an den Propheten Daniel denken, der als junger Mann von den Babyloniern gefangen genommen wurde und für den Rest seines langen Lebens am Hof König Nebukadnezars sowie der nachfolgenden Könige im Exil lebte. Aber Daniel war dort nicht allein; er hatte seine drei Freunde bei sich, Schadrach, Meschach und Abed-Nego. Gemeinsam schufen sie eine Kultur der Weisheit und des Glaubens, die vielen Einschüchterungen, einschließlich Morddrohungen, standhielt. Zusammen nahmen sie Zuflucht unter den schützenden Flügeln Gottes. Die biblische Darstellung ihrer mutigen Taten zeigt uns anschaulich, wie ein sicherer Ort der Gemeinschaft aussieht (vgl. das Buch Daniel). Sie lebten in Gemeinschaft und demonstrierten die Wahrheit dieses Verses: *„Und dies ist der Sieg, der die Welt überwunden hat: unser Glaube"* (1 Joh 5,4 ELB).

Keine böse Macht kann uns überwältigen – wenn wir in Liebe und Glauben zusammenleben.

---

5. Kraftvolle Proklamationen

Betrachten wir einen weiteren wesentlichen Bestandteil einer Kultur der Weisheit und des Glaubens: die Kraft der Proklamation. Von der Gebetsproklamation bis zur prophetischen Proklamation spannt sich unsere Glaubenskultur aus und bildet tiefere Wurzeln, wenn die Wahrheit Gottes den hörenden Ohren verkündet wird. Im Wesentlichen proklamieren wir die Größe Gottes:

> *Denn den Namen des HERRN rufe ich aus: Gebt Ehre unserm Gott! Der Fels; vollkommen ist sein Tun, denn alle seine Wege sind recht. Ein Gott der Treue und ohne Trug, gerecht und gerade ist er! (5 Mose 32,3-4).*

Denke immer daran, dass wir nicht *zum* Sieg *hin* beten und proklamieren, sondern *vom* Ort des Sieges *her*. Prophetischen Offenbarungen haben eine authentische Kraft, wenn wir sie innerhalb der Gemeinschaft der Gläubigen und zur Welt hin proklamieren. Als Volk Gottes kennen wir den Herrn, und wir kennen auch die Stimme unseres Hirten. Der Gott, der die Kommunikation in all ihren Formen geschaffen hat, ist durchaus in der Lage, sich selbst verständlich zu machen: Er spricht zu jedem von uns auf eine Weise, die wir nicht nur aufgreifen, sondern auch verstehen können. Er kennt die Sprache deiner Seele und gibt dir ein Lied, um es der Welt zu singen.

Du und ich, die wir den Geist Gottes in uns tragen, können die gute Nachricht von der Erlösung verkünden, wohin wir auch gehen. Nachdem wir unsere Proklamationen an Gott selbst gerichtet und seine Größe erhoben haben, stehen wir in einer Kultur des weisen Glaubens auf und verkünden den Menschen, die in der Dunkelheit leben, die Freiheit – die Freiheit von den geistlichen Mächten der Bosheit:

> *Der Geist GOTTES, des Herrn, ruht auf mir. Denn der HERR hat mich gesalbt; er hat mich gesandt, um den Armen frohe Botschaft zu bringen, um die zu heilen, die gebrochenen Herzens sind, um den Gefangenen Freilassung auszurufen und den Gefesselten Befreiung, um ein Gnadenjahr des HERRN auszurufen, einen Tag der Vergeltung für unseren Gott, um alle Trauernden zu trösten, den Trauernden Zions Schmuck zu geben anstelle von Asche,*

Freudenöl statt Trauer, ein Gewand des Ruhms statt eines verzagten Geistes (Jes 61,1-3).

Unsere kühnen und glaubensvollen Proklamationen verändern die geistliche Atmosphäre und durchdringen sie mit dem Licht und der Gegenwart Gottes. Wir sind keine Menschen, die nur unsere Zeit absitzen, sich aus Schwierigkeiten heraushalten und darauf warten, dieser unruhigen Welt zu entkommen. Stattdessen bringen wir Gottes Gegenwart direkt in die Welt um uns herum und verkünden seine Herrschaft, Vorherrschaft und Liebe. Wir strecken die Hände aus und tun Fürbitte. Wir zerstören Abhängigkeiten und befreien Menschen aus der Gefangenschaft.

Die ganze Zeit über freuen wir, die wir an Gottes sicherem Ort wohnen, uns an seiner Größe, Güte und Liebe. Wir können sagen, dass wir den Herrn mit eigenen Augen gesehen haben, weil wir sein Wirken an so vielen Orten erkannt haben, nicht zuletzt in unseren eigenen Herzen.

Strecke dich nach dem Höheren aus

Komm mit mir – lass uns nach den Sternen greifen! Treffen wir eine verbindliche Entscheidung, niemals im Leben aufzuhören, zusammen mit dem Herrn Jesus Christus und miteinander zu gehen.

Lasst die Botschaft von Christus bei euch ihren ganzen Reichtum entfalten. Unterrichtet einander [in der Lehre Christi] und zeigt einander den rechten Weg; tut es mit der ganzen Weisheit, [die Gott euch gegeben hat]. Singt Psalmen, Lobgesänge und von Gottes Geist eingegebene Lieder; singt sie dankbar und aus tiefstem Herzen zur Ehre Gottes. Alles, was ihr sagt, und alles, was ihr tut, soll im Namen von Jesus, dem Herrn, geschehen, und dankt dabei Gott, dem Vater, durch ihn (Kol 3,16-17).

Gott kommt *zu* uns, bevor er *für* uns kommt. Egal was kommt, lasst uns geistliche Unterscheider sein, welche die Wiederkunft Jesu erwarten und sich weise darauf vorbereiten, sich aufeinander stützen und einander helfen, in den Grundwerten des Reiches Gottes stark zu bleiben. Lasst uns eine Kultur der Weisheit und des Glaubens aufbauen, die genau dort blüht, wo er jeden von uns hingestellt hat.

Gebet eines Herzens, das unterscheiden kann

Lieber Vater, ich beschließe, die Gemeinschaft der Gläubigen nicht zu verlassen. Ich proklamiere, dass es gemeinsam besser geht. Zusammen haben wir mehr Glauben, mehr Kraft und mehr Autorität. Ich entscheide mich, dem Weg der Liebe zu folgen, der sichere Orte schafft. Ich proklamiere, dass ich mehr an deine Fähigkeit glaube, mich zu bewahren, als ich mich vor der Fähigkeit des Feindes, mich zu täuschen, fürchte.

Inmitten einer Kultur des Glaubens sage ich mich vom Geist der Furcht und von allen früheren Lehren oder Verbindungen in meinem Leben, die eine Kultur der lähmenden Angst gefördert haben könnten, los. Ich freue mich über die reinigende Kraft des Blutes Jesu, und ich möchte anderen die gute Nachricht von der Erlösung vermitteln.

Vater, dein Königreich hat kein Verfallsdatum! Danke, mehr als ich mit Worten sagen kann, dass du mich berufen hast, Teil deiner Glaubensfamilie zu sein. Danke über alle Maßen, dass du mich berufen hast, in deinem sicheren Haus zu wohnen. In Jesu kostbarem Namen. Amen.

KAPITEL 12

Das höchste Ziel der Offenbarung: Das Wort wird Fleisch

Und das Wort wurde Fleisch und wohnte unter uns, und wir haben seine Herrlichkeit angeschaut, eine Herrlichkeit als eines Eingeborenen vom Vater, voller Gnade und Wahrheit.

Johannes 1,14 (ELB)

Zu den Freuden meines Lebens gehören die Menschen, mit denen ich die Ehre habe zu arbeiten. Einer von ihnen ist Jeffrey Thompson, der Geschäftsführer von *God Encounters Ministries,* meines Dienstes. Hier erzählt er von einer Offenbarungserfahrung, die er mit dem Herrn machte und die das Thema dieses Kapitels veranschaulicht:

> Vor nicht allzu langer Zeit hatte ich die Gelegenheit, in der Gemeinde zu predigen, in der ich in Teilzeit im Pastorenteam mitarbeite. Nachdem ich in diesem Gottesdienst meine Botschaft gebracht hatte, fühlte ich mich wirklich gut darüber. Sie schien sowohl inhaltlich als auch in der Durchführung inspiriert gewesen zu sein. Deshalb fragte ich den Herrn: „Herr, hast du mich zum Predigen berufen?"
>
> Der Herr antwortete mir sofort in meinem Geist und sagte: „Nein, ich habe dich zum ‚Inkarnieren' berufen."
>
> Damit richtete er meine Prioritäten neu aus und erinnerte mich daran, dass das Endziel nicht im Predigen oder Lehren oder was

> auch immer besteht. Das Endziel ist die Beziehung zu Jesus Christus, und je vollständiger ich mit ihm wandle, desto mehr „inkarniere" ich ihn. Mit „inkarnieren" meine ich, dass er in mir Fleisch annimmt. Ich bin dazu berufen, seine Liebe und Weisheit, seinen Frieden und seine Hoffnung überallhin zu bringen, damit die Menschen ihn sehen können.

Das drückt es gut aus. Der Untertitel dieses Buches ist *Wie wir Offenbarungen empfangen, prüfen und anwenden können,* und das ist passend. Aber letztendlich geht es in diesem Buch um Inkarnation. Dabei geht nicht nur um die historische Inkarnation des Gottessohnes als ein jüdischer Mann mit Namen Jesus vor über zweitausend Jahren, sondern auch um die Inkarnation Jesu in jedem seiner Nachfolger, in dir und in mir. Jeder von uns ist aufgerufen, ihn zu verkörpern.

Verwandelt durch Offenbarung

Wie kommt diese Inkarnation zustande? Zuerst befähigt uns Jesus, seine Offenbarung *zu empfangen* und seine Botschaft aus dem Chaos vieler konkurrierender Stimmen heraus *zu unterscheiden.* Dann befähigt er uns, diese Offenbarung *zu werden*! Wir werden dem wahren Wort Gottes immer ähnlicher. Wir verkörpern das Wort.[1]

Unser Leben im Glauben, das als persönliche Beziehung mit Gott beginnt, wird mit der Zeit zu einer Beziehung, in der Gott sich offenbaren kann, wenn wir lernen, auf welch unterschiedliche Weisen er sich ausdrückt. Für die meisten von uns ist das genug. Und es ist wahr, dass es kein Ende dessen gibt, was wir über Beziehung und Offenbarung in unserem kontinuierlichen, lebenslangen Abenteuer mit Gott lernen sollten. Aber unser Endziel ist, so vollständig in sein Bild umgewandelt zu werden, dass wir ihn repräsentieren, während wir auf der Erde leben.

Es ist eine heilige Fortentwicklung: Beziehung erzeugt Offenbarung, und zusammen führen Beziehung und Offenbarung zur Inkarnation.

Hast du jemals darüber nachgedacht? Schauen wir uns die Grundlagen an: In der Heiligen Schrift wird Jesus als das Wort bezeichnet

[1] Vgl. Joh 1,14 am Anfang dieses Kapitels.

– das Wort, das Fleisch wurde und unter uns wohnte, das Wort, das der herrliche, eingeborene Sohn Gottes ist, voller Gnade und Wahrheit (vgl. Joh 1,1.14). Irgendwie hat ein Großteil des Leibes Christi und der globalen prophetischen Bewegung diese grundlegende Wahrheit nicht erkannt. Wir sollen nicht nur Offenbarung empfangen, sondern auch lebendige Briefe werden, die von allen gelesen werden können![2]

Der eingeborene Sohn Gottes wohnt noch immer unter uns; sein Geist lebt in jedem von uns, der Jesus zu seinem Herrn ernannt hat. Er spricht zu uns, und wir können ihn hören. Durch Gnade offenbart er uns seine Wahrheit. Seine Offenbarung nimmt viele Formen an, und wir teilen sie innerhalb und außerhalb des Leibes Christi mit anderen.

Und diese Offenbarung verwandelt uns, nicht wahr? Wir werden ihm in seiner Liebe immer ähnlicher. Wir fühlen uns vielleicht, als würden wir wackeln und fallen wie Babys, die gerade laufen lernen, aber wir lernen es. Irgendwann werden unsere Schritte stabiler. Beziehung führt zu Offenbarung und Offenbarung zu Inkarnation.

Wenn du die Worte Jesu empfängst, verinnerlichst und wieder freisetzt, wirst du auf eine sehr reale Weise ein lebendiger Brief, den andere Menschen lesen können. Geistliche „Unterscheider" pflanzen das Wort Gottes in ihre Herzen, ihre Seelen und in ihr Denken ein. Mit zunehmender Fähigkeit können sie nicht nur Gut und Böse unterscheiden, sondern wissen auch, was mit diesen Informationen geschehen soll. Sie lernen, wie man jede Festung einreißt, die sich gegen die Erkenntnis Gottes erhebt (vgl. 2 Kor 10,5). Sie lernen, was es bedeutet, täglich sein Kreuz auf sich zu nehmen und sich selbst zu verleugnen (vgl. Luk 9,23), damit sie die neue Realität des „Christus in uns, die Hoffnung der Herrlichkeit, voller Gnade und Wahrheit" ausleben können (vgl. Kol 1,27).

Geistliche „Unterscheider" agieren nicht allein, weil sie sich mit anderen gleichgesinnten Nachfolgern Christi verbünden. Sie schätzen die vielfältigen Gaben, die Gott den Gliedern seines Leibes gegeben hat. Sie können sehen, wie Gottes Gaben und Segnungen zusammenwirken, um die Gemeinde als Braut Christi für Jesus, ihren Bräutigam, bereit zu machen:

---

[2] Mehr über inkarniertes Christentum findest du in meinem Buch *The Lost Art of Practicing His Presence* (Shippensburg, PA: Destiny Image, 2006).

> *... wie Christus die Gemeinde geliebt hat: Er hat sein Leben für sie hingegeben, um sie zu seinem heiligen Volk zu machen. Durch sein Wort hat er den Schmutz ihrer Verfehlungen wie in einem reinigenden Bad von ihr abgewaschen. Denn er möchte sie [zu einer Braut] von makelloser Schönheit machen, die heilig und untadelig und ohne Flecken und Runzeln oder irgendeine andere Unvollkommenheit vor ihn treten kann* (Eph 5,25-27).

Es ist die Liebe, die alles miteinander verbindet (vgl. Kol 3,14). Von einem meiner prophetischen Mentoren, dem Seher Bob Jones, lernte ich, die Fragen zu stellen: „Habe ich Liebe gezeigt?" „Habe ich gelernt zu lieben?" Mit der Liebe, der Kraft, dem Charakter und dem Denken Christi – inkarniert in uns – ist die Gemeinde unschlagbar. Der Feind kann uns bedrängen, aber er kann uns nicht eliminieren. Einzeln und gemeinsam sind wir wie die unzerreißbare dreifache Schnur aus dem Buch Prediger: *„Und wenn einer den Einzelnen überwältigt, so werden doch die zwei ihm widerstehen; und eine dreifache Schnur wird nicht so schnell zerrissen"* (Pred 4,12). Als Einzelne und auch als ganzer Leib hören wir nie auf zu wachsen – in der Fülle unserer Beziehungen, der Gaben, der Fruchtbarkeit, der Offenbarung, der Weisheit und der Inkarnation.

Mit der Liebe, der Kraft, dem Charakter und dem Denken Christi – inkarniert in uns – ist die Gemeinde unschlagbar.

Ein Christus verkörperndes Christsein leben

Jesus der Welt darstellen

All dies soll eines deutlich machen: Das ganze Ziel der prophetischen Offenbarung und damit das Ziel eines geistlichen „Unterscheiders" der Offenbarung ist die Inkarnation – die Darstellung Jesu in der Welt. Das ist der Grund für unser interaktives Hören und unsere Kommunikation mit Gott, in all ihren Dimensionen. Zusammen mit allen, die mit Jesus leben, tragen wir seine Botschaft in die Welt.

Als der Apostel Johannes die großartige Offenbarung aufzeichnete, die auf der Insel Patmos erhielt, schrieb er:

> *Und ich fiel ihm [dem Engel] zu Füßen, um ihn anzubeten. Er aber sagte zu mir: Tu das nicht! Ich bin ein Mitknecht wie du und deine Brüder, die das Zeugnis Jesu festhalten. Gott bete an! Das Zeugnis Jesu ist der Geist prophetischer Rede* (Offb 19,10 REÜ).

Für uns als „Unterscheider“ ist der entscheidende Ausdruck hier *„deine Brüder, die das Zeugnis Jesu festhalten“.* Wenn unser Empfangen von Offenbarungen anderen nicht tiefer bewusst macht, wer Jesus Christus ist, und uns nicht in eine leidenschaftlichere Nachfolge führt, dann stimmt etwas nicht. Viele Menschen haben historische Informationen und sogar lehrmäßige Kenntnisse über Jesus, aber wir brauchen eine persönliche Offenbarung von ihm. Diese finden wir ohne die Hilfe seines Heiligen Geistes nicht, denn es braucht Gott, um Gott zu erkennen. Eine der Aufgaben des Heiligen Geistes besteht darin, Jesus für uns real werden zu lassen, und uns in die Lage zu versetzen, dass wir ihn erkennen und ihm folgen können. Entsprechend dem, wie wir ihn kennen, machen wir ihn bekannt – durch unsere Worte und unseren Lebensstil. Wir verkörpern ihn und tragen sein Zeugnis in die Nähe und in die Ferne.

Wenn wir also über das Empfangen und Freisetzen prophetischer Offenbarung sprechen, meinen wir nicht in erster Linie die Vorhersage der Zukunft, sondern die Darstellung der Botschaft und Person Jesu gegenüber den Menschen um uns herum. Das ist etwas, was du und ich tun können. Mit Hilfe des Heiligen Geistes können wir der Welt „zeigen und sagen“, dass Jesus Herr und Messias ist (vgl. Mt 16,13-17; 1 Kor 12,3).

Echte prophetische Offenbarung ist wirkmächtig; sie durchdringt verhärtete Herzen und Unglauben. Denke daran, wie sie im Neuen Testament gewirkt hat. Als Jesus Nathanael sagte, er habe ihn unter dem Feigenbaum gesehen, glaubten Nathanael und andere, dass Jesus der Messias war (vgl. Joh 1,43-51). Nachdem Jesus der samaritanischen Frau am Brunnen „alles, was sie je getan hat“ offenbart hatte und sie den Menschen in ihrer Stadt davon erzählte, kamen viele der Stadtbewohner zum Glauben an ihn als den Sohn Gottes (vgl. Joh 4,7-26). Das ist der Lebensstil der Offenbarung, in dem wir heute leben sollen und der das Leben der Menschen verändern kann. Und während du und ich mit Jesus leben, treten wir in den gleichen kraftvollen, offenbarenden Strom ein, in dem er lebte.

Wie sich Jesus heute offenbart

Vor einigen Jahren ging ich nach Indonesien, um auf einer Konferenz mit Bill Johnson, Ché Ahn und Heidi Baker zu dienen. Indonesien, das aus Tausenden von Inseln in Südostasien besteht, ist weltweit die Nation mit der größten muslimischen Bevölkerung. Zur Sicherheit erhielt ich einen persönlichen Leibwächter, der mich überallhin begleitete. Er war ein hingegebener Muslim, der in seinem Leben noch nie in einer christlichen Veranstaltung gewesen war. Er hatte auch noch nie die Wahrheit über Jesus als Erlöser und Herrn gehört, obwohl seine Religion ihn gelehrt hatte, zu glauben, dass Jesus einer der Propheten sei.

Als ich in einer der Veranstaltungen auf dem Podium sprach, stand mein Leibwächter in der Nähe. Alles, was ich auf der Konferenz lehrte, wurde in die indonesische Sprache übersetzt, sodass er es verstehen konnte. Und während meiner Botschaft hatte er eine Offenbarungsbegegnung mit Gott, ohne dass ich davon etwas mitbekam. Ich erfuhr es erst am nächsten Tag, kurz bevor ich aufstand, um wieder zu sprechen. Einige Leute gaben der Reihe nach Zeugnis, und ich saß mit einigen Freunden, die für mich übersetzten, in der ersten Reihe. Zu meiner großen Überraschung ging mein muslimischer Leibwächter nach vorne, um Zeugnis zu geben.

Er begann mit der Aufforderung: „Hört auf den Propheten James Goll." Ich weiß nicht, ob ihm jemand gesagt hatte, er solle mich so nennen, aber es hat mich an die Schriftstelle erinnert, die besagt, dass, wer einen Propheten im Namen eines Propheten empfängt, auch den Lohn eines Propheten erhält.[3] Dann fuhr er fort: „Ich bin Muslim, und als ich dem Propheten James Goll diente, hatte ich eine Vision. Licht und Herrlichkeit kamen, und viele Engel erschienen mir." Die Leute applaudierten. Er war fertig, und so stand ich auf, um zu sprechen.

---

[3] *„Wer einen Propheten aufnimmt in eines Propheten Namen, wird eines Propheten Lohn empfangen; und wer einen Gerechten aufnimmt in eines Gerechten Namen, wird eines Gerechten Lohn empfangen"* (Mt 10,41).

Während ich meine Botschaft brachte, hatte dieser Mann eine zweite Vision, eine panoramaartige, während seine Augen offen waren und er nur als mein Leibwächter dastand. Diesmal erschien ihm Jesus – zusammen mit seinen Jüngern –, und Jesus sprach zu ihm und fragte: „Willst du einer meiner Jünger sein?“ Getroffen von dieser Offenbarung gab der Mann an Ort und Stelle sein Herz dem Herrn Jesus Christus.

Als ich später davon hörte, war ich erstaunt. Ich hatte noch nie erlebt, dass jemand eine Vision von Jesus mit all seinen Jüngern hatte. Diese gewaltige Begegnung hatte langanhaltende Folgen. Der Mann war Ehemann und Vater, und schließlich gab seine ganze Familie ihr Leben Jesus. Auf einer späteren Reise nach Indonesien wurde mir gesagt, dass sie alle Teil einer örtlichen Gemeinde geworden und mit Wasser getauft worden seien. So ist es, wenn Gott Zeichen und Wunder wirkt. Preist den Herrn!

Wenn du und ich und andere den Geist Gottes an einen dunklen Ort bringen, fegt die Herrlichkeit seines Lichts alle Hindernisse weg und überwindet die Finsternis. Erstaunliche Dinge können passieren, ob man es nun erwartet oder nicht. Offenbarungsgaben sind wie Panzerabwehrraketen. Sie zerstören die Pläne des Feindes, stellen die Finsternis bloß und setzen Gefangene frei.

Wenn unser Empfangen von Offenbarungen anderen nicht tiefer bewusst macht, wer Jesus Christus ist, und uns nicht in eine leidenschaftlichere Nachfolge führt, dann stimmt etwas nicht.

Eine Kultur der Ehre

Als mein indonesischer Leibwächter mir die Ehre gab, ehrte er meinen Gott und wurde reich belohnt. Die Schrift fordert uns auf, eine Kultur der Ehre zu pflegen, sowohl im Leib Christi als auch überall dort, wo wir hingehen. Zum Beispiel schrieb Paulus an die Gemeinde in Rom: *„In der Bruderliebe zueinander seid voll Herzlichkeit; in der Ehrerbietung komme einer dem andern zuvor!“* (Röm 12,10 MNG).

Wir pflegen eine Kultur der Ehre innerhalb der Gemeinde, wenn wir andere Gläubige hochhalten und sie für ihre Mitwirkung am

Reich Gottes schätzen. Im Wesentlichen ehren wir sie, weil sie Christus verkörpern. Niemand kann den Herrn Jesus Christus in jeder Hinsicht inkarnieren, natürlich nicht. Aber gemeinsam können wir ihn verkörpern.

In meinem eigenen Leben werden mir die Menschen, welche ich ehren kann, nie ausgehen, und ich ehre jeden von ihnen aus einem anderen Grund. Ich denke an sie alle, von meiner eigenen betenden Mutter bis hin zum apostolischen Lehrer und Gemeindewachstumsexperten C. Peter Wagner, der in die Herrlichkeit einging, während ich an diesem Buch arbeitete. Ich denke an Ché Ahn und Don Finto, wunderbare apostolische Leiter, die mit mir durch gute und schlechte Zeiten gegangen sind. Du kannst dir meine empfohlene Literaturliste am Ende dieses Buches ansehen als Beispiel für viele Menschen, die ich namentlich ehre. Ich könnte zu dieser Liste noch viele nicht Genannte hinzufügen, die vielleicht keine Bücher veröffentlicht haben, aber welche die Liebe Christi mir gegenüber verkörpert haben. Sie sind einige der wahren Gläubigen, die das Mitgefühl und die Tugenden des Herrn Jesus Christus verkörpern. Ich ehre sie alle. Ich bin ein äußerst dankbarer Mann.

Im entgegengesetzten Geist handeln

Indem wir eine Kultur der Ehre pflegen, engagieren wir uns tatsächlich in einer Form der geistlichen Kampfführung. Der Feind kann uns nicht blockieren, wenn wir uns in einer Weise verhalten, die seinem Geist der Verwirrung, des Stolzes, der Kontrolle und der Zerstörung entgegengesetzt ist. Wir überwinden ganz einfach das Böse mit dem Guten. Wie Paulus es ausdrückte:

> *Die Liebe soll echt sein, nicht geheuchelt. Verabscheut das Böse, haltet euch unbeirrbar an das Gute. Lasst im Umgang miteinander Herzlichkeit und geschwisterliche Liebe zum Ausdruck kommen. Übertrefft euch gegenseitig darin, einander Achtung zu erweisen. Lasst in eurem Eifer nicht nach, sondern lasst das Feuer des Heiligen Geistes in euch immer stärker werden. Dient dem Herrn. Freut euch über die Hoffnung, die ihr habt. Wenn Nöte kommen, haltet durch. Lasst euch durch nichts vom Gebet abbringen. Helft Gläubigen, die sich in einer Notlage befinden; lasst sie mit ihrer*

> *Not nicht allein. Macht es euch zur Aufgabe, gastfreundlich zu sein. Segnet die, die euch verfolgen; segnet sie, verflucht sie nicht. Freut euch mit denen, die sich freuen; weint mit denen, die weinen. Lasst euch im Umgang miteinander davon bestimmen, dass ihr ein gemeinsames Ziel habt. Seid nicht überheblich, sondern sucht die Gemeinschaft mit denen, die unscheinbar und unbedeutend sind. Haltet euch nicht selbst für klug. Vergeltet niemand Böses mit Bösem. Bemüht euch um ein vorbildliches Verhalten gegenüber jedermann. Wenn es möglich ist und soweit es an euch liegt, lebt mit allen Menschen in Frieden. Rächt euch nicht selbst, liebe Freunde, sondern überlasst die Rache dem Zorn [Gottes]. Denn es heißt in der Schrift: „[Das Unrecht] zu rächen ist meine Sache, sagt der Herr; ich werde Vergeltung üben." Mehr noch: „Wenn dein Feind hungrig ist, gib ihm zu essen, und wenn er Durst hat, gib ihm zu trinken. Ein solches Verhalten wird ihn zutiefst beschämen." Lass dich nicht vom Bösen besiegen, sondern besiege Böses mit Gutem* (Röm 12,9-21).

Als Menschen, die Christus im Fleisch repräsentieren, verkörpern die geistlichen „Unterscheider" das Wort. Sie erkennen Gut und Böse und empfangen Offenbarungen, Auslegungen und die passenden Anwendungen. Sie haben die göttliche Fähigkeit zu unterscheiden und handeln auf dieser Basis mit Weisheit und Liebe. Dies ermöglicht es ihnen, sich gegen das Böse zu behaupten, indem sie in der Natur Christi wandeln.

Das Handeln im entgegengesetzten Geist, wie es von Jesus in der Bergpredigt gelehrt wird (vgl. Mt 5–7), ist eine der besten Möglichkeiten, den religiösen Geist oder einen anderen allgegenwärtigen Geist zu bekämpfen. So wird ein Richtgeist durch Segen und ein Kritikgeist durch eine von der Erlösung geprägte Beurteilung überwunden. Gesetzlichkeit wird durch Gnade demontiert. Konkurrenzdenken wird durch weises und erbauliches Sprechen verscheucht. Täuschung wird von Wahrheit durchdrungen.

Zum jetzigen Zeitpunkt ist jeder Akt der geistlichen Kampfführung eine Vorstufe zu einem Endzeitkampf. Es obliegt einem jeden von uns, ein geistlicher „Unterscheider" zu werden, der wie die alten Priester von Zadok (vgl. Hes 44,15-23) nicht nur den Unterschied zwischen dem Heiligen und dem Profanen erkennt, sondern auch andere darin unterweisen kann. Wir lernen, nach den Worten Jesu in der Bergpredigt zu leben (vgl. Mt 5–7) und lehren sie auch andere – meist mehr durch unsere Taten als durch unsere Worte.

Beziehung – Offenbarung – Inkarnation. Das ist unser Ziel! Wenn wir Offenbarung von Gott empfangen, prüfen und weitergeben, werden wir zu einem Wort von ihm, das die Dunkelheit durchdringt und erhellt.

Strecke dich nach dem Höheren aus

Ich habe von *„Christus in euch, die Hoffnung der Herrlichkeit"* (Kol 1,27 ELB) gesprochen. Als Menschen, die Christus Jesus verkörpern, verkörpern wir die Hoffnung – und Hoffnung ist eine *Person.* Selbst in die dunkelsten Orte lassen wir sein Licht hineinscheinen. Wir sind Botschafter für das Reich Gottes, und zusammen vertreten wir unseren König in der Welt. *„So sind wir nun Botschafter für Christus, und zwar so, dass Gott selbst durch uns ermahnt; so bitten wir nun stellvertretend für Christus: Lasst euch versöhnen mit Gott!"* (2 Kor 5,20 SLT).

Einmal diente ich in Bischof Joseph Garlingtons *Covenant Church* in Pittsburgh in Pennsylvania, als mir der Heilige Geist mitten in meiner Predigt eine Frage stellte. In meinem Herzen hörte ich: *Wie wirft man einen Schatten?* Das machte für mich in diesem Moment eigentlich keinen Sinn. Ich predigte weiter, aber innerlich bewegte ich gleichzeitig diese Frage, sozusagen Multitasking.

Nachdem ich mit der Predigt fertig war, rief ich etwa ein Dutzend Menschen auf, um ihnen zu dienen. Ich versuchte herauszufinden, was ich für sie beten sollte, als ich mich wieder an diese kleine Frage erinnerte, was mich dazu veranlasste, den alten Schlager „Me and My Shadow"[4] zu singen. Als ich mich bewegte, bemerkte ich, dass die Bühnenbeleuchtung einen sichtbaren Schatten von mir auf den Boden warf, also begann ich, die Worte prophetisch darzustellen. Als ich bei dem Satz „Ich schlenderte die Allee entlang" ankam, bewegte ich mich entlang der Reihe der Leute; mein Schatten fiel

[4] Übers.: Ich und mein Schatten; u. a. gesungen von Frank Sinatra und Sammy Davis Jr., siehe https://www.songtexte.com/songtext/frank-sinatra-and-sammy-davis-jr/me-and-my-shadow-33fc04cd.html - Anm.d. Übers.

auf einen nach dem anderen – und sie wurden von der Kraft des Heiligen Geistes überwältigt. Ha! Er hatte es schon wieder getan! Seine Gegenwart war gekommen und überschattete diese Gläubigen mit seiner Liebe und Fürsorge.

Später teilte der Heilige Geist mir ein Geheimnis mit, das seine Frage „Wie wirft man einen Schatten?" beantwortete: Einen Schatten wirft, wer „im Licht wandelt". Nachdem ich dieses Wort erhalten hatte, begann ich, die Leute zu fragen: „Ist dein Schatten gefährlich? Konfrontiert er die Mächte der Finsternis?" Tatsächlich werfen die Nachfolger Christi einen Schatten, indem sie in seinem Licht stehen, und je näher wir dem Licht kommen, desto länger und stärker wird der Schatten sein. Erinnerst du dich, was mit Petrus' Schatten in der frühen Gemeinde passierte?

> *Aber umso mehr wurden solche, die an den Herrn glaubten, hinzugetan, Scharen von Männern und auch Frauen, sodass sie die Kranken auf die Straßen hinaustrugen und auf Betten und Lager legten, damit, wenn Petrus käme, auch nur sein Schatten einen von ihnen überschatten möchte* (Apg 5,14-15 ELB).

Möchtest du nicht sehen, dass solche Dinge auch in deinem eigenen Leben passieren? Komm näher und näher zu Jesus. Lege dich wie Johannes an seine Brust (vgl. Joh 13,23). Höre auf seinen Herzschlag. Lass dein Herz im Rhythmus mit seinem Herzen schlagen; lasst eure Herzen als Einheit schlagen. Und schau, was dann passiert.

Wenn wir nun dieses letzte Kapitel des Buches abschließen, von dem ich hoffe, dass es für dich lehrreich, inspirierend und offenbarend war, möchte ich sicherstellen, dass du ein wesentliches Prinzip kennst: Diese Wahrheiten sind nicht für eine Elitetruppe von Oberschicht-Christen bestimmt. Nein! Was ich aus der Tiefe meines Herzens mitgeteilt habe, ist für jeden Gläubigen bestimmt. Die einzige Voraussetzung ist Hunger. Bist du hungrig nach mehr vom Herrn? Du kannst dich auf die Wahrheit dieses Spruches verlassen: „Je tiefer dein Hunger ist, desto weiter wirst du dich nach Gott ausstrecken."

Ich weiß nicht, wie das bei dir ist, aber ich will mehr, als nur ein Wort von Gott zu hören. Ich will dieses Wort *werden*. Das ist das höchste Ziel der Offenbarung – dass das Wort Fleisch wird.

Beziehung – Offenbarung – Inkarnation.
Das ist unser Bestreben, das ist unser Ziel!
Wenn wir Offenbarung von Gott empfangen,
unterscheiden und kommunizieren,
werden wir zu einem Wort von ihm,
das die Dunkelheit durchdringt und erhellt.

Gebet eines Herzens, das unterscheiden kann

Unser Vater, im Namen Jesu und als Gläubiger des Neuen Testaments möchte ich Teil des lebendigen Wortes Gottes werden. Zusammen mit anderen im Leib Christi möchte ich reifer werden und meine Sinne dem Heiligen Geist übergeben. Durch Gnade möchte ich in meiner Unterscheidungsgabe von Gut und Böse wachsen.

Ich möchte in meiner Fähigkeit wachsen, deine Offenbarung zu empfangen und sie an andere weiterzugeben, wie du mich führst. Ich möchte den Duft des Himmels überallhin mitnehmen und andere mit deiner Liebe berühren. In Treue möchte ich eine Kultur der Ehre pflegen und ein Botschafter der Hoffnung werden.

Meine größte Hoffnung ist, verbunden mit den Nachfolgern Jesu, die das Wort Gottes verkörpern, weiterzugehen, bis ich auf Erden meinen letzten Atemzug tue. Mit einem freudigen Amen!

Hinweis: Zu dem Buch wird als Ergänzung noch ein Arbeitsbuch erscheinen im A5-Format, ca. 100-120 Seiten.

Titel:

Geistlich wahrnehmen und unterscheiden (Arbeitsbuch)

Empfohlene Literatur

Baker, Heidi. *Compelled by Love*. Lake Mary, FL: Charisma House, 2008.

Bevere, John. *The Bait of Satan*, 20th ann. ed. Lake Mary, FL: Charisma House, 2014.

Bolz, Shawn. *Translating God*. Self-published, 2015.

Brown, Michael L. *Let No One Deceive You*. Shippensburg, PA: Destiny Image, 1997.

Chavda, Mahesh. *Only Love Can Make a Miracle*. Self-published, 2002.

Chavda, Mahesh and Bonnie Chavda. *Watch of the Lord*. Lake Mary, FL: Charisma House, 1999.

Frangipane, Francis. *Discerning of Spirits*. Cedar Rapids, IA: Arrow Publications, 1994.

Frangipane, Francis. *The Three Battlegrounds*. Cedar Rapids, IA: Arrow Publications, 2006.

Hamon, Jane. *Dreams and Visions*, rev. ed. Bloomington, MN: Chosen Books, 2016.

Hotchkin, Robert. *Leviathan Exposed*. Maricopa, AZ: XP Publishing, 2016.

Jacobs, Cindy. *Deliver Us from Evil*. Ventura, CA: Regal Books [Gospel Light], 2010.

Jacobs, Cindy. *The Voice of God* rev. ed. Bloomington, MN: Chosen Books, 2016.

Johnson, Bill. *God Is Good*. Shippensburg, PA: Destiny Image, 2016.

Johnson, Bill. *The Supernatural Power of a Transformed Mind*, rev. ed. Shippensburg, PA: Destiny Image, 2014.

Joyner, Rick. *Overcoming Evil in the Last Days*, rev. ed. with study guide. Shippensburg, PA: Destiny Image, 2009.

Joyner, Rick. *The Prophetic Ministry*. Fort Mill, SC: MorningStar Publications, 2006.

King, Patricia. *Eyes That See*, rev. ed. Maricopa, AZ: XP Publishing, 2010.

King, Patricia. *Developing Your Five Spiritual Senses*. Maricopa, AZ: XP Publishing, 2014.

LeClaire, Jennifer. *The Spiritual Warrior's Guide to Defeating Jezebel*. Bloomington, MN: Chosen Books, 2013.

Malick, Faisal. *The Political Spirit*. Shippensburg, PA: Destiny Image, 2008.

Maloney, James. *The Panoramic Seer*. Shippensburg, PA: Destiny Image, 2012.

Nelson, Jerame. *Activating Your Spiritual Senses*. Self-published through Living at His Feet Publications, San Diego, CA, 2012.

Pierce, Chuck D. *Time to Defeat the Devil*. Lake Mary, FL: Charisma House, 2011.

Pierce, Chuck D. *A Time to Triumph*. Bloomington, MN: Chosen Books, 2016.

Prince, Derek. *Blessing or Curse: You Can Choose*. Bloomington, MN: Chosen Books, 2006.

Prince, Derek. *They Shall Expel Demons*. Bloomington, MN: Chosen Books, 1998.

Robinson, Mickey. *The Prophetic Made Personal*. Shippensburg, PA: Destiny Image, 2010.

Sandford, John and Paula Sandford. *The Elijah Task*. Lake Mary, FL: Charisma House, 2006.

Sheets, Dutch. *Intercessory Prayer*. Bloomington, MN: Bethany House, 1996 [reprint edition 2016].

Smith, Laura Harris. *Seeing the Voice of God*. Bloomington, MN: Chosen Books, 2014.

Virkler, Mark and Patti Virkler. *Communion with God – Study Guide*. Shippensburg, PA: Destiny Image, 1991.

Wagner, C. Peter. *Freedom from the Religious Spirit*. Ventura, CA: Regal Books [Gospel Light], 2005.

Wagner, Doris M. *How to Cast Out Demons*. Ventura, CA: Renew Books [Gospel Light], 2000.

Welton, Jonathan. *The School of Seers*, rev. ed. Shippensburg, PA: Destiny Image, 2013.

Wimber, John and Kevin Springer. *Power Healing*. New York: HarperOne, 2009.

Über den Autor

James W. Goll, ist einer, der Jesus liebt. Er ist Mitbegründer von *Encounters Network*, dessen Ziel es ist, durch den Dienst der Prophetie, Fürbitte und Barmherzigkeit das Leben von Menschen zu verändern und Gottes Gegenwart in den Nationen freizusetzen. James ist auch Direktor von *Prayer Storm*, einem 24/7-Gebetshaus, das die neuen Medien nutzt. Und er ist Gründer der *God Encounters Training e-School of the Heart* – wo Glaube und Leben zusammengehen.

Nach einer Zeit als Pastor im Mittleren Westen der USA wurde James in die Rolle eines Zurüsters und Trainers auf internationaler Ebene berufen. Auf vielen Reisen bringt er seine Leidenschaft für Jesus jedem Kontinent. Er ist Mitglied des apostolischen Teams von *Harvest International Ministry* und Berater vieler Dienste in aller Welt. James' Wunsch ist zu erleben, dass der Leib Christi ein Gebetshaus für alle Nationen wird und durch den Heiligen Geist bevollmächtigt wird, die gute Nachricht in jedem Land und Volk zu verbreiten. Er ist Autor zahlreicher Bücher und Handbücher und schreibt für verschiedene Zeitschriften.

James war mehr als 32 Jahre mit Michal Ann Goll verheiratet, bevor diese im Herbst 2008 in ihre himmlische Heimat ging. Sie haben vier wundervolle, erwachsene Kinder, die bereits alle verheiratet sind. James ist jetzt „Opa" von vier hinreißenden Enkelkindern. Er wohnt im südlichen Charme von Franklin (Tennessee) und folgt auch weiterhin leidenschaftlich dem Liebhaber seiner Seele nach.
Mehr Information unter:

www.encountersnetwork.com | www.prayerstorm.com
www.compassionacts.com | www.GETeSchool.com

E-Mail: info@encountersnetwork.com *oder* inviteJames@gmail.com

Weitere Bücher von James Goll

bei GloryWorld-Medien

James Goll

Die Gaben des Heiligen Geistes freisetzen

216 S., Paperback

Gott möchte, dass wir täglich das große Wunder, in und durch seine Gnade zu wirken, erleben. Deshalb geht es in diesem Buch nicht nur darum, wie man seine geistlichen Gaben entdeckt oder empfängt, sondern wie man sie freisetzt und weitergibt!

Der Geist demonstriert Gottes übernatürliche Kraft durch seine Gemeinde heute, indem seine Herrlichkeit auf globaler Ebene freigesetzt wird. Alle Gaben Gottes sind immer noch voll funktionsfähig, und jeder einzelne Gläubige ist dazu bestimmt, im Fluss Gottes zu leben und seine Bestimmung zu erfüllen.

Dieses Buch zeigt auf, wie der Heilige Geist durch die neun bekanntesten Geistesgaben wirkt. Diese sind zwar sind nicht die einzigen Gaben, die Gott seinen Kindern gibt, aber es ist wichtig, sie zu verstehen und sie unter Gottes Leitung für die Erfüllung des Missionsbefehls einzusetzen.

Anhand vieler anschaulicher Beispiele aus der Bibel und aus der Gegenwart lernen wir, wie geistliche Gaben in der Praxis funktionieren. Gott möchte seine Gaben heute mit noch größerer Wirkung und Autorität auf sein Volk ausgießen. Entdecken Sie, was der Herr für Sie und durch Sie tun möchte, indem er in einer mächtigen Ausgießung seiner Liebe, Gnade und Kraft geistliche Gaben freisetzt.

James Goll

Die Gaben des Heiligen Geistes freisetzen (Arbeitsbuch)

176 S., Paperback; A5-Format

In diesem Begleitbuch zu dem Buch „Die Gaben des Heiligen Geistes freisetzen" geht es nicht nur darum, seine geistlichen Gaben zu entdecken oder zu empfangen, sondern sie praktisch ein- und freizusetzen. Gott möchte, dass wir das große Wunder des Wirkens in und durch seine Gnade erleben, und zwar täglich.

Zuerst erhalten wir einen Überblick über die geistlichen Gaben und darüber, wie der Heilige Geist durch sie wirkt. Dann befassen wir uns intensiv mit den neun am weitesten verbreiteten geistlichen Gaben. Es ist wichtig, diese zu verstehen und dann gemäß seiner Führung zu aktivieren.

Gott möchte seine Gaben mit noch größerer Wirkung und Autorität auf sein Volk ausgießen. Dies ist unsere Gelegenheit, herauszufinden, was der Herr für uns und durch uns tun kann, wenn wir seine geistlichen Gaben heute mit seiner Liebe, Gnade und Kraft freisetzen!

Weitere Produkte von GloryWorld-Medien

„Himmlische Bücher für die Erde"

Dr. Charity Virkler-Kayembe / Dr. Mark Virkler

Höre Gott durch deine Träume

Gottes Reden in der Nacht verstehen; 288 S., Pb.

In der Bibel finden wir sehr viele Beispiele für Gottes Reden durch Träume. Auch heute möchte er uns durch Träume wichtige Botschaften zukommen lassen. Doch beachten wir sie oft wenig oder wissen nicht, wie sie zu deuten sind.

Diesem Missstand möchte dieses Buches abhelfen. Die Autoren haben sehr viele Erfahrungen im Umgang mit Gottes Reden gesammelt. Das Buch ist ein praktischer, leicht verständlicher und biblischer Leitfaden, um die Sprache zu verstehen, die Gott in unseren Träumen benutzt.

Jonathan Welton, Die Schule der Seher

Eine praktische Anleitung, wie man ins Unsichtbare hineinsehen kann; 224 S.; Pb.; Vorwort von Randy Clark

Viele Christen haben angefangen, übernatürliche Phänomene zu erleben: Träume, (offene) Visionen, Engel oder Dämonen. Aber es mangelt ihnen an solider biblischer Lehre und sie sind zu dem geworden, was man als *Seherwaisen* bezeichnet: Sie suchen verzweifelt nach jemandem, der sie trainiert, ermutigt und freisetzt.

Das Ziel von Jonathan Welton war deshalb, ein praktisches Handbuch herauszubringen, das den Leib Christi mit den Informationen ausrüstet, die notwendig sind, um in der Dimension des Prophetischen bzw. des Sehers zu wachsen und im Leben im Übernatürlichen Reife zu erlangen.

Cal Pierce, Eine Vision für Heilungsräume

Wenn Heilung durch Gebet so normal wird wie ein Arztbesuch

120 S.; Paperback

Welche Antworten hat die christliche Gemeinde auf die zunehmenden „unheilbaren" Krankheiten? 80 Jahre, nachdem John G. Lake damit begonnen hatte, in Spokane sogenannte Heilungsräume („healing rooms") einzurichten, wurde Cal Pierce von Gott geführt, diese Räume wiederzueröffnen. Viele Tausende haben dort inzwischen eine heilende Begegnung mit Gott erlebt. Er erzählt die packende Geschichte, wie es dazu kam, und vermittelt gleichzeitig die Vision für solche Heilungsräume weltweit.

Bill Johnson / Randy Clark, Berufen zu heilen I

Grundlagen und Praxis des Gebets für Kranke, 240 S., Pb.

Jeder Christ kann von Gott gebraucht werden, um anderen Heilung zukommen zu lassen. Das ist das Anliegen der beiden Autoren. Dazu berichten Sie, wie Gott sie in den Heilungsdienst hineinführte, und legen anschließend klare biblische Grundlagen für das Heilungsgebet. Im umfangreichsten Teil gehen sie auf verschiedene Aspekte ein, die für eine Heilung förderlich sind, erläutern, wie seelische und körperliche Krankheiten zusammenhängen und stellen dann ein in der Praxis bewährtes Modell für das Gebet um Heilung vor, das für alle Christen leicht anwendbar ist.

Blake K. Healy, Durch den Schleier sehen

Eine Einladung in die unsichtbare Welt; 176 S. Paperback

Blake K. Healy sieht Engel und Dämonen seit seiner Kindheit – und zwar so klar wie natürlich sichtbare Dinge. Er sieht zum Beispiel Engel in Anbetungsgottesdiensten tanzen und Ermutigungsworte in die Ohren von Menschen flüstern, doch genauso sieht er auch Dämonen, die sich an Leute heften und so Abhängigkeiten, Lügen und Bitterkeit in deren Herzen und Gedanken aufrechterhalten.

In diesem Buch erzählt er einige dieser Begegnungen und wie er in dieser Gabe reifte und dabei die Angst und Verwirrung über die Dinge, welche er sah, überwand. Und ebenso, und wie er lernte, die Gabe des Sehens zu Gottes Verherrlichung zu nutzen und andere darin zu lehren.

„Ich wollte nicht, dass dieses Buch jemals endet!" (Bill Johnson)

Judy Franklin / Beni Johnson, Den Himmel erleben

Wie wir in Gottes Dimension eintreten können

Vorwort von Bill Johnson; 200 S., Pb.

Judy Franklin, die Sekretärin von Bill Johnson, versteht es meisterhaft, die christliche Gemeinde zu ihrem ursprünglichen Auftrag, im Geist zu leben, zurückzuführen. Ihr Buch liest sich wie eine Schatzkarte, die einen vom Chaos dieser Welt zu übernatürlichen Erfahrungen führt.

Aufgrund ihrer Kindheitserlebnisse hatte Judy Franklin lange Zeit gedacht, sie sei dumm und könne nicht geliebt werden. In diesem Buch berichtet sie, wie Gott sie in die himmlische Welt sehen ließ und ihr persönlich begegnete, sodass sie diese Erfahrungen überwinden konnte.

Die praktischen Tipps und Anleitungen helfen Ihnen, den Vater sehr persönlich kennenzulernen. Die Autorin berichtet, wie sie Hindernisse zu dieser Erfahrung überwand, und bezeugt dadurch Gottes Kraft zu heilen und seine liebevolle Freundlichkeit und Güte gegenüber allen, die sich danach sehnen, ihn zu kennen und eine tiefere Vertrautheit mit Christus zu erleben.

Henk Bruggeman, Das Herz des Vaters entdecken

Unsere Identität als Söhne und Töchter Gottes empfangen

200 S.; Paperback

Gott sehnt sich mehr denn je danach, seinen Kindern sein Vaterherz zu offenbaren. Er möchte, dass wir ihn nicht nur mit dem Kopf, sondern vor allem mit dem Herzen kennenlernen. Statt einer Distanziertheit soll eine innige Vertrautheit unsere Beziehung zu ihm prägen. Darüber hinaus möchte er uns aber eine neue Identität schenken: die Identität der Sohnschaft. Wir entdecken mehr und mehr, wie wir als echte Söhne und Töchter Gottes leben können.

Phil Mason, Das Wunder der Neuen Schöpfung

Die Grundlage der Herzensrevolution

Band 2 der Reihe „Übernatürliche Transformation"

264 S., Paperback

Was genau passiert bei der Wiedergeburt eines Christen? Welche Segnungen gehen damit einher? Wie kommen wir dahin, vom Geist bestimmt zu werden? Und wie geschieht es, dass wir ganz heil werden und immer mehr Christus widerspiegeln?

Phil Mason legt die umfassende Grundlage dafür, dass jeder Christ die Tatsachen und Prozesse versteht, die uns zu siegreichen Christus-Nachfolgern machen. Das ist Voraussetzung für die Revolution, die Gott in seiner Gemeinde gerade in Gang bringt.

Luc Niebergall, Eine zeitlose Reise

Wie ich den Himmel erkunden und meine Identität empfangen durfte; 144 S., Paperback

Ab dem Alter von 16 Jahren wurde Luc Niebergall eine unglaubliche „Reise" in die Herrlichkeit der Person Jesu zuteil. Durch prophetische Begegnungen durfte er den lebendigen Gott erfahren.

Nach acht Jahren Visionen, Träumen und himmlischen Begegnungen hatte er den Eindruck, Gott wolle, dass er einiges von dem, was er ihm gezeigt hatte, in Form von Geschichten in einem Buch niederschreibt.

Dieses Buch ist ein Aufruf an die Söhne und Töchter Gottes, ihr volles Erbe zu empfangen, das darin besteht, in einer ewigen, intimen Beziehung zu Gott selbst zu leben.

Begegnen wir der intimen Liebe Gottes, des Vaters, fällt die falsche Identität der Waisenschaft von uns ab. Wir werden zu siegreichen Söhnen und Töchtern, welche den Nationen Heilung und Wiederherstellung bringen.

Kevin Basconi, Mit den Engeln tanzen, Band 1

Die Grundlagen: Gottes Engel erkennen, einladen und beauftragen; 240 S.; Paperback

Mit diesem Buch stellt uns Kevin Basconi eine inspirierende, glaubensstärkende und praktische Anleitung zur Verfügung, wie ganz normale Gläubige mit Engeln zusammenarbeiten und sie sogar beauftragen können, um den Willen Gottes auszuführen.

Sein Buch ist voller spannender persönlicher Berichte, in denen er uns an seinem wachsenden Verständnis über das Wirken der Engel teilhaben lässt. Er erläutert, wie unsere Fähigkeit, Gottes Willen zu tun, dramatisch zunimmt, sobald wir mit Engeln zusammenwirken.

Das Buch ist eine großartige Hilfe für die Gemeinde, um sie auf die Zeit der Ernte vorzubereiten, in der Engel eine tragende Rolle spielen werden, und sie für die bevorstehenden Heilungserweckungen zuzurüsten.

Paul Manwaring, Die Herrlichkeit Gottes

Was sie ist und wie unser Leben davon geprägt sein kann

260 S.; Paperback; Vorwort von Bill Johnson.

Gott hat eine Leidenschaft: Er möchte, dass wir seine Herrlichkeit kennen, und zwar schon hier auf Erden!

Paul Manwaring, der Leiter des apostolischen Netzwerks der Bethel Church, beschreibt seinen Weg in dieses Verlangen Gottes hinein. Er verfolgt die Spuren der Offenbarung von Gottes Herrlichkeit durch die Bibel hindurch und lädt uns ein, Moses Wunsch an Gott zu folgen: „Zeige mir deine Herrlichkeit."

„Dies könnte das ermutigendste Buch sein, das Sie je lesen werden" (Bill Johnson).

Chris Overstreet, Übernatürlich evangelisieren

Ein Handbuch für die Praxis; 160 S., Paperback;

Vorwort von Bill Johnson

Übernatürlich evangelisieren hat das Potenzial, in uns das Feuer der Liebe Gottes zu entzünden, um Menschen, die Gott nicht kennen, mit seinem Herzen und seiner Kraft in Berührung zu bringen. Wir lernen uns ganz praktisch in das einzuklinken, was Gott mit den Menschen vorhat, denen wir im Alltag begegnen – wie es auch Jesus getan hat.

Zu den behandelten Themen gehören: Eine Reich-Gottes-Mentalität pflegen | Grundwerte des Evangelisierens | Wie wir Menschen zum Herrn führen können | In der Öffentlichkeit für Kranke beten | Prophetisches Evangelisieren | Angst und Ablehnung überwinden. Jedes Kapitel schließt mit einem Anwendungsteil, um das Gelernte zu reflektieren, in der Gruppe zu besprechen und im Alltag anzuwenden.

Gary Oates, Öffne mir die Augen, Herr

Wie wir mit Gott und seinen Engeln zusammenarbeiten können

120 Seiten; Paperback

Das Leben des heutigen „Normalchristen" ist nur wenig vom Übernatürlichen geprägt. Bei Gary Oates war das nicht anders, bis er durch einen großen geistlichen Hunger einige einschneidende Erlebnisse mit Gott hatte. Er wurde auf dramatische Weise im Geist in die Gegenwart Gottes versetzt und es wurden ihm die Augen für den Dienst der Engel geöffnet.

Dieses Buch geht nicht nur auf diese Erlebnisse ein, sondern ist eine praktische Anleitung dafür, wie wir in eine solche Vertrautheit mit Gott hineinfinden können, dass auch unsere geistlichen Sinne für diese himmlischen Dimensionen geöffnet werden.

Beni Johnson, Der glückliche Fürbitter

Mit Gott die Welt bewegen, ohne die Freude zu verlieren

Vorwort von Bill Johnson; 180 S., Paperback

Beni Johnson (die Frau von Bill Johnson) nimmt uns mit auf ihre Reise von einer schüchternen Person zu einer kühnen, aber glücklichen Fürbitterin. Gott offenbarte ihr einen Weg, wie sie aus seiner Gegenwart und seiner Liebe heraus in Einklang mit seinem Herzen effektiv beten kann.

Fürbitte muss nicht dazu führen, dass uns die Anliegen, für die wir beten, unter Druck bringen oder emotional beeinträchtigen. Den Himmel auf die Erde zu holen, kann sogar regelrecht Spaß machen. Unmögliches wird plötzlich möglich – ob es dabei um „kleine" Dinge in unserem persönlichen Umfeld geht oder um die Veränderung des geistlichen Klimas über unseren Städten und Nationen.

Joshua Mills, Atmosphäre

Gottes Gegenwart Raum verschaffen; 80 S.; Paperback

Wir Gott möchte, dass wir beständig in einer Atmosphäre seiner Gegenwart, seiner Herrlichkeit leben. Das hilft nicht nur uns selbst, unser volles Potenzial auszuschöpfen, sondern dient auch anderen Menschen, die mit uns in Berührung kommen.

Wie kommen wir in diesen Lebensstil hinein? Was bestimmt eine Atmosphäre? Wie sind Leib, Seele und Geist des Menschen daran beteiligt? Auf all diese Fragen geht der Autor ein und erklärt außerdem, welche Rolle Lobpreis und Anbetung, Schall und Licht, Farben, ein geordnetes Zuhause, Beziehungen oder eine Haltung der Großzügigkeit dabei spielen.

Wir dazu berufen, das geistliche Klima unserer Straße, Stadt und unseres Landes zu bestimmen. Gott hat uns die Fähigkeit gegeben, eine Kultur der Herrlichkeit zu schaffen.

Barry & Lori Byrne, Liebe in der Ehe

Eine tiefere geistliche, emotionale und körperliche Einheit erleben; Vorwort von Bill Johnson; 334 S., Klappenbroschur

Gott möchte, dass die Ehe ein Ort echter Liebe und Vertrautheit ist. Dafür brauchen wir die Hilfe des Heiligen Geistes. Mit ihm können wir die Ursachen unserer Konflikte erkennen und überwinden. Unsere Ehe kann Heilung und Wiederherstellung erfahren, egal, wie der momentane Zustand ist.

Mit klarer biblischer Lehre und vielen praktischen Hilfen packen die Autoren die wichtigsten heißen Eisen an. Viele ermutigende Erfahrungsberichte verdeutlichen die dramatische Heilung und Intimität, die mit Gottes Hilfe möglich ist.

Danny Silk, Erziehung mit Liebe und Vision

Herzensbeziehungen eingehen statt Machtkämpfe austragen

Vorwort von Bill Johnson; 170 S., Pb.

Danny Silk fordert uns in unserem bisherigen Denken über Liebe, Disziplin und Respekt, ja in unserer generellen Vorstellung von Kindererziehung heraus. Er stellt eine Denk- und Lebensweise vor, die eine Leichtigkeit und Frieden in unsere familiären und sonstigen Beziehungen bringt.

Unser Herz spielt dabei die zentrale Rolle. Das Herz der Eltern und das Herz der Kinder. Wenn beide Seiten verstehen, wie sich ihr jeweiliges Verhalten auf das Herz des anderen auswirkt, werden die Herzen geschützt und Beziehungen können gedeihen.

Dr. Larry Richards

Die volle Waffenrüstung Gottes

Gut geschützt gegen die Angriffe des Bösen; 208 Seiten, Pb.

Die Bibel macht deutlich, dass ein Großteil unserer Unsicherheiten, Ängste und Zweifel auf den Machenschaften böser Mächte beruhen. Deshalb ist es so entscheidend, dass wir sowohl die Strategien kennen, die Satan benutzt, um uns anzugreifen, als auch die Rüstung, die Gott uns zur Verfügung stellt, um uns dagegen zu schützen.

Eine biblische Dämonologie, Hilfen zum Umgang mit dem Bösen in der Seelsorge sowie Lektionen für „Lebe-frei-Selbsthilfegruppen" runden das Buch ab.
